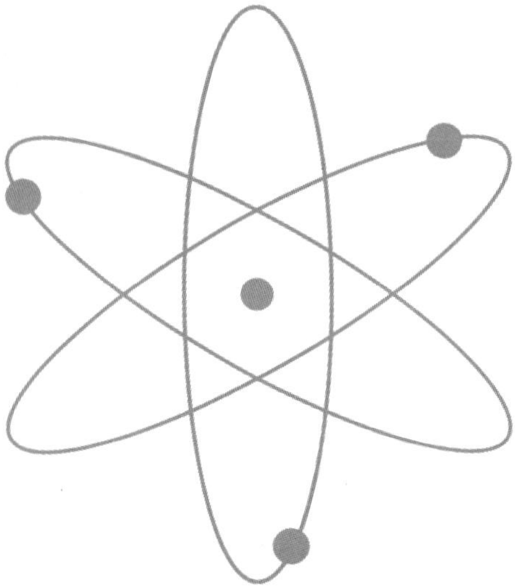

编委会

百十菁英核學路

——兰州大学核学校友访谈录

兰州大学核科学与技术学院　编

蘭州大學出版社
LANZHOU UNIVERSITY PRESS

图书在版编目（CIP）数据

百十萃英核学路 ：兰州大学核学校友访谈录 / 兰州大学核科学与技术学院编. -- 兰州 ：兰州大学出版社，2020.12

ISBN 978-7-311-05935-4

Ⅰ. ①百… Ⅱ. ①兰… Ⅲ. ①兰州大学－校友－访问记 Ⅳ. ①K820.7

中国版本图书馆CIP数据核字(2021)第003752号

责任编辑　刘爱华
封面设计　汪如祥

书　　名　百十萃英核学路——兰州大学核学校友访谈录
作　　者　兰州大学核科学与技术学院　编
出版发行　兰州大学出版社　（地址:兰州市天水南路222号　730000）
电　　话　0931-8912613(总编办公室)　0931-8617156(营销中心)
　　　　　0931-8914298(读者服务部)
网　　址　http://press.lzu.edu.cn
电子信箱　press@lzu.edu.cn
印　　刷　甘肃日报报业集团有限责任公司印务分公司
开　　本　710 mm×1020 mm　1/16
印　　张　22.75
字　　数　368千
版　　次　2020年12月第1版
印　　次　2020年12月第1次印刷
书　　号　ISBN 978-7-311-05935-4
定　　价　65.00元

（图书若有破损、缺页、掉页可随时与本社联系）

序　言

2019年9月17日，兰州大学度过了110周年华诞。

2020年8月13日，核科学与技术学院也将走过65载春秋。

百年一世纪，六十一甲子。110年间，兰州大学始终与国家、民族同呼吸，共命运，“自强不息，独树一帜”，坚守祖国西部，奋斗时代潮流，为各行各业培育出一大批优秀人才，为国家特别是西部地区发展建设提供了有力支撑，走出了一条在欠发达地区创办高水平大学之路，为中国高校扎根中国大地创建“双一流”高校提供了重要借鉴；65年来，核科学与技术学院师生始终不忘“铸剑强国，核以道和”的初心和使命，赓续弘扬“两弹一星”精神，主动对标学科前沿，主动聚焦国家需求，主动服务地方经济发展，“理工结合，军民融合”，改革创新，开拓进取，向涉核企、事业单位输送了4 000余名优秀毕业生，取得了诸多高水平科研成果，为我国国防事业和地方经济发展做出了突出贡献，成为我国重要的核学科人才培养中心、科技开发中心和合作交流中心。

桃李襄盛事，弦歌续百年。在核学院65周年院庆之际，我们将部分曾经或仍在学院工作、学习的老师、同学的采访谈话编辑出版，就是为了以共同的记忆凝聚校友，传承发扬兰大核学优良传统，激励兰大核学人不忘初心，牢记使命，共同开创新时代兰大核学辉煌。在此向可亲、可爱的兰大核学人致敬，向长期以来关心支持核学院发展的各界人士表示衷心感谢。

百十萃英核学路。核路漫漫，路在脚下，心向远方……

党委书记

院　　长

2020年8月

百十萃英核学路

伏思霖等

你从萃英门前的致公堂走来
你在盘旋路侧的钟林园扎寨
你自毓秀湖边的积石堂出发
你向榆中校区的萃英山拓展
你把文章写在整个华夏大地
你在西部驻守神圣科学家园
你的优秀人才遍布世界各地
你为祖国科技进步奋力登攀
从一九零九到二零一九，整整一百一十年
你扎根西部，做文化荒漠里的那一抹绿意
你服务西部，做历经风霜却依旧屹立的胡杨
你发展西部，做指引西部学子的一盏明灯
这百多年的风雨啊，怎能够阻挡你追求真理的决心
这一路上的坎坷啊，也无法阻止你奋勇向前的信念
你不惧艰险，因为自强不息是你的信仰
你不畏偏见，因为独树一帜是你的标签
你是一棵树，历经百多年的沧桑，依然乔木参天
你有一片林，经历百多年的成长，已是苍翠盎然
你不负祖国的重托
大河上下，五岳三川，祖国的土地上，总能听到兰大人收获的骄傲
你不负社会的期望

地球三极，科学圣殿，知识的海洋里，我们兰大人竖起了属于自己的风标

铸剑强国
这是一种赤子雄心的态度
核以道和
这是一种秉承和平的使命
从昨天走出
沐浴新时代的阳光
核科学已经走过了六十余年寒暑
当这两万多个日日夜夜已经成为昨天
亲爱的核学人
请允许我诗意地翻开六十余年的画卷
一起重温那辉煌的历程
回溯那流光溢彩的漫漫征程
重温那一路走来的铿锵歌唱
我们敲开坚实的原子核，去寻找物质组成的密码
我们寻觅未知的粒子，来探寻宇宙起源的秘密
我们探究射线与物质相互作用机制，来发展射线应用的技术
我们建造更高能的加速器，使基础科学的研究更上一层楼
我们建设新型的核电站，让能源变得更加清洁
我们发展新型探测技术，积极推进核技术的产业化
我们研发高效的核电池，提供能源在光不可及的地方
我们探索农作物的基因奥秘，收获富足、远离饥饿
我们研究重离子治癌技术，让癌症患者重拾希望
我们研究次锕系元素嬗变的奥秘，让次临界嬗变堆产出能源
我们开发新型后处理技术，让核燃料循环安全、高效
我们探索放射性废物的安全处置，让地球免受放射性泄露的危害
甲子一轮回
核科学的历史
就是一片群星璀璨的天空

就是无边无际的汪洋大海
她的未来必将是一艘劈波斩浪的巨轮
驶向那星辰大海
让我们秉承两弹精神
让我们牢记时代使命
让我们加快“双一流”建设步伐
在建国70周年的节点，向着美好的未来继续起航
我们共同努力，让核科学的明天更加辉煌
我们共同努力，让祖国的明天更加灿烂
一代一代，生生不息
共同续写这永恒的传奇

伏思霖，兰州大学核科学与技术学院2013级辐射防护与核安全本科生，现为核学院2020级粒子物理原子核物理博士生。

铸剑强国，核以道和

——院训故事之兰州大学核科学与技术学院

“铸剑强国，核以道和”是兰州大学核科学与技术学院的院训。它激励着兰大核学人始终不忘“服务国家安全稳定，促进社会和谐发展”的初心和使命。

六十五年来，一代代兰大核学人从萃英门出发，奔赴祖国最需要的地方，“勤奋、求实、进取”。从大漠戈壁到大山深处，从沿海核电站到内陆核设施，从科研院所到厂矿企业，处处闪现着兰大核学人“坚守、奋斗”的身影。

“铸剑强国”篇

“铸剑强国”，源自《孔子家语·致思》，体现了特殊历史时期国家在西北重镇——兰州建立核科学教育（兰州大学现代物理系，代号五〇五，现为兰州大学核科学与技术学院）、研究（中国科学院近代物理研究所，代号二〇三）、生产（五〇四厂、四〇四厂、二二一厂）及试验（马兰）中心的重大战略意义，彰显了兰大核学人“扎根西部，坚守奋斗；为国为民，勇攀高峰”的家国情怀和使命担当。在习近平新时代中国特色社会主义思想引领下，“铸剑强国”体现出更加深刻的时代内涵，核学院秉承以人才培养为中心，以学科建设为引领，以改革创新为动力，聚焦“双一流”建设，全面提升办学育人水平，不断提高社会服务能力的建设发展思路，为助力实现新时代伟大“复兴梦”和“强国梦”而不懈努力。

兰州大学现代物理系的建立与发展

兰州大学现代物理系（兰州大学核科学与技术学院前身）筹建于1955年，下设原子核物理和放射化学两个专业。起初由朱光亚教授负责（后调北京大学），1956年开始由徐躬耦教授接手负责筹建工作，1958年开始正式招生。现物系设立伊始归三机部（1958年后改为二机部）管理，代号为“五〇五”研究所，教学科研地址位于现兰州大学二分部，行政上隶属兰州大学，曾用名“兰州大学物理研究室”及“兰州大学原子能系”，1959年江隆基校长到任后，于1961年决定正式命名为“兰州大学现代物理系”，简称“现物系”，从此展开了现物系及后来核学院六十多年严谨扎实的教学与科研诗篇，奠定了兰大核学科蜚声中外的基础。

建系初期，各校优秀毕业生（北大核物理朱介鼎、洪忠悌、许国茂、张承理，北大放化陶祖贻、杨宏秀，兰大辛文达、苏桐龄、郑志豪、陈励权等）以及留学苏联的归国人员（王永昌、赵爱民、刘兆远、廖常庚等）陆续加盟，同时也选留了一批优秀毕业生留校工作（王顺金、邢正等）。1965年南开大学核物理及放射化学两个专业全体师生职工（核物理官学惠、放化邱陵等）及图书资料、仪器设备等整体搬迁并入兰大现物系，极大地增强了兰州大学核学科的教学与科研实力。

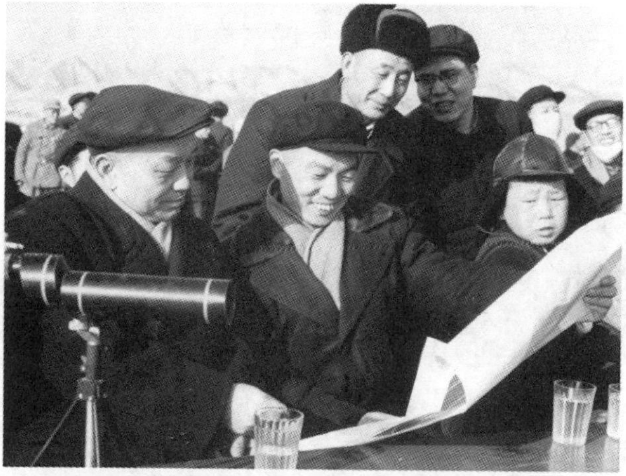

1965年3月，江隆基（左一）、郑国琩教授（左二）、
徐躬耦（现物系系主任）在甘肃省民兵比武大会上

“文革”期间，1966年5月兰州大学全面停课，6月25日江隆基校长离开了人世，学校的教学秩序受到严重干扰和破坏，现物系在极端困难中仍然坚持教学科研工作。1973年8月恢复教研室，参与中科院近物所加速器高压变压器研制工作，1974年招收工农兵学员，1975年从核工业部接受了核数据编评等任

务，1976年为配合兰州重离子加速器的建设，与中国科学院近代物理研究所合作，积极开展了重离子反应的理论研究。

现代物理系放射化学教研室教师1962年中秋节合影留念

（第一排左二方胜强、左四孙慧珠，第二排左一辛文达、左四陶祖贻、左五杨宏秀、左六赵爱民，后排左一陈励权，左三董长发）

现代物理系教师1987年合影留念

（第一排左四为段一士教授、左五为时任学校党委书记刘众语、左六为徐躬耦教授、左八为时任校长胡之德教授、左九为时任副校长陆润林教授）

伴随着1978年全国科学大会和党的十一届三中全会召开，我国迎来了科学技术的春天，踏上了改革开放的伟大征程，现物系也迎来了核学科建设发展的黄金时期，一大批先进成果相继涌现。1978年，7项科研成果获全国科学大会奖。20世纪70年代研制成功的10^{10} n/s中子发生器获甘肃省科学大会奖；10^{11} n/s中子发生器获国防科委战略武器与其他国防尖端科技成果三等奖。1979年，“用高压离子排代法从核燃料强放废水中提取镅、锔、钜、锶-90”的成果达到国内先进水平。1982年，F403型计时分部接液器获国家发明奖。1983年，“加压离子交换法分离稀土元素”项目经核工业部成果鉴定，达到国内领先水平。1986年，徐躬耦等关于集体运动微观理论方面的研究成果获国家教委科技进步二等奖，1987年获国家自然科学三等奖。1989年，自主研制的“3.3×10^{12} n/s强流中子发生器”获国家教委科技进步一等奖，1990年获国家科技进步三等奖。1996年，王顺金教授“原子核多体联动力学与重离子核反应输运理论”获国家自然科学三等奖；由兰州大学现物系牵头，兰州长风厂和兰州军区总医院联合开发的快中子治癌机被列入“国家产学研计划”，获得2 500万元经费支持。1997年，苏桐龄荣获国防科工委1996年度光华科技基金奖三等奖，等等。

现物系放射化学教研室的高压离子交换装置（20世纪90年代国内领先）

现物系研制的3.3×10^{12} n/s强流中子发生器（20世纪90年代国内领先）

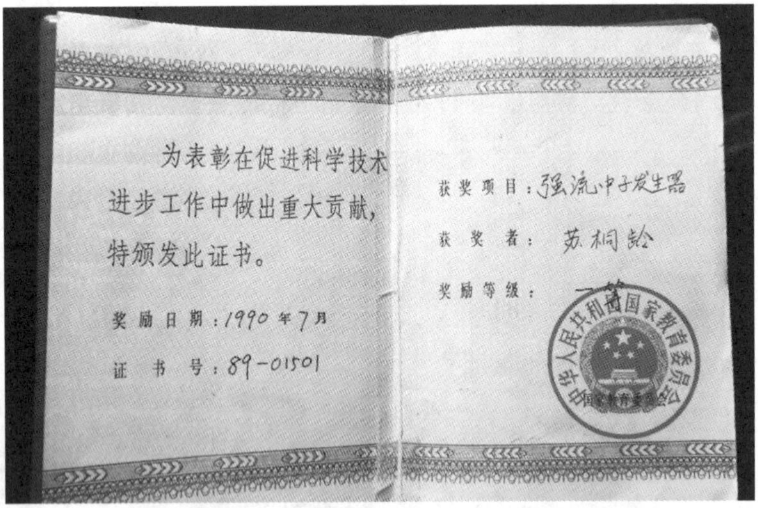

为表彰在促进科学技术
进步工作中做出重大贡献，
特颁发此证书。

奖励日期：1990年7月

证书号：89-01501

获奖项目：强流中子发生器

获奖者：苏桐龄

奖励等级：一等

中华人民共和国国家教育委员会

1990年强流中子发生器获国家教委科技进步一等奖

由于教育部专业设置名录的变化及核科学发展面临的暂时困难，学校在1998年将“放射化学”学科并入新组建的化学化工学院，1999年将“粒子物理与原子核物理”学科并入新组建的物理科学与技术学院，撤销原“兰州大学现代物理系”行政编制。

2000年，兰州大学教育部中子应用技术工程研究中心揭牌。

2001年，粒子物理与原子核物理获批国家重点学科。

2003年，获批甘肃省核科学与技术人才培养基地。

2005年，获批国家自然科学基金委放射化学特殊学科点。

兰州大学的核科学与技术人才培养

兰州大学的核科学与技术人才培养与我国核工业的发展息息相关。1955年1月15日，根据中华人民共和国成立初期的国际形势，毛泽东主席主持召开了中共中央书记处扩大会议，讨论建立并发展我国的原子能事业问题。毛泽东等第一代领导集体高瞻远瞩、深谋远虑，作出了发展原子能事业、研制原子弹的战略决策。自此，开启了中国核工业的辉煌篇章。

1955年1月31日，周恩来总理预见到发展国防尖端科技对人才的迫切需求，在国务院全体会议上明确提出要集中一批学生转到原子能相关专业学习。为了发展我国的原子能事业，党中央和国务院有计划地在全国范围内进行了部署，决定在祖国腹地的大西北建立一个核科学与技术的人才培养与科学研究基地。随后，周恩来总理指示："应在兰州设一原子核科学研究点。"按照周恩来总理的系列指示，1955年8月13日，高等教育部党组决定在北京大学和兰州大学各设立一个"物理研究室"作为原子能人才培养中心。

1955年起，高教部从有关高等院校先后选调了几百名学生分别集中到北京大学、兰州大学等高校学习原子能相关专业，兰州大学的核科学与技术人才培养由此肇始。

兰大核学人始终牢记着毛主席、周总理的谆谆嘱托，不忘为国铸剑的初心，伴随着核工业的发展和"两弹一艇"事业的辉煌；即使在核工业和核科学陷入全球性低谷的二十世纪八九十年代，核学院（现物系）依然坚守着本科基础教育的阵地，从未中断过本科生的培养。创办六十五年来，兰大核学院为我国核事业做出了卓越贡献，培养出了大批栋梁之材，毕业生中有中国科学院院士2人（詹文龙，核物理专业1981届毕业生；张锦，放射化学1992届毕业生），中国工程院院士1人（夏佳文，核物理专业1987届毕业生），涉核企、事业单位的业务及管理骨干众多，各种国家人才工程项目入选者在全国同类院校中名列前茅。他们为祖国核科学技术的进步与发展做出了重要贡献，为中国核工业撑起了一片"兰天"。

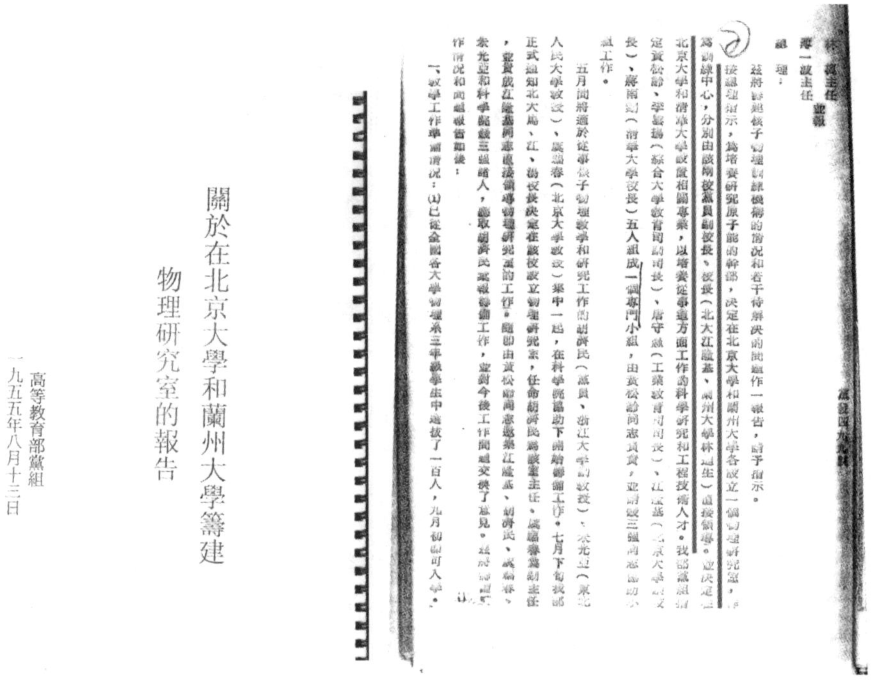

關於在北京大學和蘭州大學籌建物理研究室的報告

高等教育部黨組
一九五五年八月十三日

薄一波主任
總理：
茲將籌建核子物理訓練機構的情況和若干待解決的問題作一報告，請予指示。
按總理指示，爲培養研究原子能的幹部，決定在北京大學和蘭州大學各設立一個物理研究室，作爲訓練中心，分別由該兩校黨員副校長、校長（北大江隆基、蘭州大學林迪生）直接領導。並決定由北京大學和清華大學設置相關專業，以培養從事這方面工作的科學研究和工程技術人才。我部黨組指定黃松齡、[illegible]（綜合大學教育司副司長）、唐守愚（工業教育司司長）、江隆基（北京大學副校長）、蔣南翔（清華大學校長）五人組成一個專門小組，由黃松齡同志負責，並請錢三強同志協助小組工作。
五月間將適於從事核子物理教學和研究工作的胡濟民（黨員、浙江大學副教授）、朱光亞（東北人民大學教授）、虞福春（北京大學教授）集中一起，在科學院協助下開始籌備工作。七月下旬我部正式通知北大[illegible]、江、[illegible]校長決定在該校設立物理研究室，任命胡濟民爲該室主任，虞福春爲副主任，並責成江隆基同志直接領導物理研究室的工作。隨即由黃松齡同志邀集江隆基、胡濟民、虞福春、朱光亞和科學院錢三強諸人，聽取胡濟民匯報籌備工作，並對今後工作問題交換了意見。茲將籌備工作情況和問題報告如後：
一、教學工作準備情況：(1)已從全國各大學物理系三年級學生中選拔了一百人，九月初即可入學。

1955年8月13日，高教部党组《关于在北京大学和兰州大学筹建物理研究室的报告》

六十五年栉风沐雨，英才辈出，六十五年默默耕耘，桃李芬芳。兰州大学核学人才培养“创建与北大一样早，坚守和清华一样好”。

“核以道和”篇

“核以道和”，源自《庄子·天下》：“诗以道志，书以道事，礼以道行，乐以道和”。“核以道和”既体现了中华文明“诗书礼乐”的优秀传统文化，又寓意核能利用造福于民的和平发展愿景。

核能开发的崭新时代

2004年，针对国内外核科技事业发展的现状和趋势，国家领导人相继作出重要批示。8月，江泽民、胡锦涛在参观“中国核事业50年成就展”后分别指出：“实践证明，党中央作出发展核事业的战略决策是十分正确的，我国核事业队伍是一支具有光荣传统和创新能力的队伍。”“无论是从促进经济社会发展看，还是从保障国家安全看，我们都必须切实把我国核事业发展好。”9月7日，江泽民视察中国核动力研究设计院并为中核集团公司题词："军民结合，自主创新，大力发展核工业。"与此同时，随着世界能源危机与生态环境恶化的日益凸显，安全、高效、清洁的核能在各个强国的能源结构中占比不断增加，大力发展核电事业也就成为我国经济社会发展的战略选择。兰州大学敏锐地捕捉到了这一动向，为了对接国家战略，更好地发挥国家重点学科（粒子物理与原子核物理）和国家自然科学基金委特殊学科（放射化学）的优势，于2006年2月重新组建了兰州大学核科学与技术学院。

核科学与技术学院大楼

2007年，增设3个本科专业：核工程与核技术、核化工与核燃料工程、辐射防护与核安全。

2008年，建成中子物理实验楼（榆中校区高远楼）及中子发生器实验大厅。

2009年，中子发生器实现小靶条件下氘氚（D-T）、氘氘（D-D）出束；成功承办由华人物理学会主办的"第六届全球华人物理大会"。

2011年，与甘肃省核与辐射安全局建立学生实习基地。

2012年，"走近核科学技术"课程入选国家精品视频公开课；与中科学院6个研究所签订"联合培养本科生计划"协议书。

2013年，陈熙萌教授科研团队为“嫦娥三号”成功“落月”做出贡献。

2014年，承担的国家重大科研仪器设备研制专项“6×10^{12} n/s强流中子发生器及快中子测量系统”研制项目在京启动。

2015年，核科学与技术发展论坛暨核学科建设与人才培养六十周年纪念大会隆重举行；与中核四〇四有限公司、中核兰州铀浓缩有限公司、中核龙瑞科技有限公司签订全面战略合作框架协议。

2016年，学院新设立核物理系、核化学系、核工程系3个教学基层组织。

2017年，于福升教授对“2017年度中国科学十大进展”之三“首次探测到双粲重子”工作做出重要理论贡献。

2018年，获批核科学与技术一级学科博士点；建立“甘肃省核科学与技术军民融合协同创新平台”“甘肃省核能技术军民融合协同创新中心”；吴王锁教授入选国家“万人计划”教学名师；成功主办“2018年‘一带一路’西部核能发展科教融合高端论坛”；与中国核电、中核环保签订联合培养与合作协议。

2018年“一带一路”西部核能发展科教融合高端论坛

2019年，成立“兰州大学国家核产业研究院”；获批“核环境安全教育部工程研究中心”；“辐射防护与核安全”入选国家级一流本科专业建设、核工程与核技术、应用物理学（原子核物理方向）入选省级一流本科专业建设；陈熙萌教授、邵剑雄教授的科研团队为嫦娥四号任务的圆满成功做出突出贡献；侯小琳教授荣获2019年度赫维西奖章和弗拉基米尔·马耶尔勋章；牛一斐教授、于福升教授入选国家青年人才工程计划。

2019年兰州大学国家核产业研究院揭牌暨前沿科学中心咨询评议会

2020年，新增核环境安全与放射分析甘肃省国际科技合作基地；成立兰州大学稀有同位素前沿科学中心；应用化学（放射化学方向）入选省级一流本科专业建设；“核化学与放射化学教学团队”获2020年本科教学质量提高项目(教学团队)；获批国家重点研发计划项目1项、重点专项课题1项、项目子课题1项；获批国防科研纵向项目5项；中标硼中子俘获治癌装置（AB-BNCT）研制项目，合同总额1.5亿元；获批国家自然科学基金国际（地区）合作与交流项目1项；新增科技成果转化1项；获批国家自然科学基金项目10项、甘肃省科技计划项目3项；新增授权专利10件，新增申请软件著作权7件；刘志毅教授入选“海外高层次人才引进计划项目”；吴王锁教授的“走近核科学技术”(线上一流课程)，张毅副教授的“核技术与核材料仿真实验”（虚拟仿真实验教学一流课程）入选首批国家级一流本科课程；陈熙萌教授获2020年本科教学质量提高项目（教学名师）。

……

回顾过去，成绩斐然。六十五年来，一代代兰大核学人大力弘扬“热爱祖国、无私奉献，自力更生、艰苦奋斗，大力协同、勇于攀登”的“两弹一星”精神，积极践行“自强不息，独树一帜”的兰大品格，襟怀“铸剑强国，核以道和”的使命担当，扎根西部、自强不息、坚守奋斗、奋发图强，积淀了优良的办学传统，形成了鲜明的办学特色，培养了大批的栋梁之材，创造了丰硕的科研成果，为我国国防事业和国民经济社会发展做出了突出的贡献。

展望未来，任重道远。站在“两个百年”奋斗目标的历史交汇点，兰大核学人将高举习近平新时代中国特色社会主义思想伟大旗帜，全面加强党的建设，贯彻落实立德树人根本任务，为党育人，为国育才。我们将紧紧围绕“双一流”建设，深入推动学院综合改革，“稳、培、引”，着力打造一支“层次分明、结构合理、梯次递进”的高水平人才队伍。我们将以学科建设为核心，以平台建设为基础，夯实优势特色学科，拓展“新工科”，“理工结合，军民融合”，主动对接国家战略需求，主动融入甘肃核产业链，不断扩大并加深与中科院有关院所以及中核集团有关企、事业单位的交流与合作，进一步推动核科学与技术军民融合协同创新平台建设，积极构建“校、院、企”协同育人新体系，“面向世界科技前沿、面向经济主战场、面向国家重大需求、面向人民生命健康”，脚踏实地，开拓创新，在全面建设社会主义现代化国家新征程中勇毅前行，贡献兰大核学人的智慧和力量！

兰州大学核科学与技术学院

2020年12月

目　录

廖常庚

我的兰大岁月①

时　间：2014年12月26日
地　点：兰州大学档案馆办公室
人　物：廖常庚
访谈人：王秋林
摄　像：红　叶
文字整理：陈闻歌　贾天聪

访：廖老师您好。档案馆开展了“萃英记忆工程”。请老先生、老校友讲一讲在兰大学习、生活、工作的经历，作为历史资料在档案馆保存。今天请您做一些回顾。

廖：我今年82岁了。我是1952年在川南地区集中考试、选派，然后由西北军政委员会派人来接并送到兰大的，和胡之德校长他们同年级。1952年我来的时候正好是宝兰铁路刚刚通车。那时候坐汽车从成都到宝鸡走了一个礼拜，再从宝鸡坐火车过来。当时是建国初期，特别需要各方面的建设人才，大概是中央统一安排的，有宣传说我们是来开发大西北的。

我们进校的时候还没有核物理专业。兰大基础条件很差，但是教师很尽力，课上得很扎实，在我们1952级上学以前，学生很少，一个班就是两三个人。我

①转引自兰州大学新闻网 廖常庚h ttp://news.lzu.edu.cn/c/201510/36780.html

们这个班是全国招生的，有30个人。大部分来自四川，其余来自陕西和甘肃，上海有一人。还有些是来自部队、机关的调干生。来了以后，学生的基础参差不齐，但是老师很尽力。那时候是学习苏联，把翻译自苏联的《普通物理》作为教材，保证了教学质量。厚厚的三本书，方孝博先生、丁柏岳先生硬是把它讲下来了。后来，高等数学是马元鹏先生教的，他很认真，课讲得很好。理论力学是王定百先生讲的。后来北京大学派来了一些研究生，电动力学是曹吕奇讲的，他后来回北大了。徐躬耦是1955年来的，量子力学就是他讲的。他是学理论的，从英国回来的博士，推导公式不看讲稿，板书写得很整齐，口齿很清楚，课堂笔记整理后就可出版。所以我们普通物理、四大力学都受到了很好的教育。因为没有专业师资，就是王雅儒先生从吉林大学学习回来，教了我们一点金属物理。安排了金工实习，车、钳、铣、刨，还开了机械制图，这都与理科关系不大，但对我们后来参加工作、开展科研很有用。研究中需要什么东西，自己就可以画图、加工、制造了，这是很好的。还有就是毕业后到外地实习，我是到沈阳的光学机械研究所实习的，这都是特殊待遇。当时的学习条件不是很好，但是环境安静，学得还是很踏实。我毕业的时候还得了优秀生奖。

访：您刚才讲的条件差，主要是指什么？

廖：那时候住房条件差，住的平房，没有暖气。一个十几平方米的房间，要住十几个人。当时上海来的一个同学，因为没有暖气，没有抽水马桶，就走了。我们洗澡没有浴室，露天搭个棚子，从一个大锅舀盆温水，把衣服一脱，热水一冲，肥皂一打，热水再冲，穿衣服就走。三九天都是这样的。当然那时候也有好的啊，住的不要钱，每个月有伙食费17块，所以吃得很不错的。我每个月还有3块钱的助学金。其他家里困难的有7块钱。那时候学校是在萃英门，最有名的就是至公堂，还有个大礼堂，就是主要的建筑了。还有个3层的学生楼，是高年级同学住的，我们去了以后就住平房。我是物理系的学生，毕业以后就留在物理系工作了，算是助教。在中级物理实验室工作，一个人负责安排和指导实验。那个时候我们毕业生的工资是73块，当时南方工资是40几块钱，有地区差异。现在是南方比我们高近两倍。

访：您曾经有到苏联留学的经历？

廖：1958年有个留苏的机会，是派学生到苏联学习的一个计划。那时候中苏关系已经很困难了，大概科学院系统和国防系统出不去，就从高等学校派点人去。经过俄语考试就把我选上了。1958年10月到北京外语学院留苏预备班学习。本来应该半年后就去的，但是关系很紧张，总是联系不通，等了差不多一年。直到1960年3月，那个时候留苏预备班就剩下我一个人了。其他人到苏联去都是成批去的，我是一个人乘火车到莫斯科去的。被安排在科学院列别捷夫物理研究所核研究室学习。导师还是一个名人，诺贝尔奖获得者，通讯院士弗朗克，他当时还在莫斯科大学兼核物理教研室的主任。我去了以后就是考试。核物理考试，给了本书，我就看。考试通过后，把我派到莫斯科大学去学核物理实验。但这个时候中苏关系越来越困难了，他们不让我们接触核研究项目。多次争取无效，所以我学了近3年以后，经报告批准就提前回来了。半年后全部留学生都被撤回国。回来的时候，他们说要不要给你开个证明，我说不必，证明也没有什么用，没有要他的证明。因为没有参加研究工作，也没有答辩，所以没有学位。回来以后教育部还是承认的，专门发了个证明文件，认定研究生毕业。但是，学校仅把文件转给我，并没有认这个东西，职称工资都较同级教师低一级，因为调级提薪时我不在国内。

1964年回来以后就到现物系。那个时候唯一的设备是台电子管的高压倍加器，110KV，很大，有3层楼高。维护运转很难，经常出毛病，基本上没怎么用。实验核物理教研室负责人是一个年轻教师，叫李仁和。后来到教育部去了，当过发展规划司的副司长。我到岗后就让我主持实验核物理教研室工作。现物系刚建的时候，人不多，学生也不多。那个时候普通物理的课程还是物理系讲的，核物理可能一直都是他们讲的，现在记不清了。基本上没什么科研。我开头是教原子核物理和搞教学实验建设。

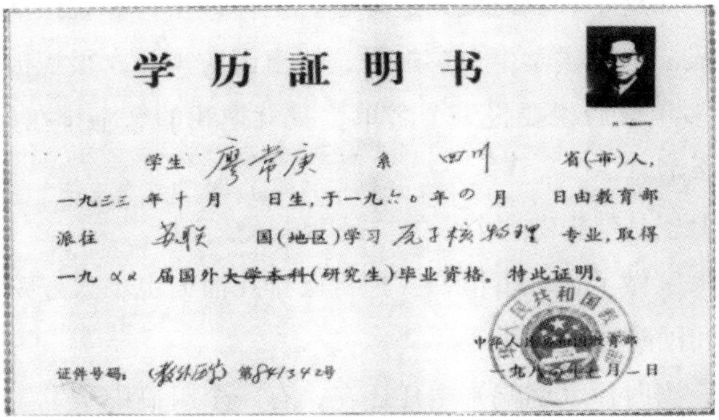
学历証明书

学生 廖常庚 系 四川 省(市)人，
一九三三 年 十 月 日生，于一九六〇 年 三 月 日由教育部
派往 苏联 国(地区)学习 原子核物理 专业，取得
一九 〇〇 届国外~~大学本科~~(研究生)毕业资格。特此证明。

中华人[illegible]教育部
一九[illegible]月一日

证件号码：(教外函字)第84134号

在苏联学习的学历证明书

没过几年“文化大革命”就开始了。我在现物系还是有点“名气”的，资产阶级的黑苗子，戴高帽子游街什么的，就是这些事情。再后来就是到农村去劳动，劳动不到半年就叫我回来，说是有个任务，是兰州军区给的。研制小型随身带的“γ辐射报警仪”。就是原子弹爆炸后，需要即时知道自己所在区域的γ辐射情况。要求两种规格，一种是高剂量的，核爆中心地区用的，再一个是一般地区用的，一旦超过规定的剂量就用声和光报警。我回来以后就做这个事情，还有好多人也参加了，学生也参加了。后来又增加了一个项目，“γ辐射自动记录仪”，就是一旦核爆炸了，辐射什么时候到达、什么时候消失，自动开机，自动记录变化过程。这两种仪器都要求零下40摄氏度到零上50摄氏度都能工作，还要带一般的电池。后来前面的“γ辐射报警仪”经过试制以后获得成功。应他们的要求还小批量生产。“γ辐射自动记录仪”研制成功后，我两次到现场进行了试验，提供了两台样机，记录结果，在全国核物理会议上做了报告。这个事情，早些年凤凰台也采访过。这个项目是军区的，但是没有经费。我当时是在实验室，所以是利用实验室经费完成的。

还发生过一次事故：放射源已经吊起来了，但是人还没有撤离，结果我和另外两个同志经受了很强的核辐射照射，掉头发、失眠。那个时候是经济困难时期，特批了两斤白糖也就算安慰了。后来兰州军区开科研大会时我去了，被表彰了一下。1978年全国科学大会时，有人告诉我说是在科学大会上获奖了。但是没有看到奖状。

访：科学大会上没奖励吗？

廖：我们没有去人。科学大会奖励的名单上可能有。因为是跟军区合作的，后面的事我就不知道了。当时就是这样子，上面说了，你就接下来，说是国防需要就努力完成。那时候学生也参加了，知道国防需要，很积极，参加的人也很多。后来好多年以后说要报一个名单，我就把我的名字排在最后报上去了，后来也没有什么消息。

访：实际上您是带头做这个事的，是牵头人？

廖：因为大家做了很多事情，我把自己排在前面也不太好嘛。这也是对咱们这个核工业和国防做出贡献嘛。

过后不久，当时徐（躬耦）主任还在，有一个组搞中子发生器。开始是搞150KV中子发生器，这个是装起来了，但没有调试运转，放在那里无人管。结果又接了一个300KV中子发生器任务。一帮同龄年轻人在“科学的春天”想法很多，矛盾很多。徐主任在一个会上提出让我去搞，说：“非你莫属。”我知道这个事情很难，推辞不掉，那我就去吧，尽力而为就是了。干了两三年，组织协调把那个第一台150KV中子发生器调试正常运转，出束，出中子。建立了中子测试和快中子活化分析系统。那时还不兴鉴定会，请校领导现场认定后，150KV中子发生器任务算是完成了。写了文章，以试制组名义在学报上发表了。这个任务的完成为后来300KV中子发生器的研制积累了经验，奠定了基础，保证了300KV中子发生器的研制成功。

但是这个时候问题就来了，原来那么多人干这个事情，我中途插手。现在150KV中子发生器有了成果，300KV中子发生器进展顺利。在新的形势下，有人有意见了。我就说，好，那我就走吧。于是1979年我就离开了。后来两个发生器都完成并得了奖。现在又有了新的发展，是核学院坚持得最好、最有特色的项目。

1980年，受美国戈登核化学大会邀请和资助，教育部组织复旦、川大的两位老师还有我，三个人组团去美参加会议并访问了20天。会后访问杨振宁先生时，他不在，是杨振宁的夫人接待宴请的。后到布鲁克海文高能加速器研究室访问，李政道在那里工作，知道我们去了后，与我们共进午餐。他提了很多高等学校改革的意见，回来以后提交了相关报告。还访问了麻省理工学院等单位。那时候中美关系刚刚好转，所以，按照教育部高教司的说法是超规格的接待。

1980年访问美国回来后，全面恢复教学秩序是当务之急。经过大家努力按时开出了全部课程，恢复了实验室教学。我也讲了原子物理、中子物理、辐射防护等课程，保证了教学工作的正常进行。此后得到国家的大力支持，用实验室建设专款从美国引进了一批先进设备：锗-锂探测器，计算机处理系统等。提高、充实了实验教学水平。后来全国统编教材，我们提供了三个实验题目，就成了全国优秀教材的一个部分。洪忠悌老师编写的《加速器原理》与北大陈佳洱联名出版了，算是我们教材建设的一点成果吧。实验设备的改善也促进了科研的发展。1982年我获得了兰大教学质量优秀奖。1983年被提为副教授。

访：那您搞科研的这些东西是不是能在课堂教给学生呢？

廖：科研是提高教学质量的关键。没有科研的思维和实际感受是讲不好课的，无法指导本科学生做毕业论文，不能很好地培养学生的独立工作能力，更

参加德克萨斯州研讨会留影

不用说指导研究生了。

这个时候系内的研究课题也就多了，中子测水、电子秤、反康能谱仪（我参加），等等。出国学习的人也多了。天津南开大学的核专业合过来了。川大的核专业本应合过来，但没有来。改革开放的形势不可阻挡。离开现物系去北上广发展的人多了。系领导班子更换也快了。南开合过来的负责人只提了教研室主任，很快就走了。在美国学了两年回来提了副系主任也很快就离开了。

那时评定一个人学术水平的标准，主要甚至是唯一的标准是发表的论文。初期申请科研项目很难，钱也不多，省上项目也就几千元，处境很难。幸好学校实行了新政，在SCI杂志上发表文章，每篇奖励2 000元，救了急。

1983年我开始发表文章。引进串列加速器后，1989年开始在国外发表文章。有一年我拿到6 000元奖金。到1990年的时候我有一篇文章要在国外发表，就申请参加了得克萨斯的加速器研讨会。这是第一次我自己的论文，我自己申请出国参加会议，教育部批了。我参加了得克萨斯的研讨会，还访问了密苏里大学，这是第二次访美。这时我有了培养研究生的资格和条件，先后培养了两名研究生。1994年提教授就退休了，同时享受国务院政府特殊津贴。退休后研究工作未停，每年还有文章发表。2000年受邀到美国路易斯安那大学拉菲特核研究室做访问教授，工作了8个月，做微束离子分析研究，取得了好结果。参加了加速器应用大会。这是第三次访美。

证书

廖常庚同志：

为了表彰您为发展我国高等教育事业做出的突出贡献，特决定从　月起发给政府特殊津贴……证书。

中华人民共和国国务院

国务院

政府特殊津贴第(93)3601545号　　一九九三年十月一日

1993年获国务院政府特殊津贴待遇

回来后也还有人邀请，但力不从心，就拒绝了。就这样艰难地走完了我的工作历程。我们这个专业是早期国家上层布的一个点，但随着形势的发展它的地位降低了。我们搞核物理的，培养学生的，我们干的工作基本上没有涉及国家的机密。兰大有这个点很不容易，我们坚持办学60年，培养输送了2 000多学生也是难能可贵的。据我了解，用人单位是满意的，“用得起，留得住”。还有一些学生做出了很好的成绩，在很多单位做了领导。但在庞大的核研究和工业体系中我们是一个小小的单位，办学特色还不突出，话语权不大，国家的支持也很有限。在核电大发展的今天，人才的需要还是大的，我们应是能有所作为的。现在核工业系统内已开始自己办学培养人才，值得我们关注和思考。就说这些吧。

访：谢谢廖老师!

| 人物简介 |

廖常庚，1933年10月生于四川，1956年兰州大学物理系毕业，留校工作。1960年到苏联科学院列别捷夫物理研究所学习，研究生。1963年回国到兰大现物系工作，主持实验核物理教研室工作。1983年提为副教授，研究生导师。1993年获国务院政府特殊津贴待遇。1994年提为教授并于同年退休。2000年美国路易斯安那大学访问教授。

陈励权

忆往昔峥嵘岁月稠

时　间：2015年2月11日
地　点：兰州大学档案馆办公室
人　物：陈励权
访谈人：王秋林
摄　像：红　叶

访：陈老师您好，我们档案馆组织一项工作，叫“萃英记忆工程”，就是请咱们的老先生们给咱们讲述一下兰大的故事。我们今天请您给咱们回顾一下您在兰大工作、生活的一些情况，以及学校留给您的记忆。

学校从西关十字搬到了盘旋路

陈：好的。我是1955年入学的，算是老兰大人了。我入学的时候是在萃英门那个地方，就在西关十字，那里有一个小城，这个城墙上就写着萃英门，是当时的甘肃督军刘郁芬题的字。刚刚来的时候，我们学生比较少。医学院刚从我们学校分出去，五年级的学生还是我们兰大的学生。五年级往下的是新招的，我们一个班新招的学生，都成医学院的。我记得，当时校长是林迪生，陈时伟是副校长，教务长叫高诚斋，陆润林好像是副教务长，党务工作是刘善修负责，当时我们人也比较少，那一个班招的学生很多，大概有150人。这150人来了以后，学校里面文科的和医学生加起来还没我们一个班学生多。文科三个年级加起来也就那么100人左右吧。我们一个班就有150人，每逢体育比赛啊，文艺演出啊，那都是我们化学系一年级学生。一开运动会，他们都不是对手。我们那里面南方姑娘体操也特别好，演文艺节目也很强，而且打篮球时其他系都敌不过化学系的一年级的学生，这样的日子大概也就过了一年多。当时吃饭，我们刚从农村来嘛，除了家里条件特别好的以外，比较穷的人家都特别满意，吃得很好，每顿是四菜一汤。当时高教部的部长杨秀峰（后来还当过国家最高人民法院院长）和国家教育部部长还视察了一遍，学校也挺关心的，我们这些从农村来的，特别是从西北比较穷的地方来的，大家都觉得学校特别好。我们班的同学主要来源于四川、河南、陕西这三个省，甘肃的学生不是很多。1956年学校在盘旋路那已经修了一些房子，到二年级开始，我们就在这边做实验，也就搬到这边来了，我们班是化学系最早搬的。当时带分析化学实验的老师好像是高嘉隆的夫人白玉兰，还有王树的夫人这些人管我们。当时，在老文科楼里做实验，水也没有，自来水也不方便，就用缸子（注：搪瓷杯）装些水，做实验。我们就在化学系这边住着，我都是一天两边来回跑。大概到1957年2月上旬，忽然有一天出来了好多版的大字报，各种各样的，因为甘肃知道得比较晚，那些都是从外地传过来的，当时也记不清情况了，就叫大鸣大放，这么闹腾了一阵子，就停课了。到了六七月份，就开始反右派了，那以后我们基本上就再没上课。我记得有一天一个干部叫我到团委去，同时去的有甲班乙班丙班总共3个人，我们去整理些材料，有哪些人，出的什么，写下什么大字报，搞了好长时间，基本上就快到下半年了。下半年一开学就再也没上课，就一直这么过。我记得姚坤和刘家增给我们讲的有机化学，刘义德讲的是分析化学，后来他调到农大去了。到1958年形势又变了，搞起了勤工俭学，当时毛主席发表“教育要为无产阶级政治服务，与生产劳动相结合”这个号召，发表以后全国就按照这个办法搞生产劳动。我们大家在自来水厂挖水池子，用推车推土，老师们也去了，大家一天到晚就在那劳动。劳动了几个月，又开始很紧张了，过了几个月就开了北戴河会议，发出大炼钢铁的号召，全国人就卷到大炼钢铁中去。因为咱们都是山沟里出来的，对这个也不懂，我们就到化学楼前面，排了几个鼓风机，把农村收来的锅砸了，就放在那鼓风机吹上，呜呜呜的，吹出来就烧成一疙瘩，那是炼钢，也不知道是不是炼成钢了。大家的积极性是很高的，都想办法买来鼓风机，又买了好多硫酸，我们又做了好多这个硫酸的化肥厂，就搞这些。大概北戴河会议以后，全国大炼钢铁，让我们搞300套分析钢铁的分析箱，一个箱子里有多少仪器，多少药品，当时最缺的是试管，就叫我们去做，开始也不会做，有两个师傅教我们做这个。王老师讲，比他们那个水平差远了，一天定的是200个试管，不过做了以后很快掌握了，那会儿我吹试管好得很，把这个玻璃调节好，那个玻璃管过来，一两个24厘米一截，嚓嚓一下，开始把这个中间一拉，再把这个东西赶快两个手抓着，稍微接着以后“噗”一吹，吹圆了就赶快退火，不退火放在那，一见水就炸掉了，这个还是掌握了。当时有中央的很多领导来视察过，有一个老奶奶来看了一下，后来说是帅梦琪，是党中央组织部的副部长。还来了化工部门的一个部长到实验室来看，叫彭涛。那时我们除了吃饭就没有睡觉。那会儿问我们说，你们几点要完工呢，还差多少，我们说，最近就没有睡觉，一直弄着，后来就开始装箱子了，把药瓶瓶之类的放完就到半夜了，我们高兴的，说睡一会儿。等我睡醒，晚饭都吃罢了，真的是睡了整整一天。当时就是那个样子。1958年冬天快要过新年的时候。有一天晚上，刘海生陪着一个胖胖的老汉来了，说是江隆基校长。江校长说他是西北人民的儿子，西北人民养育了他，今天他有机会的话要为西北的教育事业做一些工作，给大家简单地讲一些话。江校长来的第二年，就整顿教学秩序，把校园里那些高炉（炼钢炉）都拆了，那半年就再也没有什么大动荡。1959年我们就开始做毕业论文了，我们是四年制的最后一班。我们班留下来的十几个同学里面，无机留下来的最多，我、王留芳和邓自修等五个人。分析留下来的是宋毅，有机留下来的多些，大概有十几个人吧，这些人，绝大多数都走了。在1958年冬天我们班的一帮同学就去了别的专业，有十几个同学调到了五〇五，就是现物系，我是化学系毕业的。当时从化学系抽了一些人，再从师大又抽了一些人，就组成了放化班，还有一个班是核物班，当时我就留到了无机。1960年初，放寒假回来有一天，朱老师给我说，你到五〇五上班去，我就到那后门出去往东边走去，但没有找到。过了几天，朱老师问我怎么还没去上班，我说找不见地方。老师指了方向，我寻着过去，过了一道土墙，门是铁的，有两个土墙，从这个门进去有些宿舍，我就去报到了。我们那些同学留下的有近十个人，这些人就和我一直工作了，“文化大革命”中又调走了几个，各种各样的原因吧，几乎都走掉了，最后我们班剩下的只有我和老辛（辛文达）了。

访：那你们有没有比较早地搞放化？

陈：我记的这个东西是比较早，那会陈清塘是总支书，有一天他叫着我还有其他两个人，说是有一个绝密任务，在临洮发现了一个铀矿，让我们去学习土法炼铀。第二天，地质队的车来把我们三个接到临洮去学习炼铀。那就是把铁矿石背回来拿着铁锤打，打碎了以后用碾子碾，碾碎了再扔到一个大铁锅里面，把碱面倒上，还是碱法嘛，碱法炼铀，这个铀就变成了碳酸铀铣的络合物了，就像下粉条一样挂着起来，倒在里面把水倾出来，再把它用酸中和，之后再沉淀出硫酸铵，就用这个土办法，我们学了几个月就回来了，回来以后就开始做。当时说要搞一门放射化工课呢，让我去学这门课，后来又说不去了，就让现物系的我、夏怀德，还有一个人，以及化学系的黄军事到徽县去种水稻，公社的劳动下放的干部李志杰是总负责人，我从徽县回来就已经61年了。当时放化那边主要的人，比较老些的有三个，陶祖贻、杨宏秀和宋慧珠，因为当时我们放化没有多少人，刘有成任放化的教研室主任，实际上他一年就开学来看一下有啥事情，平常呢，刘先生说你们缺啥就到化学系要就行了。学生们没仪器了，拿个筐子，来拿仪器，要个单子，开上去就行了，钱就不管了，反正要了就拿去。当时那几年大家就是让学生正常学习，苦于当时我们这个水平还是很有限，没人辅导，我就搞实验课，搞放射分析化学实验课，好在经过一段时间努力，把实验都搞出来了，搞出来就进行这方面的工作。我们教研室运气比较不好，专家比较多的还是邱陵那些从南开来的一批人，有邱陵和几个学生，他们是1964年的秋天合过来的，来了24个人，其中放化有5个人，大部分都是核物理的。邱陵的夫人贾东方是分析的，还有李玉桂是有机的。杨石先是南开原来的校长，应当说，南开的这些同志，要比我们高一个台阶，他们经常发表文章，已经走在前面了。我们当时的教学是刚刚摸索的，也没人带，就全凭老师们自己摸索。陶祖贻和杨宏秀是1957年毕业的，比我们高两级。毕业以后他们就跟着徐光宪学习了一年，然后就到兰大了。大家都在摸索中，我们当时科研都没有走上正轨。邱陵他们来了以后，这方面比我们有经验，当时邱陵担任教研室主任，刘（刘有成）先生就再也不管这个事了。后来，我们正在干一个大的项目，是从放射性废水里面提取有用的核素，就是钷这几个元素，这是全国性的大项目，可是“文化大革命”开始了。没多久，什么都停下来了。到1968年，说是要搞教育革命，就下乡到工厂和矿山去劳动了。迭部县发现了一个铀矿，我们三个人，还有十几个学生就到迭部去劳动了三四个月，一直到快要过年了，才收队把我们送回来。后来，我又去了天水电池厂劳动，做小电池。1969年，又让我们合成聚丙烯酰胺。聚丙烯酰胺是很好的凝聚剂，说是可能要发生核战争了，水需要马上净化，让人喝，加入聚丙烯酰胺就能加速沉淀。为了合成一个上面标记有放射性的酰胺，我们昼夜不停地在现在生物系的旧楼上，折腾了几个月，到1970年的夏天合成了，合成后就把聚丙烯酰胺标记了，是生成的聚丙烯酰胺有二氧化碳的成分。这个合成的时候，把从苏联买下的同位素碳-14烧成二氧化碳，就把这个放射性加进去，就做成了。做成以后，最后合成带有放射性的聚丙烯酰胺。人不能吃带有放射性聚丙烯酰胺的，就被生物制品所管着。生物制品所就把它给老鼠吃，吃完以后就把老鼠杀了，分不同时间杀死，再把老鼠的心肝脾各种脏器拿着出来，把它做成样品，再去分析，看有没有放射性，发现老鼠的肝脏不聚集放射性，这样我们就放心了。过了一年多他们做成了，那时我已经不参加了。过了好长时间，又让我们去一条山劳动，崔乃夫负责，他让他姐夫具体管着。

到走上正轨时，放射化学没有招生，最初是国家不让招，后来招了，但是是招一年隔一年，也就30个学生。

海湾战争以后，国家才知道核武器的重要，又开始对核武力量放射方面稍微重视了一些。过了几年，放射化学的学生特别受欢迎，一年分得光光的，根本不够，现在还算比较可以的。当时就放射化学、核物理来说，从长远来说他们还是受不了这个事情。

那会儿我们有工作关系调到四〇四的一些老工人，对实验还是特别地留恋。五〇四主要是浓缩U-235的，四〇四是提炼钚的，因为实际上原子弹主要还是钚做的，钚是因为啥呢？铀里面千分之七点几是U-235，再有九十九点几的U-238。那么这个U-238呢，如果放到反应堆里面，现在我们四〇四就在做这个，做生产堆，把铀做成棒棒。这些棒棒都23厘米长，这么长的棒棒，就这么装到管管里，周围是铝皮包着，薄薄的铝皮包着，里面就装着铀，放在一个平面上，一个个插满了那个东西，上面装着一根管子，叫五棱管，有五个棱，那个长度要30米长的管子，直直的一点也不能弯。然后就是进入反应区的话，做下中子源，放出大量中子，中子就打着铀核，铀核破了的话，就叫作复活了，复活就是说，放出一个中子，这个U-238就吃上这个中子，质量数增加了1，然后再β

衰变，衰变以后就增加了一个质子，成了Np-239。Np-239经过几天的工夫就衰变成Pu-239，Pu-239的作用就和U-235的作用是一样的，可以做原子炸弹。但是比起U-235可要好多了，Pu-239跟铀的化合物的分离是元素之间的分离，性质差别很大，很容易就提纯了。我们看就不得了了，就两三间房子这么大那大厅里面，纯粹不锈钢做成的，那用上的不锈钢就不知有多少，这些设备都拆掉了，拆掉了以后工人们都舍不得，到现在铀棒燃烧其实才用上了不到千分之一，它就达到饱和了。把铀棒冷却，底下是个大大的水池，从顶上到底下有多高呢，有九层楼高，地面上五层多高，地底下再有四层这么高，深得很，把那个铀棒一抬就扔到底下去了，放射性强的很，一年都不让动。这些放射性最强的寿命也短，一年就衰变了。然后把铀棒捞起来放在另一个车间，加上碱把铝皮蚀掉，变成盐清掉之后，把这个Pu-239就赶快用酸给溶解了，溶解了以后再经过萃取的办法，把铀和钚就提取出去了，提着出去以后再把铀和钚分开，这个钚就可以制原子弹了。这就比U-235和U-238的分离容易得多，因此世界上做的原子弹，钚的要多一些，而且这个效率比铀的好，像铀做一个得8公斤，其实就一点点，因为铀的密度比铅还大呢，8公斤就一点点，不是很大。大概当时咱们国家还是支持铀，现在我们搞成什么样了，具体的我也不怎么知道了，但是现在我们的五〇四说的5%上下，能维持原子的反应堆运转的这个水平，往大了可能也就困难。最后铀-235、铀-238的分离，还是李政道和杨振宁的老师张文裕，他的夫人王承书搞成的，王承书一直主管这些事情，带了咱们西部国际站好几年。第一个原子弹炸的时候是铀-235的，就是纯粹的铀弹，所以U-235很重要。咱们现在可能随着形势，军事上、国际上一紧张，我们就抓得紧一些，形势一松我们就松了，但这是要长抓不懈的，人们不能把这事情忘了。现在想加强国防的话，还要搞好核潜艇。咱们的核潜艇技术在噪音方面还没解决。噪音的问题，哪怕是飞机发动机这方面，都没有解决。这方面还要搞，尤其核和飞机这方面，举个例子，美国的大飞机，能飞一万二千里，苏联的大概能飞七八千公里，我们的大概就是四千多公里的样子，就得赶紧折着回来不然就完了。我们的发动机到现在就买下过的英国的和乌克兰的。现在乌克兰的军事技术自从苏联、俄罗斯断开以后，就再没有新的技术了，咱们也在乌克兰学不到什么了，这些东西一旦人家有些关系的话，就麻烦了。

受马林斯基邀请在国际系列丛书发表文章

陈：这是个离子交换溶剂萃取的系列丛书，是著名科学家马林斯基创办的，我们在上面发过一个章节，当时马林斯基是老陶（陶祖贻）请来的，他来到我们这儿以后，很看重我们的工作，叫我们一定写这篇文章，然后他就发到这一卷的第一章；写的一共有五个人：陈励权、辛文达、董长发、吴王锁还有岳肃俊。

这是马林斯基的文章，这里面他专门讲了我们这一篇文章，讲了这么一句话，就说这一篇文章是这一卷里面他最为感兴趣的，就把我们这篇放到了第一章。马林斯基这个科学家够出彩，他参加过世界上第一个原子弹的实验，此外，他还发现了化学元素中的第61号元素钷，Pm的发现者，这个就是马林斯基的贡献。

| 人物简介 |

陈励权，男，汉族，中共党员，1937年10月17日出生，甘肃渭源祁家庙乡金家坪村人，1955年考入兰大化学系学习，1959年毕业，留校化学系无机教研组工作，后于1960年调动到现物系放射化学专业，直到1998年3月退休，一直从事教学科研工作。在国内外期刊发表论文50余篇，主讲过无机化学、分析化学、核材料分析化学，加压离子交换分离稀土元素工艺研究通过部级鉴定，获省教委科技成果一等奖，另有甘肃省科技进步二等奖一项、省教委奖等，曾任甘肃省化学会理事、兰州大学现物系应用化学教研室主任、兰大原子核研究所放射化学研究室主任。指导的硕士研究生张锦当选中科院院士。

辛文达

祝兰州大学早日成一流大学，培养出顶尖人才

时　间：2015年1月23日
地　点：兰州大学档案馆办公室
人　物：辛文达
访谈人：王秋林
摄　像：红　叶

访：辛老师，您好！我是兰州大学档案馆王秋林。我们开展的一项工作，叫“萃英记忆工程”。咱们学校的领导对这项工作特别重视并一再叮咛我们要搞好这项工作，见了老先生们要代表学校向他们问好，向他们曾经做的工作和努力表示衷心的感谢。请兰大的老先生、老校友对自己所经历过的兰大学习、生活、工作做一个回忆，我们以录音录像的形式在档案馆里长期留存。今天很高兴请您给我们回忆一下您在兰大学习生活的情形以及您对当时的兰大的了解情况。

辛：好的，谢谢。

与核学院的情缘

访：您能讲讲您当时为何选择了兰大，并从化学系转到放射化学专业的吗？

辛： 我是1955年从西宁高中考到兰大化学系的。我的第一志愿就报了兰大化学系，那时兰大的化学专业是很好的专业。我刚入学的时候，兰大校舍正在建设中，不过化学楼已经开始使用。当时的化学系有三个班，大概一百四五十人，开学时我们在旧校舍，也就是萃英门那边上课。在萃英门读了一年后，新校舍建成后，我们就搬到了新校舍。我们当时的大学是四年制，在第四年分专业的时候，当时化学系书记突然把我们叫到二分部去，说是我们要被分到另外一个保密专业去。我们当时还写了非常绝密的保证书，被抽调出去的这些学生一部分是化学系的，另一部分是物理专业的，教师组也是从化学系和物理系抽调出来的，组成了放射化学专业，当时的教研室主任是刘有成。一年以后，我们专业来了两位从北大毕业的老师，一位是陶祖贻，另一位是后来去了材料系的杨宏秀。给我们上核物理课的是郑志豪，在陶祖贻、杨宏秀和郑志豪等老师的培养下，一年后，我们专业的四五个同学毕业留校了。我们刚开始工作的时候，没有科研经验，设备也非常简单。一直到1965年，南开大学的放射化学和核物理合并到兰大，南开大学的很多优秀的专业老师也来到了兰大，一时间我们的放射化学专业非常强劲。这其中就有从清华毕业并在苏联留学回来的邱陵老师。像他这样的老师还有五个，因此，我们专业在科研能力上得到了很大的提升。在当时，全国只有三四个学校有放射化学专业，那段时间，大家都精神饱满、干劲十足。大概在1965年的时候，我和袁植一起去参观了复旦大学的放化实验室，回来以后，我们绘制出了计划建造的放化实验室草图，并建造出了实验室。

访： 您能回忆下当时的学院建设与人才培养吗？

辛： 好的！我们当时有核物理和放射化学这两个专业，核物理总的实力要比我们还强。我们放化专业培养的学生在原子能实验等方面起了很大作用。我们当时培养的很多学生去四〇四成了骨干工作人员，五〇四厂是我国最早受苏联援助建成的。我国的第一颗原子弹、第一颗氢弹的燃料生产都与五〇四相关。五〇四主要就是铀浓缩，因为原子弹、氢弹所需要的是铀-235，天然铀中99%是铀-238，铀-235在天然的铀矿石里面含量还不到1%。因此，要把那个不到百分之一的铀-235弄成90%以上，那才能做原子弹，要是核发电用的话，浓度低一些。五〇四是国家的重点厂，厂子中的好多骨干都是我们学院毕业的。例如现在的副厂长李卫东，就是我们放射化学专业毕业的。质量处的处长也是我们放化专业毕业的。浓缩车间的主任是核物理专业毕业的，并且是五〇四厂现在的生产骨干。我的儿子辛有东是兰大放射化学专业03届毕业的，现在也在五〇四厂任安防处处长。五〇四的很多业务骨干、领导骨干都是咱们学院毕业的。

访：咱们学校当时参与氢弹的研制工作了吗？

辛：咱们学校没有直接参与氢弹的研制工作。但是，我们在氢弹研制工作中是有人才贡献的。因为五〇四厂主要负责原料的生产，咱们学院去五〇四的人才就参与到原料的生产中，当时这些工作都非常绝密，很多人都隐姓埋名，就连老婆孩子都不知道在干什么工作。这些人着实为我国的两弹事业做出了巨大的贡献。

为学院建设倾心倾力

访：您可以介绍下您当时的工作吗？

辛：刚开始留校工作的时候，主要负责科研、教书，带学生的实验以及毕业论文，后来接触一些外面的科研任务，跟别人合作发表一些科研论文，再后来主要和董长发一起研究离子交换的应用这方面的工作。我们搞的那个分离装置很好啊，一次就能把好多东西分开，从离子交换这个分离技术上来说，我们放化专业还是搞得比较多的。那时候放化人比较多，基本上就是20多人，最多的大概30个人，后来调出去一些到材料系。杨宏秀，我们的老师，他是北大1957年毕业，后来分到我们放化来的。我前面提到过的杨宏秀和陶祖贻，他俩算是我们的骨干老师了，也是最早的两个老师，并且陶祖贻一直工作到退休。杨宏秀也在兰大干到退休了，在材料系工作了几年后调走了。邱老师和杨宏秀走了，凌达仁接替当了教研室主任，后来他走了后我当了一段时间主任。有一位教师叫邵品熙，做实验，也搞科研，他在放化楼的建设上起了关键作用。放化楼建设最早的草图就是参观复旦以后规划的。邵品熙和董长发拟绘了草图并请了两个建筑工程师进行指导，他们两人对于放射化学楼的建设费尽心力，就连实验楼的地板都是我们自己贴的。董长发是主要负责人，他工作很认真，是我们最得力的工作人员。我在1994年4月5号病倒了，因为心梗而住院，就在5月份退休了。

浓浓师生情

访：请您谈谈在你们上学的时候，给你们留下印象比较深的老师。

辛：我们先在化学系上了三年。基础课都在化学系上的，那时候分专业，化学专业是四年制，后来才改成五年制。对于四年制而言，就要在最后一年分专业，没有分到有机化学、无机化学、物理化学、生物化学，而是把我们分到放射化学专业了，也没说到哪去，我们同班同学当我们出去工作了，当时那是绝密的。那时候的老师上课都非常认真，尤其无机化学的任课老师。物理化学的老师是彭周人，他的课讲得透彻而且特别认真。在我高中的时候，听毕业的学生介绍，兰大化学专业很早就有名的。所以我第一志愿就报的是兰大化学，第二志愿报的是西北大学。那时候，我们的很多高中老师教学很强，我们的高中化学老师是西北师范大学毕业的，他给我们介绍兰大化学专业，并鼓励大家报考兰大化学专业。我在兰大上学之后，他来兰大进修了四年。高中物理老师是复旦大学毕业的，高中地理老师是清华毕业的。西宁高中是由黄川中学、昆仑中学合并而来，我们是西宁高中第一班学员，有两个班，这两个班有四个毕业生考进兰大。我现在还记得的同班同学有苏致兴、王流芳、孙敏、邓自修。方国光老师给我们上胶体化学，后来离开了兰大。我在退休的时候还专门去看过他。刘有成主要负责给研究生代课，朱子清老师是1956年来的，他带过两个非常优秀的学生：黄文魁和陈耀祖。陈耀祖后来提上了院士。在兰大印象比较深的还有江隆基校长，江校长确实不错，他在北大的时候是党委书记兼校长。

对兰大的衷心寄语

访：您对核学院的未来建设发展有什么建议？

辛：因为我从病倒以后就很少和我们放化教研室的教师联系。在我病倒住院后就没治过来。我比较熟悉的是吴王锁，因为教研室主任凌达仁走后，学校就任命我为教研室主任，当时吴王锁是教研室副主任，吴王锁和我共事过几年。我现在记忆力也不行了，好多都忘掉了。

访：您给咱们在这上面留个言，这是个留言簿。您有以前的照片吗？我们需要找些经典的照片放在校博物馆留些资料。

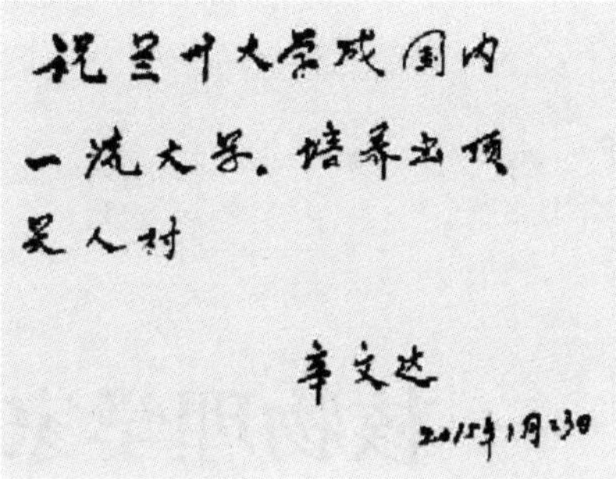

辛：我这相机上好多外面开会照片，我给你们找找。那我就写句祝福语吧！（题字：祝兰州大学成为国内一流大学，培养出顶尖人才！）

| 人物简介 |

辛文达，系我院1955级校友，副教授，1994年退休。

徐躬耦

萃英大先生——核物理学家徐躬耦①

筚路蓝缕，以启山林。在百余年办学的风雨历程中，有这样一批“大先生”们，他们坚守奋斗、默默躬耕，“捧着一颗心来，不带半颗草去”；他们品格高尚，如竹似兰像菊，虚心淡泊高雅；他们栉风沐雨，甘当人梯，甘当铺路石；他们潜心科研，勇攀科学高峰；他们醉心教学，留得芬芳桃李；他们精神不朽，源远流长。

钜儒风雅，德高行远，穿越时空，独树一帜。值此110周年校庆年来临之际，学校特推出“萃英大先生百十载师德典范人物”专版，将陆续刊出为兰州大学110年的办学发展做出重大贡献的典范人物，以期在无限的缅怀、追忆和敬仰之中，激励广大师生牢记新时代教育的使命，在“双一流”的伟大建设中

①转引自《兰州大学报》第926期，2018年10月15日第05版。

砥砺前行，再创华章！

徐躬耦与妻子和女儿在兰州的合影

徐躬耦和学生在一起

徐躬耦（1921—2014），上海市人。1943年毕业于交通大学唐山工学院土木系，1950年获伦敦大学哲学博士学位。回国后，历任南京大学副教授、物理系副主任、代理系主任，兰州大学教授、物理系和现代物理系主任、原子核研究所所长、副校长、校长，南京大学教授。徐躬耦长期从事核结构理论及核反应统计理论的研究，特别是“生成坐标方法与原子核集体运动”的研究，1985年获国家教委科技进步奖二等奖。撰有论文《核反应过程的统计描述》，著有《原子核结构理论》《原子核反应理论》等书。

1955年9月底教育部电告南京大学，调徐躬耦任兰州大学物理系主任，以加强兰大物理学科的建设，配合核物理专业的创建。1955年至1961年，徐躬耦任物理系主任，在基础课程的开设、师资队伍的培养、新专业的设置和科研工作的开展等方面，做了大量卓有成效的工作，在兰州大学建立了理论物理、无线电电子学、磁学、半导体等专业。1958年，兰州大学设立原子能系，徐躬耦任系主任。

在女儿徐鸣洁的印象里，父亲非常忙碌，她都是自己带着钥匙上学放学。1958年，在父亲筹建原子能系期间，工作更是格外艰苦，常常要开会到深夜。因为徐鸣洁年纪小晚上不敢一个人在家，徐躬耦就把女儿带去开会。那时条件艰苦，大家围着一张桌子而坐，徐鸣洁困了就睡在中间那张桌子上。等散会了，大家再帮忙把她背回家。这样的境况持续了很久。

徐躬耦访问国外留影

1959年春，江隆基调入兰州大学，提出“整顿教育秩序，提高教学质量”的口号，不久又根据“调整、巩固、充实、提高”的方针，对深受“大跃进”“反右倾”运动冲击的兰州大学进行了艰苦的治理工作。徐躬耦完全赞成和支持江隆基的教育思想，在江校长的领导下，在现代物理系进行了艰苦的创业工作，从建系时十几位教师，发展到百余名教职工，建立了原子核理论、实验核物理、加速器、核电子学、核放射化学等教研室，使得兰大物理系成为当时国内仅次于北大技术物理系的核物理教学科研基地。

1979年起，徐躬耦开始担任兰州大学副校长、校长等职务，更是将精力都用在了工作上。他的学生任中洲回忆说："有一天晚上我7点钟到了徐先生那里，徐先生才刚刚下班回到家，还没有吃饭。徐先生就简单弄点饭吃了，紧接着就和我讨论问题。当时条件是非常艰苦的。当时徐先生的爱人和孩子都已经在南京大学了，徐先生一个人在兰大待着，既搞科研和行政工作，又亲自指导研究生，非常辛苦。"

徐躬耦在科研工作中的严谨态度和创新求真精神也是值得称道的。他从青少年时代就对物理学怀着极大的热忱和浓厚的兴趣，决心献身于对科学真理的追求，以科学和教育为国家和民族的复兴服务。在英国伦敦大学攻读博士学位的三年里，他以极大的热情投入核力与原子核少体问题的研究，在莫赛的指导下，与胡济民一道，在这个领域取得了世界瞩目的成果。他们的论文发表在英国皇家学会会刊上，作为当时最前沿的成果而被人引用。

从1961年开始，徐躬耦领导的现代物理系在教学上已站稳了脚跟，开展科学研究、提高学术水平成为全系师生的迫切任务。作为全系的负责人，他率先在当时核物理的发展前沿，以玻尔－莫特逊模型为代表的原子核集体运动研究领域，开展了系统的工作。在原子核集体运动的可变转动惯量模型，振动与转动耦合、核表面振动的非谐效应等方面，与当时发达国家科学家所做的工作相似。然而10年"文化大革命"，不仅使这些研究成果丧失了适时发表的机会，而且也堵塞了徐躬耦在这些领域中进一步取得成就的道路。

1975年，徐躬耦利用承担国防科研任务核数据编评工作的机会，再次带领理论核物理教研室的年轻教师，开展了核反应统计弛豫理论和原子核集体运动微观理论的研究。在这一项研究中，他不仅把以激子模型为代表的前平衡核反应统计理论成功地用于中子核数据工作，而且还从非平衡量子统计理论出发，系统地研究了包括多步直接反应和多步复合核反应的核反应统计理论，为唯象的激子模型奠定了微观多体理论基础。这项工作发表于1979年，比类似的FKK理论早一年。他领导的核数据工作，获1978年全国科学大会奖，1980年国防科委战略武器与尖端科技成果四等奖。在集体运动微观理论研究方面，他指导进行了原子核相变的研究，从I-N（Z）核相图上分析原子核集体性质的突变。这一研究受到哥本哈根学派的重视。与此同时，他把生成坐标方法、动力学群和相干态结合起来，使之成为描述集体激发和非集体激发以及二者相互耦合的有效手段，并基于内禀态确定集体运动自由度这一思想，论证了玻尔－莫特逊的几何模型和IBM代数模型的微观多体理论基础，指出了这两个模型的本质联系。该项工作受到核物理学界的著名学者Talmi、Iachello、Klein、Casten和Rowe等人的好评，并于1978年获全国科学大奖，1986年获国家教委科技进步二等奖，1987年获国家自然科学三等奖。

徐躬耦墓碑上写着的“科学、教育、坚毅、奉献”八个字是对他一生的评价，“科学、教育”是他毕生为之奋斗的事业，“坚毅、奉献”是他生活与工作中坚守的精神。徐躬耦在祖国需要的时候，来到条件艰苦的西北，来到兰州大学，为兰州大学的建设发展，为西北教育科技事业和祖国核科学事业的发展，艰苦奋斗，殚精竭虑，做出了突出的贡献，是值得兰大人终身学习的榜样。

| 人物简介 |

徐躬耦（1921—2014）著名核物理学家和教育家。出生于上海松江县。1939年进入唐山交通大学土木系学习，获工学学士学位。1947年赴英国伦敦大学学习理论物理，获博士学位。1950年进入南京大学，先后任物理系副教授、代系主任。1955年调入兰州大学任教授、物理系主任、现代物理系主任、副校长、校长。1986年辞去行政职务回到南京大学，专心培养研究生和开展学科研究。2014年去世，享年93岁，安葬在雨花台功德园。

郑卫汉

把青春献给祖国，向科学进军，为祖国健康工作50年

时　间：2014年12月30日
地　点：兰州大学档案馆4楼
人　物：郑卫汉
访谈人：王秋林
摄　像：红　叶

访：郑老师，您好！我是兰州大学档案馆王秋林。我们开展的一项工作，叫“萃英记忆工程”。这个工程主要就是请咱们的老先生、老校友，讲述一下过去在学校生活工作的经历，或者是讲述一下经历中遇到的一些人和事物。能不能给咱们讲一讲您当年的故事，提供一些资料，让我们了解一下当年的兰大生活，给后辈学者们一个建议？

郑：好的。

访：先请您介绍一下自己求学的过程。

郑：我是1938年出生在泰国，那个时候正好是保卫武汉，抗日战争的时候，所以我父亲给我起名“郑卫汉”，保卫武汉，保卫中华。1941年，日本发动了太平洋战争，占领了东南亚，泰国投降，并且开始第一次排华，我们迁到

老挝，等到战后，我们就从老挝迁回曼谷，我父亲又重新聘到东北部去，继续在那从事教育工作。我父母也都是中国共产党党员。那个时候在华文学校里开始分亲共还是亲台，他们在那边致力提升共产党的影响力。我父亲在那儿当了校长，威望很高，与亲台的人争夺教育岗位、教育阵地。等到中华人民共和国成立，我那个时候12岁，刚好小学也毕业了，我就提出要自己回祖国，建设我们的国家。我父母他们都很支持，但是觉得12岁太小不能一个人回去（他们必须继续留在泰国与亲台势力斗争），建议我再在这边修炼两年，再多学一些东西再回去。于是我又在那边待了两年，等到14岁的时候一个人踏上了回国之路。那个时候，美国已经控制了泰国，中泰正处于敌对状态，从泰国回国的时候必须签署一个保证书，永不踏回泰国。所以我母亲送别我的时候给我说的一句话就是“等泰国解放后再见”，她当时从内地走了很远跑来送我。后来，我和其他回国的人被送到一艘船上，在海上漂了7天7夜最终回到了祖国。回来之后报考了华侨中学插入初三学习。那时报考高中跟现在大不一样，作为归侨，它那边专门接待你，报考以后你可以在全国选六个地方作为志愿。我被天津一中录取了，那是当时天津最好的中学了。在天津三年是我很难忘的三年，德智体三方面都得到了全面的发展。我们的校长是转业过来的，团长韦力，可以算得上是个教育家，后来他当了联合国教科文卫组织亚太教育专员。当时国内有三个流行的口号：把青春献给祖国，向科学进军，为祖国健康奋斗50年。我当时对科学特别感兴趣，收集了一些关于核武器、航天的一些东西。到高三的时候，我的成绩已经是班上第一名了。1956年高考的时候，当时报的是北大。那一年兰大刚被定位为全国重点大学，允许到全国各地提前招生。当时根据毛主席说的，我们也要搞点原子弹、氢弹，全国办了两个核物理专业，一个是北大，一个是兰大。兰大由于具有提前招生的特权，一下子在全国出了名。兰大当时物理系派到天津的是冯敏，他了解到我的情况，后来学校团委告诉我组织上推荐我去兰州大学去学核物理专业。我和父亲一直保持着联系，我们都一致认为应该到祖国需要的地方去，然后我取消了报考志愿跟随组织来到了兰州大学。和我一起过来的大多是各校的尖子生，成绩都很好。也是那个时候，对我影响极大的一位先生徐躬耦也调来兰大了。我们是第一届核物理班，徐躬耦、杨澄中和各重点大学抽出来的人来给我们上课，我们算是科班出身，很受重视。钱伯初对我们的评价是，入学水平最高。

访：您当时求学也是经历了“大跃进”，在这期间您都碰到了哪些困难？

郑：我1956年入学，接着就是1958年“大跃进”。几乎停课，整天做劳动，修操场。后面又到乡下去，因为到外面那是大炼钢铁，也到荒郊野外去搬来小高炉，在小学那个地方立起来，整天去炼钢铁，反正这都是搞着搞着，但搞时间长了自己也就有点觉得，这么搞下去，没人好好学啊，没人学到什么本事。当时，由于泰国政治原因，我父亲被关进泰国监狱半年，然后被遣送回国，他们回到了家乡汕头。我就想着，我父母亲弟弟妹妹都回到了汕头了，以后还是回汕头吧。

访：是什么让您改变了这一想法？

郑：1959年，江隆基校长来了。江隆基校长怎么来这儿的你们很清楚嘛，按反右倾那样把他反下来，给他的选择是两个，一个是华南一个工学院，一个是兰大，他，因为兰大这边西北是他的发源地，他就选择来兰大。江隆基校长来了以后，在欢迎江隆基的会上，就原来拆掉的那个大礼堂，就说热烈欢迎江隆基校长吧，吹了一通，江隆基上来，我印象到现在为止都很深，就很简单几句话，说我是个普通的共产党员，不值得你们这么来欢迎，就没再说话了。因为这个，我听了很受影响。江隆基校长来了实际上是很快扭转了兰大的形势。但是，1959年春天就开始发生了饥荒，他来到兰大的这几年实际上是很困难的。在我的印象里面就是，是街面上，除了固体酱油以外，没有可以吃的东西，固体酱油就是很简单很粗略的一块酱油糕。用个粗粗的纸一包，一片两毛钱，就这个还可以吃的，这个拿来冲点水，变成酱油水，外面就什么都没有了。满地到处去找野菜啊什么的，那个时候说苦呢，可能在全国来讲，可能是最苦。最难的就是吃饭，我们后来是从东北运的很多黑豆面，吃饭为了避免浪费，你每一个礼拜、每一顿饭吃几两，都得登记，并且每周要提前登记下一个礼拜的。当时男生主动降低定量，女同学有的也是说把她的定量拿出来支援男生。那个时候我没觉得会被困难压倒，尤其是江隆基校长，他来了个关闭学校的小灶，他跟大家一起吃食堂。

访：那您毕业了之后，当时是怎样打算的呢？

郑：我那个时候就是下定决心，留下来，我就在这儿，因为要做核物理。学校本来是要留我当研究生的，另外一个归侨，留下来当助教。他呢又想走，不想留下来当助教，我就说是我已经下了决心了就在这儿干下去，干一辈子了，我也不要再弄个研究生，再心存幻想，三年后再重新分配，就不再三心二意，所以后来我们俩对调了。1961年7月毕业，9月我就开始上课了。量子力学是徐躬耦先讲，但是他分两个学期。第一个学期是周学时2，我给他当辅导。那么后面那周学时5的那部分呢，就跨到了1962年，春节过后的那个学期，就我来写讲义我讲嘛。我上课上到最后就按照学校的规定，备课时间是1∶8。我琢磨的是要当老师啊，能在课堂上讲，这就是我最重要的一个舞台，在上面绝不能耽误人，不能出一点差错，所以一定要做到最完美的准备，所以我教了几十年的书，基本上没有缺过课，不生病吧，身体也好。另外，都是按时上课，我教学受欢迎，是因为，我自己当学生的时候我不喜欢老师是怎么讲的，我就切记我自己不要那样做，有的老师站在黑板边上，写完了，又挡住，老不让人家看，等于斜过去，一手又抹掉了。这个不行，所以板书什么我也很讲究，很有秩序。嗯，也让同学有思考。另外呢，很讨厌一些老师，就是跟书，他就一字不差地就按书念起来了，虽然他不是拿书来念，但是讲的你对着它，是一样的。不能这么讲，应该你消化完了，变成自己的以后，用逻辑的道理，给学生讲清楚为什么要讲这个给他。整个课程，一定要有一个有机的联系，一定要按自己的体会，这个训练是徐躬耦培养的。徐躬耦脑子那实在是快，逻辑性强，我们作为他直接的弟子呢，培养继承讲逻辑，讲道理。你讲的一个课的内容，为什么这个在前，为什么在后，你最后要有一个很明确、很明晰的脉络。我换了很多课，但是不管一个课讲多少遍，每次都好像是第一次去讲，在课堂上，我从不敢有一点马虎大意，我觉得最重要的是这个。到最后我是不管多复杂的物理方法，量子力学的都是很多，教学很难的，一大堆的，反正我上课，人家说没见我带东西的，我就空手就去了，那不能留有后路，也不是留有个本本、小条在身上。

访：那您这些年教过哪些您印象深刻的学生？

郑：詹文龙、夏佳文、吴王锁、陈熙萌等。我最记忆深刻的是77届学生。1977恢复高考，因为这一届学生在“文化大革命”十年，都不肯荒废，上山下乡，经历各个方面磨炼，还是没有磨掉他们坚持学习的心理。我那时候能明显地感到这个班每个人都有每个人的特点，每个人都有自己的一种经历。经过那么艰巨的时代，他们的认识提升了一级。后来，李政道、杨振宁组织了一个考SPI的出国考试，我们那个时候也致力于这个考试，假期一直给他们强化，所以连着几次兰大都考第一名，这个成绩可以说是震惊全国了。

访：您在兰大生活了近50年了，您对兰大的毕业生有怎样的评价？

郑：兰大毕业生是不张扬，经久耐用，他们不会犯眼高手低的错误。在各种会上，人们经常提起甘肃现象、兰州现象、兰大现象。兰州当时可以说是很落后，整个甘肃很落后，但是他们不管在政界、文艺、广播体育、教育，各个方面都成绩很突出。

访：您经历了那么多事情和历史的变化，有没有想交给我们档案馆和大家分享展览的东西？

郑：讲义、手稿，还有笔记这些东西，希望能对后面的教师教学有所帮助。不过我要回去整理一下。

访：那太好了，非常感谢您对我们工作的支持！

丨人物简介丨

郑卫汉，系我校1956级校友，现已退休。

孙别和

毕生心血加速器，志坚行苦核学路

时　间：2015年5月15日
地　点：核学院办公室
人　物：孙别和
访谈人：王秋林
摄　像：红　叶

访：孙先生，您好。兰州大学档案馆正在开展“萃英记忆工程”工作。请我们的老先生、老校友，还有兰大的老朋友，回忆在兰大学习、生活、工作的经历，回忆给他们留下印象的人和事。我们通过这种人物采访、录音录像的形式，把老校友们对兰大的回忆留下来，把老校友们的形象留下来，为后来者了解、认识兰大留存一些资料。另外，还请您谈谈母校的培养和教育对您在工作中的帮助，以及兰大精神对您的启发。最后，恰逢核学发展60年，请您就核事业发展，给兰大以及核学院的建设发展方面提一些建议。

孙：好的，感谢您于百忙之中前来采访我，我都有些诚惶诚恐。

砥砺奋进漫漫求学路

访：先请孙先生您介绍一下自己。

孙：我叫孙别和，1962年从兰州大学毕业，之后留校工作于兰州大学原子核研究所，1984年代表我国去德国德累斯顿出席了第十四届国际核科学讨论会，并在会上做了3场报告，1990年由于成功完成了3台加速器的研究，我也申请了去德国国家重离子研究所（GSI）做高级访问学者，记得比较清楚，我们那个研究所在一个叫维斯豪斯的村庄里面。在1968年3月至1989年3月的工作期间，曾先后连续担任兰州大学现代物理系加速器教研组、兰州大学原子核物理研究所加速器研究室负责人、副主任、主任和重大课题负责人等职务共计22年。

访：那孙老师是一直在兰大工作、学习了呀。

孙：对对对，一直在兰大，所以对兰大感情比较深，对兰大的了解也比较多，尤其是对兰大的一草一木也有很深的情怀，像平时在哪里吃饭，去哪里干什么，现在脑海里的图像也非常清楚。

访：能简单回忆一下自己的求学之路吗？

孙：这个应该从1957年说起，当时毛主席严厉批评教育界的反冒进的思想，即认为教育应该收缩一下，此后1957年后教育就马上收缩了；1957年的时候全国高等院校通告只招生10.7万人，当时考试很紧张，录取率也低，因此害怕自己北京大学考不上，就报考了兰州大学，当时有十二个志愿可以报考，而我的第一志愿就是兰州大学核物理，很幸运就考上了兰州大学，是在宝鸡高中毕业考的兰州大学。当时兰大的现代物理系，一开始叫原子能系正在筹建，因此第一步先考到了兰州大学物理系，那一年物理系考进来有95个学生，另外有一个留级的学生，还有一个从化学系转过来的女生，由于对化学药品过敏，而转到了物理系跟我们一起上课。到物理系学习一年多后把基本的高等数学等课程学完，1958年原子能系也就是核物理系（现代物理系）就正式成立了，当时大概有20个学生，在现代物理系求学3年半毕业后就留下来工作了，直到退休，因此对兰大的感情比较深、了解也比较多，对于兰大的一草一木都很情深，对于当时的情景、图像依旧在脑海中非常清晰。

当时这个原子能系也就是现代物理系成立的时候，初期是像老一辈物理学家朱光亚、卢浩等到兰州组建的，当时还有物理系系主任徐构、近代物理研究所所长杨澄中也参与其中；但是系里的工作由于人手少，就把甘肃师范大学物理系未毕业的学生调来工作，同时也把兰州大学已经和未毕业的一部分学生也调来工作，从而组成了教师队伍。

专注热爱开启“加速器”的人生

访：能简单总结一下在兰大毕业后您的工作吗？

孙：这个要从大学毕业说起，1962年毕业后，本来国家一开始把我分配到上海科学院，那边单位派的人也跟我聊过了，对我比较满意，欢迎我到他们所里工作，但是过了两天左右，由于学校要搞建设就不让我去那边，我当时还不同意呢。但是当时系上已经把档案迁回来了，学校让我留下来专门搞科研工作，不搞教学，我当时就说如果搞科研工作我就留在这里，这里的条件还不错，就当时对于搞核物理的研究加速器方面的，能量最高的高压加速器还是我们兰大的，然后就一辈子在做科研工作。直到20世纪80年代才开始招研究生并上课，给研究生上过一些理论性比较强的课程，另外是给本科生教过两次课程，当然主要是科研工作，主要开展了离子源物理、正离子物理和带电粒子在电磁场中的运动规律这三门课，我退休后这些课程就没人讲了。当时留下来主要搞科学研究，由于加速器不正常，我一毕业就在现物系的高压倍压加速器上工作，直到“文化大革命”前夕，才能进行正常的科学研究。但是由于“文化大革命”就停滞了，虽然“文化大革命”进行了十年，但是在1969年的下半年我们的工作就基本恢复了，现物系也恢复了，然后就通知召集全系的同学们学习，学习毛哲和“文化革命”形式的一些文章，同时我们也开展相应的科研工作。当时北大提起的电子工业革命，我们也开始用离子技术、加速器工具开展相关的研究，也取得了不少的成就，研究了两年多，但是由于国家的方向不在这边，也就继续搞加速器了，我记得第一台小的加速器是1971年着手的。

访：能简单说一下自己的科研成果吗？

孙：我这一辈子的科研工作基本是在加速器上，总共研究了6台加速器，当时除了我们兰大在做，其他地方都没有在做相关的工作，而且在当时美国的洛斯阿拉莫斯国家实验室的量级为5×10^{12}，我们的则为3.3×10^{12}，已经达到了国际水平，在全国非常出名。记得比较清楚的是1974—1976年期间一台150千伏多用途小型加速器研制成功，获得了甘肃省1978年科学大会重大科研成果奖；同时1975—1979年期间一台300千伏中子发生器研制成功，获1980年国防科委战略武器及尖端科技成果三等奖。在1979—1989年期间，一台300千伏强流中子发生器研制成功，获得了1990年国家级科技进步三等奖和1990年国家教委科技进步一等奖。

耕耘播种点燃核学学子之光

访：孙老师您对带研究生有啥看法呢？

孙：我带得不多，博士带了4个，硕士有10个左右。首先一条，我带研究生是至多3个，而现在好多老师带五六个，我不同意这样带研究生，我就说带3个或者4个都能把人累死，而且这还要求老师必须有相当丰富的科研经费，学生才能好好地做实验，如果你没有潜力，你培养啥呀，光看纸上没实际。这是我对带研究生的一些思考吧！

访：孙老师您带的学生中给您留下印象比较深的是哪一位呀？

孙：应该是夏佳文吧，当时他在我这做毕业论文，他对自己的毕业论文要求比较高，就相当于一个博士论文，至少不低于一个硕士论文，我按过去的大学毕业时的毕业论文要求给他说，这篇文章做好以后就登到我们兰大学报上，是一篇应用性文章，他导出的公式就是普遍性公式，永远成立。

访：听着这些伟大的事迹，也让我们备受鼓舞，您对兰大学子有什么寄语吗？

孙：那我就简单说一下，希望兰大学子在学习和科研过程中秉承“格物致知，精研事理”的态度，努力为学校做出贡献，争创一流。

访：好的，感谢您。

| 人物简介 |

孙别和，陕西省宝鸡市蟠龙镇人，1962年毕业于兰州大学，之后留校工作。主要从事加速器的研制工作。1990年去德国国家重离子研究所（GSI）做高级访问学者，曾先后连续担任兰州大学现代物理系加速器教研组、兰州大学原子核物理研究所加速器研究室负责人、副主任、主任和重大课题负责人等职务。承担国家自然科学基金2项，甘肃省自然科学基金项目1项。先后研制成功：高频离子源、双等离子体离子源、真空弧金属离子源、微波等离子体阴极和转型全离子离子源，在国内外期刊杂志上发表论文共计60余篇。

陶祖贻

兰州大学现物系的艰难起步①

时　间：2014年10月26日
地　点：苏　州
人　物：陶祖贻
访谈人：王秋林
摄　像：红　叶
文字整理：陈闻歌　贺莉丹

访：陶老师，您好！兰州大学档案馆正在开展“萃英记忆工程”工作，请我们的老先生回顾一下过去在兰大工作、学习、生活的经历，作为一个历史资料留给后辈学者去了解、认识兰大。今天请您做一些回顾。

陶：好的。我1935年出生，在苏州待了18年，考大学考到了北大，1957年毕业分配来到兰大，所以我在兰州差不多待了50年。我主要讲一下兰大现物系建立的过程。

1955年：中央决定在兰大筹建物理研究室

陶：我在兰大网页上看过你们搞的“萃英记忆”。

吴老师（吴王锁）他们找到了1955年高等教育部的一个文件，《关于在北

①转引自兰州大学新闻网陶祖贻 http://news.lzu.edu.cn/c/201507/35632.html

京大学和兰州大学筹建物理研究室的报告》，这个文件就是说，要在北京大学和兰州大学各成立一个物理研究室。我们国家的核科学技术事业就是1955年由中央确定的。

始建于1955年的现物系2号楼

为什么要在西北这个地方跟北京大学同时设立这么个点？我想主要是当时好多核工业都部署在西北，所以把这个学科设在兰州大学非常合适。

中子发生器

从根本上来讲，当时在核工业方面，中央的政策主要是想搞原子弹，需要理科的人才，想从这两个学校来培养。

北京大学成立核专业的时候，经费都是从核工业部（当时叫二机部）来的，包括我们当时在北大念书的奖学金都是核工业部给的钱，基建，包括买仪器都是核工业部给钱。北大的管理体系就是经费都是核工业部给的，党政管理是北大管的。但是从教学、科研上来讲，北大也没多少力量，靠的是科学院的力量。所以我们到北大物理研究室的时候，我们同时又称为中科院物理所第六组的组员，可能是为了保密的原因。当时老师主要是来自科学院，我们北大的人并不多，搞核的人并不多。

筹建的时候北大有一个附带的工作，就是要帮助兰大建立物理研究室。兰大是林迪生校长负责物理研究室的筹建。朱光亚当时负责我们这个地方搞基建，据说当时图纸上都是他签名。那么搞基建的经费是由甘肃省的葛士英副省长负责，因为如果没有省上的支持，这些工作也不行。1955年的时候兰大已经开始搞基建，就是我们后来现物系的几栋楼，叫1号、2号、3号、4号楼，还有那个高级（宿舍）楼，就是那个两层的小洋楼。1号楼是教学楼，2号楼是靠东的侧面，是个两层的小楼，里面包括了一个中子发生器。当时北大订仪器的时候给我们也一起订上了，我记得好像是瑞士的。这个楼一边是一个很高的大厅，另一边是一个两层的小楼。4号楼是放化楼。

基建到1957年已经建好了。基建好了以后，兰大“物理研究室”或者说现物系什么时候成立，没有明确的时间表。什么原因呢？当时我们国家经济上是个马鞍型，1956年速度很快地上去了，1957年下去了，1958年又上去了。

始建于1955年的现物系4号楼（放化楼）

我估计从经济上的发展来讲，当时也没有急于要去成立这个物理研究室，所以到1957年尽管房子造好了，但是没有开始工作。一直到1958年才成立。

徐躬耦先生来兰大建立了两个系。

我刚才讲那个高级（宿舍）楼，总共有六套房，现在讲就是连体别墅，准备调6个教授来，为他们准备的（也有说是为苏联专家准备的），当时有这么个说法。后来只有徐躬耦先生来了，他是从南京大学来的。当时他刚回国不久，在南京大学物理系当代理副系主任。那时他好像在南京大学是副教授，到了兰大成了教授，当时他可能是最年轻的教授。来了以后，他不仅负责现物系或者物理研究室的成立，还包括物理系。当时有一个教育部的副部长到兰大参观后，觉得兰大物理系的力量太弱，化学系相对来讲力量比物理系强得多。物理系的力量太弱，所以，徐躬耦刚从国外回来就把他调过来，一开始是在物理系负责物理系的建设。徐先生他自己跟我这么明确说，他到兰大来的主要贡献，就是建立了两个系。第一个就是物理系。同时物理系还有北大分来的好多老师，比如钱伯初、汪志诚、张宏图等，他们都是研究生毕业。第二个是现物理系。

我们是怎么过来的呢？当时我们1957年北大毕业，就一下子分到兰大了，我们那时候总共来了10个人，现在还在的有朱介鼎、洪忠悌、我，另外有杨宏秀、许国茂、张承理，大概六七个人。这10个学生来兰大以后，暂时没什么事做，我就到北大去进修。我作为进修教师在北大，但是拿的是兰大的工资。洪忠悌和朱介鼎在近物所，近物所也是1955年搬过来的。

现物系的建立得到很多单位的帮助

1957年，当时有个口号叫“全民搞原子能”，所有学校都要成立这样的“原子能系”。但是兰大有得天独厚的条件，有这个基建，五栋楼房造好了，还有从北大来的10个学生。兰大决定要成立现物系，那么成立的标志是什么？后来从兰大还有西北师大（那时候叫甘肃师大），把一部分三年级的学生调过来，放化专业调来了18个学生。辛文达就是从兰大来的。辛老师是1955年进校，到1958年三年级把他调来了。核物理专业大概30个人。

在这样的情况下，学生已经招来了，来了以后，放化的教学计划是什么？教什么课？都不清楚。所以打电报叫我和杨宏秀回来。这时候已经到1958年，天比较冷了。我们俩就回来了。当时放化的学生到底是归化学系管还是归物理研究室管？不明确。所以我回来以后，又找刘有成，又找徐先生，两个都找。接待我的是陆润林教务长，他也不明确。

但是学生已经在现物系那边了，他们先有学生，我后来。教什么课？我刚毕业，也拿不出什么东西，就完全照北大的方法，北大教什么课，我们就教什么课。后来我和杨宏秀商量，我教放射化学课，当时实验室里一点东西都没有，杨宏秀回北大去准备18个学生的实验。上课和实验两门课由我们两人负责。当徐先生来了后，要从物理系分出一部分精力来完成这边的教学，那时候他还住在本部四号楼，所以他要来回跑，他也不会骑自行车。

因为学生从化学、普通物理转到核专业，要学一门“原子核物理导论”，也没教材。这个课怎么办呢？那时候我们（在北大）都是这样，老师上完课了发给你讲义，上一部分课发给你一部分讲义。杨宏秀在北京负责把每一期发下来的讲义寄过来，由徐先生和郑志豪两个人教，实验部分由郑志豪教，理论部分由徐先生教。这样的话，三门课就把这些学生送毕业了。放化的第一届学生就是这样毕业的。

当时核物理的好多课还是近物所的老师来教的，如杨澄中先生，核电子学也是近物所的一个老师教的。当时我们的实验室什么也没有。所以我们说这个系的建立，一个是靠北大的帮助，另外还有赖于物理系、化学系和近物所的帮助，这些单位帮助我们把现物系成立起来了。

我再要说个事情就是，我来的时候，北大有人通知我可以带一部分图书来，是考虑到兰大的需要。叫我到系图书馆，只要有副本，你抽出来以后可以带到兰大，所以兰大现物系图书室最初的建立也是来自北大（图书）的副本。仪器设备由张承理负责。张承理从北大拿了一部分仪器过来。刚开始我也不认识他。当时我们都在北大那个系的大厅里装箱子，他说他也要往兰大装箱子，我当时在装图书。这样我才知道，他也是被叫回来了，他原来可能也在北大进修。他后来是兰大物理系的，和段一士一起工作过。

所以从建立过程来讲，得到很多单位的帮助，根据中央的指示，根据当时1958年的形势，还有根据甘肃省以及西北很多核工厂（工业）的需要建立起来的。

1963年：现物系的教学走上正轨

我们1958年开始招生，由于学生是从兰大物理、化学以及师大相关专业三年级学生中选调来现物系学习，所以，1959年我们就有了第一届学生毕业。这时，我们除了从北大调来的老师、从物理系调来的郑志豪老师以外，还有第一批兰大自己留的老师，苏桐龄就是这时候留下来的。由于后来四年制改成五年制了，1956年招来的学生要学五年，所以1960年没有毕业生。1961年我们又留了一批毕业生。王顺金就是1961年毕业留下来的，他留下来给徐先生当研究生。这样就基本上把那些课程慢慢地接过来，由我们自己教，不再依靠近物所的老师们教学了，像杨澄中先生（注：杨澄中，业内称他“英杨”，由于他是从英国留学归来，为了和法国回来的杨承宗，人称“法杨”区别），他好像教了一两次就不教了。

到了1963年、1964年的时候，兰大现物系的教学工作基本上可以自己承担，质量高不高很难说。徐先生有一个可贵之处就是他一直教课，四大理论课程他一门一门地教，理论力学、统计力学、电动力学、量子力学，他一门一门教，教完以后交给年轻人去教。这些课程都是他先教一遍，然后年轻人再教，这样来完成教学工作，同时也培养年轻教师。所以这样的话我们基本能担当教学工作，只能说担当，质量谈不到。我那时候是找了一大批俄文书，现看现翻。我们在北大也没好好学，因为那时候是苏联专家教，苏联专家没教多少就跑掉了。这样的话我们从1963年教学基本上就走上正轨了，老师人数也增加了很多。

现物系成立之初叫“原子能系”

从全国的形势来讲，到1962年、1963年，又变成了“调整、巩固、充实、提高”的方针。教育部看到全国到处是物理研究室，多得很，每个学校都有。开始没有个名称，就叫“物理研究室”。兰大成立系的时候最早叫的是“原子能系”，那时候都叫原子能系，当时还有一个名称就是叫“五〇五”。其他学校各种各样的名称都有。

比较正规了以后，可能是江隆基校长认为可以成立系了，后来徐先生到北京开会，说中央要把各个学校统一规划，就改成叫“现代物理系”。现代物理系差不多叫了30年。但是多数老人很长一段时间都把它（现物系）叫成“五〇五”。

1965年：南开大学核专业并入兰大

后来中央又有一个决定，要集中力量，不能这么分散，就是把南开大学和山东大学的核物理和放化专业并到兰州大学。南开大学，那时候人的思想特别重专业，从天津都想到兰州来，想来的人挺多，这个情况跟现在不一样。南开大学来的时候，我记得江隆基校长还去接了。1965年南开大学的核物理专业和放化专业迁到兰州。当时是从专业的角度考虑，如果仍旧留在南开大学，就搞不了核物理专业，当时是这么个思想，不是因为兰州生活条件好，而是因为不跟着来兰大就得转到别的专业去，那时的思想跟现在有些差别。山东大学积极性没有南开大学高，就一直拖，拖到1966年“文化大革命”开始了，他们就不来了。

南开大学核专业并入兰大以后，现物系规模扩大了，放化专业的教师来了5个人，核物理的教师来了大概20个人，这样我们现物系的教师有100人左右了。

当时现物系力量相对还是比较强的。两个学校合并了以后，徐躬耦先生兼两个系（物理系与现代物理系）的系主任，后来不当物理系系主任了，由李轲任物理系系主任。这时候核物理的力量，徐先生是一个教授，南开来了一个副教授叫宫学惠，还有就是比较老的、20世纪50年代初毕业的讲师。我那时候刚升讲师，是初等讲师，他们20世纪50年代初毕业的要比我们年纪大上五六岁。

南开大学放化专业来了两位教师，一位1952年毕业，一位1953年毕业，其中一位还是从苏联读了副博士回来的。原来我们这个专业这个教研室是没有指导力量的。我是1957年毕业的，其他教师是1959年、1961年毕业的，谁也指导不了谁，没有指导力量，没有科研力量，那时候主要还是要把教学带动起来。

从当时成立系来讲，是经过了一段很艰苦的过程。当时我到现物系来一看，什么都没有，玻璃棒都没有，化学系的刘有成先生在开始成立系的时候，当过我们放化教研室的主任，他每周下午来半天。因为他在英国做过放射性标记有机化合物的合成，做过一些铀的工作，所以他是我们教研室的首任主任。物理系把郑志豪和王永昌调过来。化学系把孙慧珠调过来，她是1953年毕业的，比我们要老得多了（后来调走了），这样的话兰大的现物系在核教学领域还是比较强的。

高压离子交换装置（20世纪90年代国内领先的稀土元素分离装置）

当时主要是教书育人

陶：我们那时候刚毕业，教书能教下来就不错了，还没想到要做科研什么。邱陵和邵品熙他们两个年纪大的讲师，我们就有条件做科研，本来我们没条件也没时间做。邱陵从核工业部二院接了一个科研任务，用离子交换法把放射性元素钷（Pm）从稀土元素里提出来（注：项目全称为“从高放废液中提取Am、Cm、Pm的冷试验”），这个科研任务当时应该是很好的工作。他从1966年开始做，但是“文化大革命”以后也就没有人做了。当时除了兰大，原子能研究院也做这个工作，但是方法不一样。所以我们开展科研工作，是邱陵和邵品熙来了以后才慢慢做起来的，也就是1965年以后才慢慢开始搞科研工作。大体上就是这些情况。

访：咱们开展了一些科研工作以后，对“两弹一星”做过什么事情吗？

陶：“两弹一星”我印象中是没有参与的。我们主要是在教学方面，培养了人才。

访： 咱们的核专业核物理和放射化学在全国来讲，除了北大，这边是最早的了？

陶： 从时间上来讲，北大最早，我们是第二。后来我们一直都坚持下来了。

访： 在这个过程当中您感觉有什么特殊的人物、事件给您留下比较深的印象？

陶： 徐先生创建了现物系，而且培养了许多的年轻教师，他自己也是一门一门教课，教完以后再交给别的年轻教师去教。除了他一个年纪大的以外，王永昌那时候还没有从苏联回来，郑志豪原来是北大学光学的研究生，他也是过来后又学。实验核物理、放化不是他的专业，但是他也同样关心、爱护、帮助我们。他有时也跟我们讲，如果你们自己力量不够，是不是可以一起讨论，这样来提高自己。还有，比如他跟我说，教师到了一定年龄以后不能只是教书，要做科研，他强调这个，高等学校教师跟中学老师不一样，一定要做科研。我的第一篇学术论文是徐先生亲自带到北京请人审后，1965年在兰大学报发表的。

访： 请您在留言簿上留个言。

陶：（写）桃李遍天下，今后更辉煌。

访： 谢谢陶老师。

| 人物简介 |

陶祖贻，1935年11月生于苏州，1953年至1957年在北京大学学习，毕业后分配到兰州大学工作。现代物理系教授，博导。曾任现代物理系系主任、原子核研究所所长。历任助教、讲师（1963年）、副教授（1981年）、教授（1986年）。1958年起讲授专业基础课放射化学和专业课，直到20世纪80年代中期。1982年起招收研究生，并讲授研究生课，直到2002年最后一名博士生毕业，共培养研究生40余名。长期致力于离子交换平衡及动力学、放射性核素吸附及迁移的研究工作。与人合作出版专著《放射化学与核过程化学》《离子交换平衡与动力学》等。

朱介鼎

我的兰大岁月

时　间：2013年12月11日
地　点：兰州大学档案馆
人　物：朱介鼎
访谈人：王秋林
摄　像：红　叶
文字整理：焦燕妮

访：朱老师，您好！我们档案馆在做一项“萃英记忆工程”，今天请您来做一些记录采访，通过访谈的形式把咱们兰大人的形象和故事记录下来，为兰州大学的历史文化保存一些资料。今天想请您介绍一下咱们现代物理系的建立过程，以及您毕业后来到咱们兰大，在建系、发展的过程中做了哪些工作，还想请您谈谈徐躬耦先生。

退休之后，发挥余热

朱：当时我和外语系的老何、数学系的老王、物理系的周尚文组成了最早的教学顾问小组。当时并不是特别情愿去做，但是因为比较熟，就答应了下来，这一干就是18年。后来顾问小组扩大为顾问委员会，我作为顾问委员会的一把手，做到了2011年。当时教务处还建议我继续做下去，但是我当时确实因为各方面的原因就没有答应继续做。后来想想，做教学顾问工作不累也比较自由，还没有思想压力，也不涉及坐班等问题。同事之间也没有什么利害关系，大家相处都挺纯真的。人的关系处理好了，就感觉非常放松。而且每周都要去几趟榆中校区，空气好、有活动。一直守在教学岗位上，没有脱离与年轻人相关的学校主题。

访：您是在哪一年退休的？

朱：我是1994年底退休的，1995年成立的教学顾问委员会。很久之前我就计划好找到接班人以后，我就把顾问委员会主任的位置让出来，然后再干两年我就退下来。开始时周效贤在那儿主持，后来他继任教务处长了，周效贤也是我们顾问委员会的一员，我们几个就一直干下去了。到了2012年我就不做了，当时我在广州，教务处的人给我打电话让我继续干一届，我就说："抱歉了，不干了。"

访：顾问小组开办的时候都有谁啊？

朱：有外语系的何天祥，当时我们两个商量干一段时间就不干了，他干了三个月就辞职了。还有数学系的老王，名字总是记不住，他身体不太好。还有就是周尚文，是教高等数学的，他是最后退出的，就在我前面。一开始就这四个人。后来顾问小组逐渐扩大了，就成立了顾问委员会。一开始我们都由教务处负责，后来觉得不方便，我们组里的老先生们就推荐我负责跟教务处沟通。后来就莫名其妙地被叫成了顾问委员会的"主任委员"，其实我不想做主任委员，后来林立来了以后，就让他来当主任，我辅佐他。我们两个就这样搭档直到林立去世。

访：您今年79岁了？

朱：79了。已经退休了20年了。当时退休下来，没有事情，如果是打桥牌或者看书，都是坐下站不起来的，身体肯定受不了。我年轻时在北大上学的时候身体就不好。当时我是北大毕业之后分配过来的。

回忆建系历程

朱：我先讲一下我们是怎么成立的。这个是1955年在中央政治局的紧急会议上决定的。好像有一个电视剧就是讲我们国家两弹的整个过程——一开始就有这个场面，就说毛主席指示我们也要搞原子弹。在这个会议上的其他内容我不清楚，我就知道其中有一条是核技术的培养。就核科学与技术的培养，要建立两个教学单位。以北大为首、为主建立。在1955年北大就培养了核方面的第一届学生。那时候就在北大外面，隔北大一条马路的，现在叫作中关村的里面的一个院子里办了核学院，叫作五四六，后来叫作物理研究室。我们毕业以后的第三届学生以后叫作技术物理系，没有说“核”，当时保密得厉害。会议上决定北大培养的第一届原子能科学的人才分两个专业：一个核物理，一个放射化学。然后让他们做好准备，要在兰州大学按北大的模式也办这么一个教学基地。地方也是在兰州大学外面，就是我们现在的二分部，给了一百亩地。我们一开始的时候叫作原子能系，五〇五是我们的代号。当时原子能系是由北大筹组的，就是图书资料、器材、设备，包括人、党政干部都是一式两套。一开始就是在北大把一套准备好以后再搬到兰大，同时在我们这些年轻的这一届学生中抽了一批人。当时由于咱们兰大的特殊情况，兰大物理系的一位年轻老师叫作车登科的被派到北大，在技术物理系做实习进修老师，待了10年。他还给我们这一届带过实验，所以他也是我们的老师。除了车登科，还有我们8个学生，两个放射化学的，6个核物理的。我们属于第二届进入的，就是1956年进入五四六的。北大物理系就在1956年8月底9月初突然下发通知说第二天早上9点，大家准备好行李统统到我们宿舍——叫25宅。我是1953年进入北大的，当时已经分了专业了。北大物理系在1956年时，就是三年级到四年级的时候，分专业。我被分到了理论物理专业，上过两个礼拜的课。周培源给我们上过课，印象非常深刻。周培源上课的风度，我们是最佩服的了。当时我们物理专业总共有100多人，从各专业中共抽调了40个人。当时我是带队的，还有个女同学是副队长。通知我们第二天早上9点钟把行李都放楼下，也没通知要干什么事，非常神秘。年轻人嘛，准备好了，第二天就在楼下来了一辆大卡车，把我们行李装上，人上车后拉到中关村19号楼停下来了。那时候钱学森就住我们对面12号楼，科学院的化学研究所、数学研究所都在我们附近。我们的教学实验室就是五四六的五层大楼，现在已经有些破破烂烂的了。

访：来到兰大的就8个人吗？

朱：来到兰大的就我们8个，加上老车就9个了。另外，还准备请两个苏联专家，3个国内专家。国内的3个专家有两弹元勋后来的中国科学院院士朱光亚，朱光亚是我们老师，给我们上过课。当时他的级别还比较低，是个三级教授。一级教授是复旦大学的卢鹤绂，也给我们上过课，他是世界知名的分子物理专家，很有建树的老先生。还有一位我没见过的南开大学的王姓先生。后来这三位始终没来，可是我们的教学楼、设施都是朱光亚负责的，由他审查、审核。朱光亚检查了建设中的图纸，提出了技术指导，这些还没做完他就走了。这三位教授没来的原因是1958年国内全民搞原子能，国防科委就把朱光亚调去搞两弹了。图书设备是准备好的一式两份，他们一份，我们一份。其中最重要的设备就是我们叫作“大HT”的120万伏的大加速器。这个是让中科院兰州分院的物理研究室，也就是后来的近物所负责做好了之后在我们院里建。物理研究室是杨澄中建立的，当时他同时在筹备中国第一台较大的回旋加速器，现在在回旋加速器的基础上搞了重离子加速器。我们是1957年10月到的兰大，当时现代物理系还没成立，就把我们两三个同学放到近物所去了。到1958年10月要建系了，我们就回到了兰大二分部，当时还很荒凉。徐躬耦先生从英国回来是在南京大学，高教部把他调到兰大物理系当系主任。干了一段时间以后，我们系刚成立，没有领导，就让他兼任我们的系主任。后来物理系又过来三位。

访：您还记得从北大一起过来的8个人的名字吗？

朱：基本上记得。放化的是两位：杨宏秀和陶祖贻。陶祖贻是在兰大退休的。他本身是苏州人，在兰大退休后回到了苏州。后来心脏病突发就进医院了，在治疗过程中，胃受到了影响，就在苏州常住了。后来和他通电话感觉他还挺好的，就是家里两个孩子在手术以后就不让他过来了，再到后来，他老伴就过来把他房子处理了。还有一位叫杨宏秀，放化教研室主任。他比较早就调走了，现在在天津南开。核物理方面有我、许国茂、洪忠悌、张承理，有个女同学，还有一个姓张，名字想不起来了。当时成立的时候就这么几个教师，后来王永昌从苏联回来，也来到了现物系。还有郑志豪，这就是比我们高一级的中层领导。在教研室这一级别成立了4个教研室，一个放化教研室，3个物理方面的教研室：一个核理论教研室，一个核物理教研室，一个加速器教研室。徐先生就是系主任兼核理论教研室的主任。加速器就是搞这个大HT。一开始人不多就没分，后来人多了才这么分的。第一年1958年的时候给我们的经费是100万，这个钱是二机部拨下来的。当时这是不得了的事情，但是当时有钱也买不到东西，所以一年就花了10万左右，其余都上交了。原来说的从北大来的党政干部没来，三位专家也没来。受中苏关系的影响，两位苏联专家的房子都造好了，也没过来。当时就让徐先生兼我们的系主任，而不是正式任命。还安排了一个姓韩的过来当组织书记，结果没来。林迪生校长就找到甘肃省组织部，从组织部把袁植调过来了。现物系就这样建起来了。当时我们除了义务上建立实验室外都有分工，我主要负责器材和图书的购买。

我原来是在杨先生领导下搞大HT的，我在系上主要负责3项工作，一是参与大HT的工作，二是参与大HT内部的靶子设施工作，三是参与我们从苏联进口的中子源的中子教学实验。这些都是我们设置的，排了两个实验。后来又跟在徐先生身边搞理论了。我们搞理论的在现在叫8号楼的博士楼那个地方，原来是给苏联专家准备的两层楼，我们教研室就在那里面。所以后来我就搞教学了，其他都不参与了。我每天除了工作之外就是学习。我系统地把大学学的高等数学从头到尾地看了一遍，还把四大力学的经典著作看了一遍。所以后来这个基础打好了，哪个课没人教就由我来。我们加速器的放射性厉害，这个大HT的120万伏的高压器是德国进口的，像人一样高，很粗壮的一个个二极管升上去的，一根管子的高压是20万伏。这个电子打在阴极上产生的X射线是20万伏。平常的医院是2万伏。高压倍压器的金属罩子是用铝做的，由于没有技术，是我们一榔头一榔头敲出来的，这样就会有不平的地方，会有尖端放电。人就躲在筛沙子的铁丝网后面看，哪个地方放电了，就第二天再拿下来打平。这样放射性很强，一直干下去身体肯定受不了。后来在生活困难时期我们系里30%以上的人都有血液问题。我当时也受到了影响，血小板减少。1962年，我做了一个小手术，血液不凝固，后来调到徐先生身边就慢慢好了。

我们系刚成立的时候，第一批学生是从各个系和师大抽调的一批二、三年级的学生过来的。我们系的第一届学生毕业是在1959年。1958年9月开始上课。所以第一届学生的程度非常的不齐，二年级的，一年就出来了，三年级的比较少，而且还有师大的。因为我们需要人，所以他们毕业以后就大批地留校了。这一批绝大部分都是党员。第二批学生是1961年毕业的，1960年没有毕业生。1961年的学生是兰大第一届在全国招生的，质量比较高。我们学校的师资在“文革”前分为3个阶段，第一个阶段是北大根据高教部的决定支援兰大，从1955年到1958年，大概有4年左右。钱伯初他们就是北大的毕业生。第二阶段就是我们1961届的毕业生留校的，质量比较好。第三阶段是1965年毕业的学生留下来的一批。“文革”以后的我说不清楚，但是“文革”前这三批是比较重要的，成了我们的教学骨干。当时主要是两件大事，一是教学怎么开展，二是师资队伍怎么建设。59届毕业生按照北大的模式，从全国院校调人进来学一年。第二届以后就正常了，就开始自己培养了。当时就两个专业，现在有5个，都是重新建立的。开课有个小插曲，当时系里的设想是先建一个反应堆，分两路。一路郑志豪负责，找反应堆的建造地点，一路我负责，学习反应堆课程的开设。把我派到上海参加苏联搞的一个博览会，同时也是培训。回来以后开了一遍就不开了，因为我们造不起反应堆，没有那个科学技术。反应堆本身很难，我们人又少，就没造起来。反应堆物理这门课只有61届的学生听过。原子核物理是我们的主课，没有人能讲，就请了杨澄中先生过来讲。他是近物所的所长，是国内非常有名的原子核物理专家。他点名让我做他的助教，就是想让我接他的班。所以我要一边准备我的课，一边听、辅导、记笔记。后来我接过这门课讲了三次，给放化和核物理的都讲过这门课。再后来“文化大革命”就开始了。“文化大革命”结束以后，我就到理论组搞理论课去了。我在徐先生身边做教学秘书，以前教学秘书有两个，一个行政教学秘书，一个是负责教师和学生的联系，起一个桥梁的作用。我就是这个搭桥的秘书。我一直在徐先生身边搞教学管理工作，直到徐先生调去南京大学。学校答应徐先生走的一个条件，就是在走之前把现物系的领导班子找好。徐先生就让我担任了系里主管教学的副系主任，还有其他几位我们一起组了班子。

访：当时你们在科研上有什么贡献？

朱：实际科研上没做出什么东西。我们建系以后最主要的困难就是缺人，经过十几年，才发展到117人。教职工有七十几个，还是很强的。其中最强的是徐先生领导的理论组，理论组当时有12个人。最初我们自己培养了一些，后来就是把南开大学专门搞原子能的物理二系调过来了。人到了一定规模，就能做一些工作了，但是“文化大革命”开始了。我们系有一个特点就是刚说的大家能量很大，互相之间在拼，这是不好的地方。好的地方呢，就是我们系很多教师都是拼命三郎，肯干、不怕苦、不怕累、不怕死。后来“文革”结束后，我们的两项工作受到了中央在科学大会上的表彰。一项是我们的中子发生器，一项是用来测核爆辐射水平的可以放在口袋里的很小的辐射计。核爆的时候把它放在房间里就可以测量放射水平。原来用的是苏联的东西，又大又笨重，我们把它做小了。这是“文革”期间，我们教师自发地要来的任务。这个工作的原理实际上都是现成的，我们主要就是搞电子线路，在小型化方面做了很多工作。这里面最重要的就是刻度，刻度要非常严格地科学化。刻度上要表现出放射水平，不能有问题。做刻度必须要有大的放射源，在这个条件下，距离尽量远地做刻度，是一个很细致危险的工作。我们当时没有放射源，用的是兰医的钴60，放射源放在二分部对面的一个小平房的地下。进去做刻度要有时间限制，非常的危险。我们现物系获得全国肯定的一点就是，在那么艰难的情况下，能够自发地搞出这些工作来。我们这个系是真的人才济济，一路上都是挑拔尖的进来。下面就是我们系在“文化大革命”结束以后恢复招生。我是理论教研室的党支部书记兼教研室主任。就这样一直干到1984年徐先生离开兰大。

1985年底出了一件大事，教育部召开了一百个系主任的会议，第一次研究全国高等院校文理科专业的调整，当时的专业比较乱，大家各办各的专业。当时物理类专业有几十个，后来归为4个。因为当时涉及国防问题，没有人敢动原子核物理专业，就保留了下来。1989年第二次调整就把我们的放射化学和原子核物理去掉了。军转民1986年左右起来的，到了1998年到1999年我们就受到了影响。首先是我们的放射化学合并到了化工学院成为应用化学，原子核物理合并到了物理学院成为应用物理专业。那是我们最糟糕的几年，学生招生也少了。这个涉及我们国家的核政策，签署了禁止核试验条约，国防上的需要就压缩了，钱也少了，专业存不存在都成了问题。人才在那个时候也出走了，一部分人被调走了，留下来的人为了活下去，有所发展，就从核内跳到了核外。我们专业的方向本是搞核的，现在都跑到核外搞原子分子物理了。这是迫不得已的事情，一直到现在都没有办法解决。跳出来以后有了基础，再跳回去没人也没有基础，这是我们系的硬伤。我们这个专业最大的特点就是跟国家的、国防的命运紧密地联系在一起。国家需要你的时候，给你资源上的、经济上的、人员上的支持，发展就会向上。禁止核试验条约签订后，马上就不行了，这几年很难过，我们叫作低谷。到了2001年以后，又出现了上升趋势。我们国家通过两伊战争发现我们的国防不能虚弱，还需要加强。提出来的国防现代化问题，表示核的问题也要考虑，全国又兴起成立核技术专业，我们在2006年的时候抓紧机会成立了核学院，在当时还算比较早。我们把应用物理和应用化学又合并回来了。2006年到现在，有个八九年了吧，我很佩服年轻人领导的这个班子。2006年的陈熙萌第一届，第二届的吴王锁。我很佩服他们，现在的领导班子，比较团结、实干，少空谈。最重要的是以前的派系斗争不存在了。现在我们从两个专业发展到5个，但是以前所说的从核内跳到核外的问题还没有解决。我们之前是全国有名的重点专业重点学科，然而重新建院以后“核”的帽子戴不住了。来审查专业的专家有很多是我的老同学，他们就提出问题和建议：“你们在核的工作上做了什么。”所以我总跟院里的领导班子说，我们这个“核”的帽子摘掉以后就不好再找回来。跟核有关的，我们教学当然是很专业，主要就看科研上怎么样了。物理类方面跳到了核外，好在放射化学还保留着。放射化学一直在搞核废料的处理。吴王锁就在搞这方面，他是陶祖贻的学生，陶祖贻这方面在全国还是有一些影响力的。核废料处理是个大问题，涉及环境生态方面。

访：这核好像分开就是折腾了，我们那时候也想不通怎么就合并到化学去了。这怎么给分出去的?

朱：这是跟国家形势有关系的，我们现在正在发展中。虽然我跟现在每一届领导班子联系都比较密切，他们有什么事都和我商量，听取我的意见。但是现在的领导班子有什么打算我也不是很清楚。现在的问题出现在核学院刚成立的时候，张正国和我都有些想法，提出了一些咨询意见。从过去一直到现在，我一直在考虑我们系怎么做大做强，我们现在的不足在什么地方，需要特别关注的地方在哪里。我是从理论上来考虑的，我们在核物理和放射化学这两个专业上都有基础。特别是核物理过去跳到了核外，但是核物理是两条腿走路，一条是实验，一条是理论。之前在徐先生的领导下理论是非常强的，现在很弱。但是这个班子在逐步地建立起来，现在已经恢复到七位老师了。我老伴是在近物所搞核理论的，现在把她请回来当兼职教师，培养学生。我把我老伴的一个搞理论的博士毕业生推荐到院里工作，也建议我老伴回来帮他申请项目，把他扶持起来。所以我老伴在我们核学院做一个项目，其余时间还在近物所工作。根据科学院规定70以上就不再返聘，但是她们那个组是她帮着拢起来的。新成立的3个专业，一个是核技术，核技术与原子分子物理的一些技术基础是相通的，因为过去有点基础，还可以。一个是核化工，核化工建立得比较晚，但是它跟放射化学在一起做核燃料的后处理，有基础，还可以。最差的是辐射防护，说小了是辐射防护问题，说大了是核安全问题。所以我觉得我们院要做大做强，必须由学校统一筹划，把核安全问题抓起来。核安全问题可大可小。往大了说，跟国家安全相关，要多大有多大。涉及的专业又很多，与社会科学、医学、理学都有关系。理科涉及物理、化学、地质、地理、环境、气候，医学涉及核医学。所以我一直主张与核安全联系在一起。日本福岛核电事故把核安全问题提高了，就在世界范围内提出了弃核还是不弃核的问题。有些国家决定弃核，人民也反对。我们国家经过一年多，由国务院提出过6条，最后明确要搞，但是要保证安全第一。

回忆徐先生

朱：徐先生是上海人，原来是唐山铁道学院毕业的，学的是桥梁铁路建设。他大学毕业后就参加了桥梁建设工作，在工作的过程中，他想转专业就去英国留学了。他留学的导师是核理论方面非常有名的专家，叫作摩腾。徐先生的师兄胡济民是地下党，后来是浙江大学教授，再后来就到北大五四六当我们的系主任。把培养核学人才的重要任务交给了他。徐先生在中华人民共和国成立以后从英国回国，就到了南京大学物理系做（代副）系主任。不久就来到了兰大做物理系的系主任。1958年我们系建立后，因为专家们没有来，徐先生就兼任我们的系主任。徐先生的到来，在人才的培养和稳定上起了很大的作用。在我们系里工作，他还是比较高兴的。一直干到“文革”前，他领导的理论物理教研室就是我们原子核理论物理教研室，与物理学院的段一士的高能物理理论教研室都非常强，在全国有名。我们在1965年做得非常火，当时我们曾想，因为我们是搞原子核的集体模型的，我们有一些原创性的观点，使大家都认同我们的工作，于是在徐先生的领导下形成自己的科研学派。

忆当年岁月

朱：在国家解放以后，第一批是1952年的调干生，从中央干部中调一批学生去上大学。由国务院专家局专门负责抽了两万人，这叫“掺沙子”，因为基础不够失败了。我们这一届是1953年进校，有了新规定，必须高中毕业，要经过考试，考试前要经过培训。当时我们这一届人不多，有400人。我当时是初中毕业参加工作了。当时我在高中上了一个月，就报名参军去抗美援朝。因为身体不好，体检没合格，就没让我去。第二次是从新民主主义青年团中调一批人去上海市公安局，我当时是第一批入团的，也是身体原因没去成，我很有意见。后来南京交通干部学校要人，就把我弄过去了。工作两年以后，交通部就把我在内的4个年轻人调到了上级领导机构武汉公路局。在那待了几天，王局长找我们谈话，说让高中毕业的两个人准备参加高考。我就说我们是不是也能上大学去，反正也要参加考试嘛。这个我有底子，参加工作的这两年我没放下学习，自学了整个高中课程。当时王局长让秘书给教育局打电话问我们两个初中毕业的能不能参加考试。教育局长说只要通过“甄别考试”就可以。最后一考我考了全区的第一名，就把我们送到北京去了。我在北京工业学院上了3个月的补习班就参加了高考，考上了北大。我原来想去清华大学学公路去，因为工作经历的原因，并不想搞物理。结果一个物理学的副教授说我身体不好，让我去学物理。因为他比较看重我，课上我总是能回答对问题。就这样把我弄去北大学物理了。到了北大物理系，9月份报道，8月份就通知我过去，准备迎接新生。迎接新生的工作中，我担任整个年级的总干事，实际上就是记账。我不愿意当干事，不愿意搞这些工作，就找了个理由，说我初中毕业，没学过高中课程，很吃力，让我多些学习时间把基础打好。当时我们班主任没有说什么，过了几天来找我，说虽然我是初中毕业，但是我的成绩不错。当时进北大总分要82分，我考了82.7左右。没办法就只能担任这个总干事。我是一个稀里糊涂的人，没有什么打算，没有想过将来怎么样。要说兴趣的话就是搞文，我的写作能力比较强，但是国家需要工科，就弄到这里去了。当时我们有8个小班，担任了一年的总干事后，我就缠着班主任不当了，班主任没办法就说让我先学习一年。结果不到两个礼拜，就又调去北大团委组织部当干部组的组长。干部组的组长就是调配学生干部管理社团什么的。我们的上级就是团委书记胡启立。入党我也是糊里糊涂，我是1952年2月入的团，就是新民主主义青年团刚成立的那年。1952年以后我就参加工作了，在工作期间写了入党申请后就再也没有管，等着组织审查。到了1955年北大党委组织部部长，姓金，专门找我谈话，问我为什么不入党。我说我提出过申请。他提醒我要不断地提出申请，尤其是换了单位更要表明政治态度。我就回去又提出申请，在一个礼拜后的十月革命节的支部大会上通过。到兰大来倒是不糊涂的，我们毕业的时候同班同学有300人，200个物理的，100个化学的。那时候斗争刚结束，我们300人由二机部管理，分配到河北省等各个地方下乡劳动。其中有20人不参加劳动，直接分配到高等院校去。因为根据中央的决定要建立一个点，我们8个人到了兰大，一个去了南京大学，一个去了南开大学，还有去别的地方的就分开了。挑选我的原因是我是调干生，我们的副系主任虞福春是个很有名的教授，他特别关照我。他教的是普通物理，上完课经常让我去他办公室复习功课，吃小灶。快毕业前他找我谈话，问我想做什么。我说我有两个要求，一个是搞教学，一个是不改行。把我安排到兰大就把这两条满足了。

我还是希望能够起一点作用，把“核”帽子戴好。能够在核安全问题上做一些工作，把辐射防护专业办好，然后跟其他专业合起来。这需要学校出面综合地把核安全问题提到日程上来，集中力量做强做大。这不仅是我们核学院的问题，也是全校的。但是没有机会。还有另一件虽小但是涉及面广的问题，是我在教学工作过程中发现的。国家计量监督委员会下达了一个专门文件，规定处理实验数据必须要有测量不确定度，就是学过物理、化学的人都知道的误差处理。在1984年，国际上就有专家组将测量不确定度的问题统一了。当时这个文件叫“测量不确定度”，与误差有关系，又不仅仅是误差理论，这个内容和内涵要深得多，也要广得多。从2002年开始，教育部就下发文件要求必须使用测量不确定度，不再使用误差理论。测量不确定度理论不难，就是挺麻烦。我在2003年年初跟当时的校长李发伸谈过这个事情，当时他说要在当年请清华大学的一位搞这个方面的教授来讲一讲测量不确定度。结果因为非典没有弄成。我还跟下一届的物理系领导说过，就这样抓住问题不放，到了2008年落实了。请了清华大学一位姓朱的教授来做了一次报告，但是因为宣传工作没有做好，基础工作没有做好，没有几个老师来参加，所以效果不好，到现在根本问题都没有解决落实。我们核学院做得还可以。这个问题在科研教学上涉及的面很大，生科院原来的姓陈的副院长，他有一篇文章就因为数据处理得不合适，被退稿了。因为学生物的数学基础比较弱，这个陈老师就想去找数学系，但是数学系的根本没做过这个事。我做了一个了解，自然科学学报有个规定：不接受没有用不确定度处理的数据的文章。我就问兰大学报的编辑知不知道测量不确定度，他们听都没听过。另一个事就是数理统计。我们物理专业高等数学很重要，是两条腿之一。除了微积分还有数理统计，一个决定性的、一个随机性的，对应着自然现象中的决定性现象和随机现象。但是我们学校的物理类专业包括核物理，从来不上概率论与数理统计这门课程。这个事在我当教学副系主任的时候就发现了，我就一直在跟校长商量，希望能解决这个事。但是开这门课有困难，数学系搞数理统计的只有4位老师，这个事情就马马虎虎地过去了。以前考研究生的时候理科考的是第一类数学，里面有数理统计，取了一个折中的办法，学生可以自己选择不考数理统计，由数理方法代替。数理方法我们还是在上的，属于数学分析里面的。从1997年开始，国家规定必须考数理统计，占30%，这个时候就麻烦了。正好我退休了，在顾问委员会，我就找到校长谈这个事，出了一个折中的办法，给考研的学生开一门选修的数理统计。我还找了各个理科学院，物理学院的杨孔庆、贺德衍等三任院长，要解决这个事情，最后的结果是基地班开设数理统计课程，但是普通班还是没有。数理统计和概率有关系，我又去看了实验教学，跟数据处理有关系。实验数据出来是原始数据，没有用不确定度处理计算不能说明是可靠的，就不能说明这是科学的。但是这里面有个问题，我跟一些老师、教授聊过，他们说没有问题。现在的一些软件，只要把数据输进去就会输出不确定度，懂不懂就无所谓了。在教学顾问这个工作中，我也有很多问题，在这个过程中也提出来了，有的解决了，有的没有解决，有的不解决也解决了。就像测量不确定度，有专门的软件处理了。但是问题在于我们是教学单位，培养出来的人有没有科学态度是衡量的标准之一。有一个资料显示美国在出口贸易问题上与测量不确定度相关的要占7%，这是一个大问题。这个基础要在我们这打下的，特别是我们的物理学院，所以一定要做好。这类问题很多，在教学过程中涉及业务问题我就找相关部门的负责人谈。反正我这个人闲不住，心里搁不住问题。

访：好，谢谢您，朱老师。

| 人物简介 |

朱介鼎，于1953年以“调干生”身份通过选拔考试进入北京大学物理系学习。教育部于1955年在北京大学和兰州大学筹建核物理专业，1956年进入北京大学技术物理系学习，完成本科学习。1957年10月，响应教育部号召，来到兰州大学，参与兰州大学物理研究室（后称为现代物理系，现核科学与技术学院）的建设工作，并且承担了“原子核物理与中子物理”等主干课程的讲授工作。退休后，于1995年至2012年担任兰州大学本科教学顾问委员会主任委员，指导学校本科教学工作。

车登科

支援西北，奉献终身

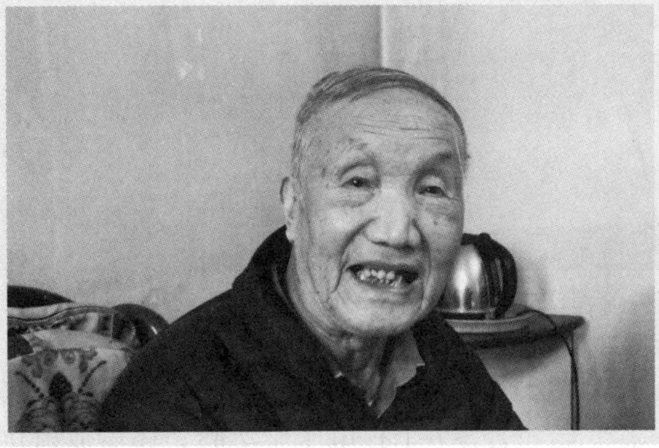

时　间：2015年2月9日上午
地　点：车登科家中
人　物：车登科
访谈人：王秋林
摄　像：红　叶

访：车老先生您好，兰州大学档案馆开展了一项工作叫“萃英记忆工程”，请您介绍一下您在兰大的生活经历和所做的工作情况。

车：我是1931年生人，今年84了，我们家弟兄4个，在我母亲的要求下我上了学。由于我们家成分是上中农，经常受人欺负，但家里教育不要惹是生非，于是只能忍着并自己暗下决心好好学习，后来小学考中学我考了全县第八，上了陇西一中，分班时我就成了我们班第一名。再后来考大学考到了西北大学物理系，随后毕业分配到了北大技术物理系任助教，又在全国第一个成立的原子核物理教学班做教学工作。我在北大一待就是三年，不仅要感谢国家和党给我这么好的待遇和工作，而且同时我更是意识到自己肩负的责任的重大。我记得开学时北大党委书记、副校长江隆基给我们系做开学报告，在他的报告中有两点我记忆犹新，一点是我们现在做的事意义是相当于人类发现火，另一点我们现在处在帝国主义掌握了原子弹制造技术并且依靠核武器横行霸道于世界的时代，我们近代史是屈辱的，现在我们不能再被他们欺负了，我们也要掌握先进技术，我们也要造原子弹，我深深地感觉到我们这代人肩上的担子之重。后来兰大建立了现代物理系，我们系主任虞福春问我要去兰大还是要留在北大，我想着兰大建设肯定是急需人，于是我就带着40多箱书和仪器毅然决然地来了兰大，正式开始了支援西北建设、为国家战略建设奉献终身的旅途。

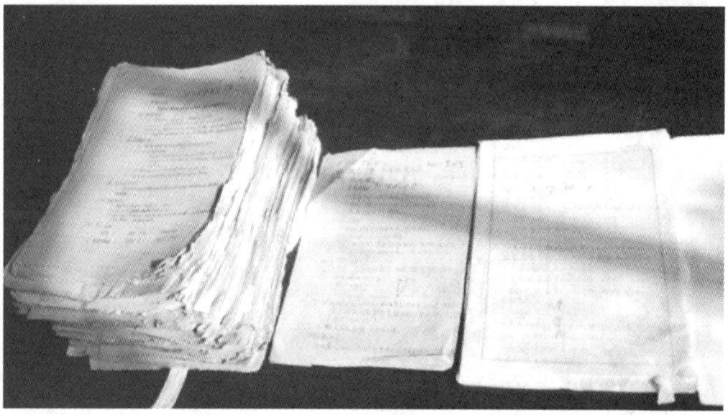

车登科老师电子学实验讲义

来了兰大之后我一头就扎进教学工作并创建了电子学实验室，我记得刚开始我带了6个核电子学实验，还给放射化学专业开设核辐射探测技术课程，另外又给核物理专业开了两周无线电电工基础课程。在教学的同时我也在开展着科研工作，我带领着实验小组为核物理实验需要的高稳定电压做了几个电压源，其中我记得5kV30mA电压源和可调节500V到20kV高稳定的高压电源是当时最需要的，然后我们也做成了。1965年，我又开始研制弹道脉冲分析器和毫微秒快慢符合的核物理需要的器件。

1959年3月19日江隆基给全校师生作“稳定教学秩序，提高教学质量”的报告

在（20世纪）60年代，我国经历了“文革”，当时教学秩序是很混乱的。为

了兰大开展好教学工作，江隆基校长提出“稳定教学秩序，提高教学质量”的方针，那时，我们是由上到下的，整个学校特别是现物系无论是从实验室还是到课堂上严格地按照着这个思路一丝不屑地抓着教学工作，现在回想起来，这个江隆基校长给兰大的贡献真是大呀！兰大能有今天，那完全是江隆基底子打得好啊！我就想一个人一辈子总要做成一件事，于是我担任组长，我们组做了“150kV中子发生器束流的微机——光纤闭环控制系统”这个技术难题。当时，我们弄的时候遇见了很多问题，其中电子学干扰部分的问题是最大的困难，这个问题过去好多的单位都在搞，都努力地想解决，但是都没搞成，包括中国科学院高能物理研究所，还有四川大学。他们对这个干扰问题都弄不下去，最后也没办法，也就都不搞了。我想那我们就做，哪怕再困难我也要把它搞出来。最后搞出来了，他们鉴定了测量的数据是很好的，先后这个技术得了两个科技进步奖。

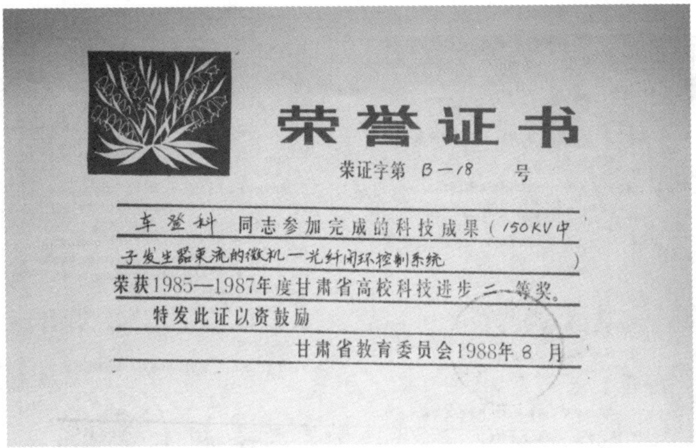
荣誉证书

荣证字第 B—18 号

车登科 同志参加完成的科技成果（150KV中子发生器束流的微机—光纤闭环控制系统）

荣获1985—1987年度甘肃省高校科技进步 二 等奖。

特发此证以资鼓励

甘肃省教育委员会1988年 8 月

1985—1987年甘肃省高校科技进步二等奖

再后来我就猜想这个发电厂的高压上能不能用上，原理都一样的嘛，于是弄这个之后我又进行了进一步研究。我们就和省电力局合作，他们把这个项目报到了电力部，电力部也审批下来了，最后来来回回也算是弄成了，国家后来批了个专利证书。这个应用就是把高压和我以前的工作联系起来，这算是我一生搞下的比较重要的科学成果了。大概来兰大以后搞了啥工作也就这样一些吧。

奖状

甘肃省科学技术进步奖

授奖项目 150KV中子发生器束流的微机—光纤闭环控制系统
奖励等级 三等奖
完成单位 兰州大学原子核研究所

甘肃省科学技术进步奖评审委员会
一九八九年 三月十五日

甘肃省科学技术进步奖二等奖

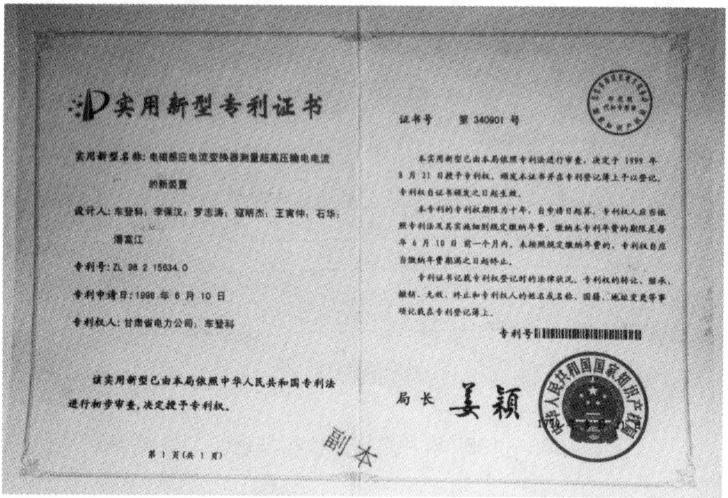
实用新型专利证书

实用新型名称：电磁感应电流变换器测量超高压输电电流的新装置

设计人：东登科；李保汉；罗志涛；寇明杰；王寅仲；石华；潘富江

专利号：ZL 98 2 15634.0

专利申请日：1998 年 6 月 10 日

专利权人：甘肃省电力公司；东登科

该实用新型已由本局依照中华人民共和国专利法进行初步审查，决定授予专利权。

第 1 页(共 1 页)

证书号 第 340901 号

本实用新型已由本局依照专利法进行审查，决定于 1999 年 8 月 21 日授予专利权，颁发本证书并在专利登记簿上予以登记。专利权自证书颁发之日起生效。

本专利的专利权期限为十年，自申请日起算。专利权人应当依照专利法及其实施细则规定缴纳年费。缴纳本专利年费的期限是每年 6 月 10 日前一个月内。未按照规定缴纳年费的，专利权自应当缴纳年费期满之日起终止。

专利证书记载专利权登记时的法律状况。专利权的转让、继承、撤销、无效、终止和专利权人的姓名或名称、国籍、地址变更等事项记载在专利登记簿上。

专利号

局长 姜颖

副本

专利“电磁感应电流变换器测量超高压输电电流的新装置”

我特别高兴的是北大这个专业培养出了一个将军一个北大校长陈佳洱，我们兰大也培养出了一个中科院副院长和一个将军另外还有几个院士，所以我说这个兰大现物系和北大技术物理系都对国家建设有着不可或缺的贡献。我们兰大也不逊色于他们，最后我想在留言簿上写“做人以诚信为本”这句话吧。

| 人物简介 |

车登科，男，生于1931年，1955年西北大学物理系毕业，分配到北大技术物理系任助教，1958年调兰大现物系，一直在现物系从事教学科研工作，1992年退休。1959年被评为“兰州大学科学研究积极分子”，曾以第一完成人获得1988年甘肃省高校科技进步奖二等奖、1989年甘肃省科学技术进步奖三等奖、1991年国家科技成果奖。

程平山

兰大成就了我

时　间：2014年11月12日
地　点：程平山家中
人　物：程平山
访谈人：王秋林
摄　像：红　叶

访：程老师，您好。兰州大学档案馆正在开展“萃英记忆工程”，请兰大的老先生、老校友对自己所经历过的兰大学习、生活、工作做一个回忆，我们以录音录像的形式在档案馆里长期留存。今天很高兴请您给我们回忆一下您在兰大学习生活的情形。

程：好的，谢谢。

现物系第一届学生

访：您是1958年来到兰大的吗？

程：我是1956年从宁夏考到甘肃师大，1958年兰大成立现物系的两个专业，从兰大和师大的物理学、化学系，选拔了一些大三的学生就读，放射化学专业调来了18个学生，核物理专业大概30个人，那时候现物系叫五〇五。

访：那您当时是选拔过来，还没毕业？

程：选拔过来学习，没有毕业。实际上我是考在师大，毕业在兰大。当时学的核物理专业，1959年11月毕业。

访：那您介绍一下当时现物系建立的情况吧。

程：实际上1955年教育部就决定了要成立，像两弹啦，这些人才培养的基础教育都很缺，一面研究，一面赶快培养人。教育部1955年就决定了北大跟兰大两个学校首先建立这两个专业。因为兰大基础比较差，北大还可以，那么北大先开始筹办，然后徐躬耦老先生就在1957年到兰大来筹备这个工作，专业还是理论核物理方面，建了物质结构研究室，代号为五〇五。当时他刚回国不久，在南京大学物理系当代理副系主任，后来到了兰大成了教授，当时他可能是最年轻的教授，他负责现物系或者物理研究室的成立。1958年的时候，兰大就筹备招生，省上同意把兰大和师大的物理、化学的高年级学生抽出一部分来建立一个班，大概有48人。一部分专业课和实验方面的老师主要是从北大调过来的，有一些实验仪器也是从北大直接带过来的。一些大型的仪器订购就直接北大和兰大一起订，像高压倍加器就是当时订的。建加速器的时候都是自己加工，这个屏蔽要用铁的壳子，全是我们一榔头一榔头敲出来的。因为当时建那个房子的工程就叫五〇五工程，也叫五〇五单位。后来在电信局，是兰州市五〇五号信箱。所以当时我跟他们说，写信可以写这个五〇五信箱，也不能跟家里说我在啥地方，就是在兰州市五〇五。河口那边生产原子弹铀的是五〇四厂。后来我们同学在四〇四、五〇四的都有。

访：你们毕业的时候留下来12个人？

程：两个专业留下12个。当时第一颗原子弹试爆的时候，很多人不相信是真正的原子弹爆炸了。特别是苏联根本就不相信，后来验证了好多参数指标，确实是。所以刚爆炸了还没有宣布啊，经过了一番论证以后才宣布的。

访：原子弹爆炸咱们这边有什么贡献吗？

程：还没有，还没有开始。主要是有的学生参加了一些其他的工作。

兰大人物印象

访：在这个过程当中给您留下了印象的人是？

程：徐躬耦先生，一个是他的爱国精神，他1949年在英国，英国剑桥大学给他的工作他不干，就回来了，回到他原来的母校南京大学。一个电话叫他去北京，他不讲任何条件地来到了兰大。再一个是他对业务、对科学的精益求精的精神。他在剑桥大学待了3年吧，3年只看过两次足球赛，他对足球很感兴趣，其他的他都没看过，一天都钻在图书馆。到兰大以后带研究生，那真是手把手，而且要求很严格。另外他在这个生活作风上，对自己也要求很严格。现物系有食堂，他就在食堂跟我们一起吃饭。从不搞什么特殊。还有一位政治课老师林立，这几年，我深感林老师当时自然辩证法讲得很好。后来毕业以后留下来工作了，他在我们青年教师进修时讲过。我觉得他这个课讲得挺好，后来他给研究生讲的时候，我又去听了一遍。我现在回想原来好像还不是很认可，这几年我在想，其实对我的世界观、人生观影响很大。所以现在接受一些新的事物方面，比我们同龄的有一些人，我自己感觉到还是比较快，也容易理解。比如说到一些民主啊，对我们一些政策，首先你必须看这些事情，有历史的，就是唯物的，历史地、发展地来看。林立的课讲得比较生动，又能够结合实际，他的一些实际问题能够提高到理论上，分析得比较透。

访：还有俄语班的事情您能讲一讲吗？

程：俄语班的事情，那是1970年了。1969年赫鲁晓夫提出来我们再建立一个什么基地，要听他的指挥，类似军事基地之类的。毛主席不答应，赫鲁晓夫回去之后就变卦了，让原来支援中国建设的项目一下全部停了。物资全部停了，专家也撤走了，技术也停了。教育部说兰州军区要培养战士，要进行俄语的培训，实际上也就是接受工人阶级的再教育。当时我在天水，工学队的队长把我喊了去："学校通知，你回去有任务，你就准备一下，晚上就坐车回。"当天晚上我坐了火车，第二天早上到兰州，到兰州以后还没有休息，当时在人事处任职的肖大云同志就把我叫到他办公室给我说，学校决定要成立俄语班。当时叫俄语培训班，因为这个班成立了外语系，外语系成立的时候我就在办公室。根据学院的要求和实际的情况，有几个调到部队上了，剩下的人延长了，实际上就学了两年多。后来，教材也就变了，基础和俄语方面都学，第一批工农兵学员，学了3年，出去以后就都分配了，原则上都回本地，留了几个学生，像秦家凤，调走的时候已经是副部长，岳建平也调走了，现在在校的就是彭梦池、杨柳，还有王汉阶。王汉阶后来跟赵晓科学了日语，所以现在有时候还带日语课。杨柳后来学了英语，带英语公共课，彭梦池从政了。

后勤的十年，学习和成长

访：您在后勤上干了好几年吗?

程：后勤上干了将近10年，要是在兰大，真正干工作还是在后勤上干的。

访：后勤上是做后勤处长?

程：副处长，当时后勤中大学毕业的很少，那时候处长是原来榆中的县委书记，他文化程度也不高，小学程度。还有一个原因，当时改革开放已经开始了，改革方面在后勤也抓一下，就把我从现物系行政副主任调到总务处里边了。我的工作经验、人事关系这些方面都是在总务处积累的。一个原因是，这个工作范围比较广，第二个是，搞总务这些人属于老一代的人。这些老科长确实是很不错的，给我的教育也很大。在系上体会不到这些东西，所以很多的方法、工作的思路都是在这里学的。

访：梁得志老师当时是什么职位?

程：梁得志当时是办公室主任。在兰大影响我最深的，贡献也比较大的，是陈可辛。原来成立事务科的时候，他就是当科长，成立现物系的时候，他就到现物系当现物系的总务科科长，所以，我接触比较多，就是现物系那一段。这个人给人的印象很深刻，在兰大校园里老的同志都说他是兰大的一头牛，他当科长就像一个工头一样。他实干，每天早上五点起来，他拿着扫把，把那些人叫起来，一起去打扫卫生，上班之前就把全校的道路都要打扫一遍。

访：陈可辛扫马路么?

程：嗯，他上街扫马路的事情是全校都有名的。在办公室里边还是实干，勤勤恳恳。还有一个潘大才，这个人的精神是比较好学、能干。他先当了会计，后来去当了总务处修建科的科长，一直到退休。他也有实干精神，也是带着一帮人成长，关心职工。每年过年的时候，他都带科里边的几个人去老工人家拜年。平时老工人有些得啥病啊，他都会赶快去看。杨万里是当时的副科长，也是勤勤恳恳，肯钻研。兰州市最早提出来建水工程，最早在兰州的公共厕所是他发明的，后来咱们浇地的那个喷灌也是他搞的。还有咱们学校的喷泉也是他设计建设的。刘刈，你们都知道了，全国第一批绿化先进人物，对兰大绿化确实是贡献很大。他也是一个具有实干精神的人，在校园里边搞绿化，他带头亲自干。梁得志，在现物系是办公室的干事，后来成立农场，他就去当办公室主任了。这个人比较随和，工作比较泼辣，忍耐性好，还比较宽容。我在几个科长身上学到了不少东西，各有特长，我说自己没有别的本事，就是比较善于学习。

奉献到老：每年拿出一个月生活费资助大学生

访：还有一个高教发展战略研究会，之前在兰大，在省上有痕迹，您能把这个方面的情况也给大家介绍一下吗。

程：高教战略发展研究会，在咱们学校成立之前就有。这个会议，特别是咱们学校，有的还涉及省上，关于教育方面的一些活动，特别是对于行政干部的培养方面，我觉得起了很大作用。为了办这个会，还办了一个成人高考辅导班。作为教研组来讲，成立了研究组也是搞教研的一个方面，而且当时社会上也很需要，就成立了高考辅导中心，在兰州市影响很广的，一共办了十多年。有好多人初中毕业以后，通过我们的辅导班专升本。从社会效益上来讲，是给社会上做了个好事情，校长说，成人高考辅导班为全民的文化素质的提高和社会和谐做出了有效的贡献。

访：您还资助大学生吗？

程：我跟我老伴商量的意思：咱也不存啥钱了，现在反正看病有医疗保险什么的，大概从前年开始吧，一年拿出一个月的生活费资助大学生上学。参与到爱心助学中，能与青年学生交流，感觉到自己也年轻了许多。今后要继续帮助更多在成长路上遇到困难的学生成长、成才。

| 人物简介 |

程平山，1958年调入兰大学习，后留校任教，现已退休。

张承理、马玉霞

我们的兰大记忆

时　间：2015年1月15日
地　点：兰州大学档案馆会议室
人　物：张承理、马玉霞
访谈人：王秋林
摄　像：红　叶

访：张老师、马老师好，今天把你们请过来，就是想听听你们对过去事情的回忆，对兰大的回忆。你们在兰大勤勤恳恳，将毕生都奉献在了兰大的建设发展上，其中肯定有很多给你们留下深刻印象的事情。我们想把你们对兰大的回忆内容留下来，做一个记载，让后人们在了解兰大的时候有资料可查。现在就请两位聊一聊。

张：谢谢，我是1957年北京大学物理系毕业的，1958年正式调到兰州，一直到1997年退休。我1953年入学的时候刚好是院系调整的高潮，当时的教育是全盘苏化，这个阶段在教学上最重要的是智育教育。学生们学习也很努力。

我最初考到了南开大学，在那之前，我还写过一篇小文章寄给了《物理通报》，但被退稿了，编者还给我写了几句话，说我的小文章很有思想，但是跟他们杂志的宗旨还有一段距离，我们已经得知你考上了南开大学物理系，希望你给我们写更高深的文章。我选择学物理跟这有很大的关系。后来有学生问我为什么学物理，物理太难了。我说有什么难的呢，学物理不能背结论，关键是要理解。物理是人间的事情，自然现象是很丰富的，你越看越爱，越看越有兴趣。我在南开大学学了3年物理，后来因为开设新专业，我就被调到北大了，我最后是北大毕业的。

1955年，北大招了核专业的第一批学生，我们是1956年招进去的第二批学生，当时是从8个学校调毕业班的学生到北大上专业课，专业课就是原子核物理。我们的导师都是国家顶尖的物理学人才，比如卢鹤绂、朱光亚等。当时北大开核物理课的同时，也为兰州大学做了准备。当时教师准备了两套班子，买的仪器设备都是两套，北大、兰大各一套。1957年，我们毕业面临分配。当时分配到兰州大学的有8个，我是其中一个。在毕业办手续的时候，有人通知我说兰州大学决定让我继续留校进修一年。所以我在北大又待了一年，导师是于福春。他是核物理的顶尖人物，是搞核磁共振的。他指导我学习，搞α电离曲线，或者叫作break曲线，于先生要求很严格，对我也是无微不至的。我们的感情也还挺好的。

当时来的时候主要就是考虑，国家要建设大西北。这里有工厂，比如四〇四、五〇四、221、263；科研机构有兰州近物所；兰州缺乏的，就是教学系统。到学校，因为有可能进工厂，也有可能进基地，对氢弹、原子弹这些国家绝密性武器也有可能接触，所以来的条件高一点，这样以后就会少一些麻烦。当时确实是愿意来，来不了的话会觉得很遗憾。

1958年，我就到兰州了，来的时候让我带些仪器设备，让我挑，我就挑了二三十台定标器。后来于先生说你要这个干什么，过几年这些东西都要淘汰了，你要几样能够你开始用就行了，还有电子学仪器，你也去看一下。我一看，有法国进口的示波器，我说我要这个，后来北大说这个东西都已经寄到兰州了。最后我带了15个箱子到兰大，7个箱子是放射源，8个箱子是仪器。在火车上，我就关心我的这些东西，仪器丢了我还不害怕，放射源要是丢了，可负不起这个责任，所以我就坐在放射源箱子上头，睡觉时我也两个手扶着那放射源的箱子。当时跟我同行的还有车登科老师，他家在陇西，他是西北大学毕业的，毕业以后分到北大，后来又被分配到兰大支援兰大，他到陇西就下车了。到了兰州，我就在火车站等着，一步都不敢走，看着我的箱子。后来郑志豪来了，说是徐躬耦徐主任说让他来接我。我就跟着郑志豪走了，就进了现物系的小门，那是土墙围着的。

后来我跟老车就商量哪个房子放什么仪器，后来确定了，电磁学仪器放在东头，核仪器放在西头，另外一个加固的房子是图书资料室。当时是一月份招生，就从师大和兰大物理系、化学系调了一些学生过来，总共60多个人吧，就组成了毕业班。实际上，他们大部分当时都只上了两年半。当时，现物系老师和学生总共有100左右，大概60个党员、40个团员，我担任团总支副书记，后来程平山当团总支书记。这样，教师有了，学生有了，实验室仪器设备也都有了，现物系就敲锣打鼓地开张了。1958年是王景开负责筹建现物系，那些房子虽然不是他设计的，但是盖房子都是他看着的。我来了以后，开始建核电池实验室，后来领导安排我做一个探测铀矿的小仪器，我做了，具体过程也都写了。后来还参加了甘肃省第二届青年积极分子的大会，好像还有比较高的评价。

马玉霞：我1959年到兰大，就一直在现物系。我最初在北京搞电子管，到现物系搞集束管，后来又到核物理实验室。我们当时住在现物系，就原来的一号楼。最早的住户就是我跟车登科，后来，陶祖贻来了，一年以后，杨宏秀来了。再后来，郑志豪搬进去了。我前段时间去核学院看了一下，现在的年轻人做得真不错。

访：作为教师，在教学方面，您做了很多工作，您对年轻教师有什么要讲的吗？

张：在兰大40多个年头，我大概讲了28门课，有的课是重复的，教的学生接近3 000人。退休以后，实际上学生教得更多，有自学考试的班、物理系的大专班，还有夜校，这些学生加起来至少有五六千人。做了这么多年的教育工作，我最早教的是小学四年级，当时我是高一的学生。学校问我是否愿意做义务教师，我说我愿意，就去了，北京市西城区教育局还给我发了一个义务教师的聘书。从那个时候开始我就接触教学，后来我上北大的时候，有成人夜校，我就给成人夜校的工人讲课。正式当教师是从兰州大学开始的，1961年开始讲核电子学，1962年讲原子核物理，就是给放射化学专业讲。还给研究生讲课，有关于低温的，也有关于计算机控制的课程。我教过职业教育，讲的是怎么修理收音机，怎么修理电冰箱、电视机，都是和电子有关系的。教学实验是我工作的很大的内容，有电子学实验、核物理实验、无线电实验。这几十年，我有一个深刻的体会，就是上课的时候，必须要做充分的准备，要把讲课的内容背诵得滚瓜烂熟。只有把讲课的内容都了如指掌，才能讲清楚，上课的时候必须把话说清楚，这样学生才能听懂。而且上课的时候要全神贯注，不能有丝毫的“走私”。上课的时候，要按照自己的思路，讲得有逻辑，学生才能听得有逻辑。我不主张上课拿着讲稿，看一句，在黑板上抄一句，让学生记一句，再看看学生抄完了没有，然后再来第二句。年轻教师要写讲稿，因为他们经验不足，很多年轻教师讲着讲着就讲不下去了，准备了一节课的东西，一二十分钟就说完了，这个事情是经常发生的。写教案是应该的，但更重要的是要前思后想，怎么样把教学内容组织好，然后融会贯通地讲出来。还有，老师上课时不能够东张西望，否则会影响课堂效果。另外，我上课的时候，也会有学生打瞌睡，我就想，他要是困了就让他睡一会，可能这节课他没听进去，但是他睡半个钟头以后醒了就会好了，后面的课上就会精神，这有什么不好的呢？所以，在我课堂上，哪个学生要睡觉，我从来不会把他们叫醒。有人说我上课不负责任，我说这不是不负责任，我是对他的下一节课负责任。还有的学生不精神，我就劝他从后门出去。我一直主张前门老师进来，后门学生随时都可以出去。如果他对你讲的东西不感兴趣，他可以从后门出去，你不要阻挡他，他可能出去锻炼锻炼，也可能瞌睡了打会太极拳，再回来他可能更有精神，也不影响别人。我特别强调气氛，课堂就是学习的地方。有的时候学生不听课有这么几个原因：一是你讲的东西他全都知道；二是你讲的他根本听不懂；三就是其他的，比如淘气之类的。对于学生上课表现出不感兴趣的情况，你可以问他，比如说我讲的你不感兴趣，你希望我能讲什么。我对学生很尊重，你可以到我家去咱们探讨一些问题。

| 人物简介 |

张承理，1958年至我校任教，教授，1995年退休。

马玉霞，1959年至我校任教，工程师，1991年退休。

董长发

地质工作者是社会主义建设的尖兵，而化学工作者是尖兵的眼睛

时　间：2015年1月15日
地　点：兰州大学档案馆会议室
人　物：董长发
访谈人：王秋林
摄　像：梁振林

现代物理系的建设发展

董：一直到1998年退休，这个教学工作呢是当年现物系刚建立，那会儿实际上工作人员也比较少，杨宏秀、陶祖贻、孙慧珠和我。当时我从事教学工作。刚去那儿，房子就是一个空架子。第一步，就是先改装实验室。搞化学要通风，还得有上下水，当时基本上是我和杨宏秀先把这个实验室进行改装。第一步就是改装了两个实验室的通风设备，还有就是增加排气设备。此外，有些台面铺的是瓷砖。经过大伙一段时间的努力，改装了四个合乎化学实验操作的实验室，天平室一间，测量室一间，这就是实验室的改造工作了，就是这样。当时那个

楼叫2号楼，2号楼一楼是加速器，二楼是放化实验室。现物系成立前，国家科委，可能就是二机部、教育部合营策划，1958年上半年基本就建成了。1号楼是教学楼，核物理、电子学资料室在1号楼。3号楼是平房，是库房和监控场。4号楼原来定的是放化楼，但是当时没建，没建的位置就是现在二分部11号、12号楼那个位置。5号楼是宿舍楼，当时住的教工和学生。6号楼叫专家楼，当时在这儿的保密单位就是二机部的，核工业的有苏联专家，给盖了两层的专家楼，最后中苏关系恶化了，苏联专家没来。6号楼就变成了办公楼，有中子室的和行政办的，徐躬耦就住在那里，当时是理论室，是徐躬耦领着把办公室设在那的。还有一个平房食堂，就是教工和学生用餐的。这个实验室改造完之后，又着手准备放化实验。1958年年底就有学生了，可能当时是40多个学生，放化专业和核物理。放化专业的学生是从兰大、师大化学系大三的学生调过来的，物理是从兰大、师大学物理的大三的学生调过来的，可能大概40多个人，这是当时五〇五的第一届学生。教师可能是徐躬耦8、9月份到北京跟教育部和北大商量，要了8位老师，当时的课就是这8位老师来讲。放化就是陶祖贻和杨宏秀两个人。当时没有讲义，那就自己编，自己编完了，再刻蜡版，然后油印。材料也没有，就得自己采。当时刘有成兼管咱们教研室，那阵儿是主任吧。反正他是负责人。核物理那边是物理监管，徐躬耦代管。这材料也紧张，当时定标器测放射性的也就有6台，像玻璃仪器、化学仪器，刚开始咱们还可以到化学系领一些，后来没有了，就到外面去采购，最简单的像蒸馏水都没有，咱们到化学系那买过，到原来的医学院买过，到外面也买过。所以那时候材料、人员都很紧张。经过一个月吧，基本把实验排出来了。第一届的学生呢是做了这个实验。当时有这个专业的，北大、清华条件可能就比我们好一点，复旦、山大、重大、川大也有。咱们当时估计，北大、清华、复旦下来，咱们可能比山大、川大还强一点，第一届实验就排下来了。放化的学生要做实验，核物理的学生也要做放化实验，那会儿孙慧珠是化学系来的，化学系有些专业的学生也做咱们放化实验，不是全做，大部分是表演实验，当时请到的给化学系表演实验就是放射性滴定，物理它重排，酸碱滴定这种只给学化学的做。到放化那讲个放射性，就有一个示踪的放射性加锂静膜沉淀，放射性在沉淀里头，要上清液再进行滴定，所以那时候要是给所有学生开，可能还没有那种力量，也就是表演实验。咱们当时给化学系都做过一个放射性滴定，那个实验给放化开，那时学生可能有20多个，物理那边学生有20多个，再给化学系再表演实验，所以我当时说的，第一阶段对现物系来说，也就是1958年到1966年，基本是处于艰苦的创业阶段。什么都是空的，人也紧张，材料也紧张。所以这第一阶段基本应该是从事教学，科研的仪器是什么都没有，实际上加速器是搞科研的，但加速器刚建起来基本是调试，外头没有什么教学任务。到1965年，南开并到咱们这儿来了，教师的力量也增加很多，学生也增加了，并过来两年。咱们兰大放化也就30左右人，物理40多人，从南开并过来一个班就有五六十人，再加上咱们。咱们管65、66级叫大肚子班，就说学生多。那两年学生也是猛增的，教师力量也增加很多。1965年南开来了，放化接了一项任务，就是跟近物所的，还有社会上的有机标记化合物合成。那是科研的刚刚起步。刚有这个苗头，紧接着就“文化大革命”了。所以我说这个第一阶段是创业阶段，基本是搞教学，没有科研。1966年到1976年“文化大革命”，这一段呢基本是停止的。学生不上课，也不招生。没有教学任务，基本上当时情况就是大字报、大批判、大串联。再接下来就是抓革命，促生产。无课闹革命，教育革命。咱们放化的到地质部去的，跟人家一起的，那叫教育革命，实际就是和人家一起在那干。毛主席当时就提出来咱们要搞原子弹，当时跟苏联关系还好，人家是帮着的，毛主席还说就要搞原子弹。那阵不下决心，这两弹肯定出不来，那咱们这股力量的威望可能就差很多。

教学、科研、实验室及仪器设备管理

董：1960年有一个全国大办铀。咱们现物系的师生分两部分，一部分到张掖，张掖有一个办铀的，就叫5840，就是说1958年40个青年办的土法炼铀，咱们现物系的两个专业的学生到那儿去实习一个阶段。还有现物系的两个专业的学生到了临洮的101铀矿厂。在那大概一个多月吧。回来前，现物系的放化也办了一个相应的铀的车间。当时就叫401厂，一个教师负责，就跟我一起来的佟文功是技术员，王正武是工人，当时也是土法炼铀，炼出来的铀的半成品就是重铀酸氨，不是纯的。全国要把核搞上去，成立咱们这个系，土法炼铀呢，咱们放化也赶上了。第一阶段基本就这样，第二阶段咱们实施教育革命了。后面就是深挖洞、广积粮，储备打仗。咱们系也发展挖防空洞，最后又要疏散，学校的政策就是把学校的重要的物质，化学系的危险药品，生物系的危险药品，学校的档案，和现物系的放射性物质疏散。所以现物系去的人，我是看放射性的，罗学合是看化学系的药品的，杨成德是看生物系的，安适德是看档案的。当时就是这样。这都是业余时间，咱们总结的现物系有四大高潮，一个是打羽毛球高潮，全系在那能有50队打羽毛球的；一个是做沙发，自己动手做沙发；还有焊半导体和做煤油炉子，这4项我都参加过。咱们说的，全校打羽毛球祖师爷是郑卫汉，发源地是现物系，反正学生里打羽毛球好的都是现物系的。第二段，应该是1978年到1996年吧，这段是个大发展阶段。从国家来看，国家开了科学大会。就说科学的春风来了，那会儿系上领导班子也有了，各系也都成立了研究所，目的就是要搞科研。一般习惯说一套人马，两个班子。既有教学任务，也有科研任务。从放化这边说，当时的放化楼也建成了，那是按当时的要求新盖的，这样的话，教学和科研的条件就大大改善了。咱们说邱陵是第一大功劳，他来至少把咱们放化的科研带起来了。当时全教研组出动，借了二机部的（现在叫核工业部）和核工业厂的，很可能就是四〇四的高放废液。五〇四是前处理，生产铀的，把铀拿出来送到四〇四去，做核弹的反应堆，废液里有用的元素，咱们当时叫3个m：Am，Cm，Pm，也就是镅，锔，钷。把这些提炼出来对核材料用处很大。当时二机部牵头，这个任务基本是全权地在做。咱们看到的加压离子交换，是多柱系统的。第一步是先把设备搞起来，有的是外面加工的，有的是自己加工的。有时临时焊的都是咱们自己在那焊的，就把那套设备做起来，经过一年全教研室就把核工业部的高放废水这项工作拿下来了。最后，这项任务得了核工业部的国防科技尖端成果奖。这个基本是全教研室的人参加了。如此，整个教研室从教学科研就又上了一步。后来，教研室的各课题组就组成了。第一个课题组是邱陵负责的，叫作铀同位素分离，他们担的一个是铀-235、铀-238，再一个是锂6锂7。第二个是陈励权成立的二组，是重稀土的。第三个是陶祖贻和赵爱民，这个叫离子反应动力学，纯粹搞理论的。第四个是方胜强的组，叫冠醚的。到后来，重稀土就是陈励权、辛文达和我。第一步这套设备做起来了，二机部想要的是废水分离，基本上可能接了6到7个项目。一是料液拿来了，需要处理，要研究。分离出来后，还有其他的杂质，铁、锆、铌，等等。废水里的是有的像萃取的，有有机相和水相。还有纯铀不允许有杂质。那时候总共大概有六七个课题，当时的钱加起来可能就接近10万，还算是可观的。接下来就是咱们三个人的重点——搞重稀土，搞铀鉴定的人是从二机部来的，也有全国各地有关学校来的，在兰州饭店开鉴定会，通过开鉴定会就把五〇五是搞后处理和加压的这个消息传导出去了。紧接着咱们就用这套装置分离重稀土。这个项目当时是二机部、教育部赞助的，有5万块钱。然后是做条件实验，是用两个柱子、3个柱子的小实验，再上多柱。经过两年，通过加压将稀土的原料进去一次就能把四五个轻稀土、重稀土基本分开，并且纯度高。最后分开的，按产品来说，含量低的难分的可能2个9的、3个9的、3个半9和4个9的。后来也是在这个兰州饭店开了鉴定会，全国来了很多人。他们也知道加压离子交换只有兰大有，分后处理的也有，分重稀土的也有。鉴定会开完，是部级鉴定的，得了省上的一等奖，列入国家成果奖的。这个设备是只有咱们兰州有，是咱们自己摸索造出来的。当时那边评价说，分离稀土的流程的效率提高20倍，能够达到3个9以上。这个设备，国内是领先的，国际上还没有。我们3个人总结了一篇文章《离子交换与溶剂萃取》，就在国外的专著上发表了。后来专门有一本儿把咱们这个出版了。当时是咱们有一篇，陶祖贻有一篇，咱们这个作者就是陈励权、辛文达、我、岳肃俊，还有吴王锁。实际上吴王锁那会儿没做，文章是他给咱们翻译的，所以他是第四作者，虽然是第四作者，在国外有一本书的话，分量还是很大的。开完鉴定会以后，就宣传出去了，江西的稀土厂、江西金属公司和咱们合作过，沈阳金属研究所、吉林辽源研究所，还有一个本省的稀土厂，咱们都给做过实验。二机部还有一个情报所，都跟咱们做过实验，所以咱们在稀土分离上大概也有七八个项目。可以说咱们在稀土分离上是绝对领先的，只是咱们没上中试，吴王锁、邱陵他们上到了中试。中试最后要生产了也都停断了。总之，重稀土咱们兰大放化所的这几个人也还是做得很好的，总共做了7套设备，设备大部分是我做的。给湖北的一个冶金所做了一套设备，咱们当时这个要价也不高，是2万块钱，给近物所也做了一套小设备。这个加压的多柱系统，一开始是一个柱、两个柱、三个柱，再后来是多个柱，这一系列呢，实际都是自己找材料，人家加工，有些是土法做的，这套装置的格挡也没有。国外也没有，所以放化系有两项东西在20世纪80年代是全国领先的，一个是废料提取有用的元素别人没干过，另一个重稀土这一系列加压离子交换分离装置好像全国也没有。当时是说南开大学有一个合成树脂的专家。吉林辽源有一个合成碳纤维的专家，他们合成的是叫碳纤维。碳纤维咱们是用离子束来分，他说你这个加压这么快，能不能用碳纤维的。咱们也给他做了，因为碳纤维也可以把稀土的一系列分开。这个也开过鉴定会。所以咱们的重稀土基本都是应用项目，总共有20几项，可能当时积累的资金一共是60万。给教研室买了一台电脑，还买了730的光度计，一共花了5万。还能处理水，水里头有铀、有氟。我们做的就是把放射性的铀除掉，把不能喝的氟也除了，做了半年。一是解决了用水问题，也解决了开支，起了很大的作用。此外，咱们也和一个张掖的制糖厂结过营，那厂里的制糖设备老是腐蚀的。这时有吴王锁，也有糖厂里的人，把这个问题也解决了，也是拿了省上的科技奖，二等奖。后面是四〇四的两项，接近20万的经费，一个是废物处理的。铝厂当时是重度污染的，也做了一部分工作。当时课题组的一些教师还可以申请基金项目，我也会去做。所以科研上我参加的有20几项，资金是60万，发表论文有20几篇，还出了一本专著，还有鉴定书。

我刚才说我的主要工作就是实验室管理教学和科研。科研就是这样，实验室刚建立的初期很困难，那会儿主要就是实验室建设，把几个实验室改得合乎放化要求，这是一方面。再到新楼这方面呢，第一个就是塑料地板，大概是1984年开始集中铺地板。1 300个平方米，胶水怎么稀释，用哪种溶剂最好，还有一个温度问题。还有就是塑料板怎么切，两个塑料板切45°的，就是错开那么切。还得刚好成30°把那个焊上。那真是，一会儿趴下，一会儿蹲地上，一会儿去量。还有一个是制蒸馏水，这比较简单，可处理的问题就多了，那时候水压不稳，老是停水。一停水就把蒸馏器烧坏了，烧坏了要浪费材料。此外，没有水，实验就做不成，所以根据这个情况，我们组装了一个自动的，一停水，它就可以停掉，这就免得把仪器烧坏，影响供水。又把冷却水回收到一个罐子里，还能解决放化做实验的一部分人和系上一部分人的洗澡问题。一个蒸馏水自动装置回收水洗澡的问题，虽然很简单但是意义很大。这就是实验室管理方面。还有大型仪器设备调试，设定操作规程基本都是我干的。所以放化实验室到放化楼，教学室安全是我管。那时候做毕业论文的几乎24小时都在那里，安全问题得操心，检查门锁、水电有没有关，基本没出什么安全事故。有些老师说我仪器设备性能、材料方面都管得井井有条，说我是一个一心扑在实验室的好管家。所以在实验室管理方面，大概有6次，得了学校的奖，当时就是奖励2万块钱。给教学室的蒸馏水的设备是这部分钱买的，还有洗衣机也是用这部分钱买的，还有恒温槽、振荡器。我个人的实验室管理可能得过8次奖，最重要的一次是教育部的。当时教育部得过奖的还有徐启智。我在省上也得过两次奖。总之，集体实验室奖我得过6次，先进个人的我得过8次。优秀共产党员，我得过3次。所以，当时学校一检查实验室，账目、卡，都对。仪器在这儿，你把卡片拿出来，卡片拿出来你能把仪器找着。那就是闭着眼也清清楚楚。教育部来检查也是那样的。从1963年一直到退休，学校的放射源也是我管的。我管的仪器随时可以启动做实验。过去咱们有些开玩笑是说这个实验技术员最好当，那个好当的也有，你拿把钥匙把门一开，拿个抹布把桌子一擦完了。我这个实验室管理人员起到的这个作用比有些教师的作用还大。你想重稀土的题目，有些加工的题目，柱子加工在东北，我去取的，制定方案、做实验、仪器调试都是我做的。此外，教学工作实验，放化的实验是我带的，核材料实验也是我带的，咱们的实验原来是化学系带的，非化学实验咱们要过来是我带的，有机实验是我带的。研究生的实验和毕业论文我也协助他们，实际上三分之二是我带的。所以不是说一般的实验员是这样，从准备实验到设计实验，到准备讲义，到批作业，都是我干的。当时，说实验人员不能带实验，当时现物系，是郑志豪负责，破例我和马玉霞可以带。为啥呢，说："你们是中专，是一定贴近工作室了，你们俩可以带实验。"学校规定的实验人员不能带实验，咱们是带实验、准备实验、批作业、讲，都做。从教学上，应该说过去讲四大化学，我们这两个化学都做了。我自己分析了一下，咱们实验室管理上可能也不平衡，有些人有教学任务，同时又要管理实验室，这就管得不是很好。其实，科教上一起做，像实验室仪器设备上，自己调试一下，那是起到主导作用的。

董：刚来现物系那时候，现物系的人员上，就是北大的来了8位老师，还从中学要了10个高中生、6个初中生，还有3个从工大来的毕业生，还有一个金工厂，基本上是有六七个技校的技术员，有几个工人。当时书记是袁植，副书记艾凤莲，还有一个是李定芳，一个赵秀珍，大概就是这样。第一届毕业的，留了12个，放化留了6个，教师力量又逐渐增加了，之后每一届都留一些，最多一届放化可留了接近30个人，这就是我说的第三阶段大发展。从现物系来说，从教学、科研上，南开一来真正是搞得热火朝天。咱们这边每人都参加教学，每人都进行科研。物理组那边加速器也有了，电子学那边也有了一些科研任务了，从1978年到1996年这段属于大发展，学生多了，科研上来了，经费也有，人员也够。从1997年到2000年，可能是走下坡路的，这有几个原因。一是当时国际上要裁军，咱们国家裁了100万。二是军转民，有些军工的下马的，有些转行了，当时咱们也就这么挺着，四〇四做钛白粉了，五〇四是做大雪糕。当时军转民，从国际形势上来看是这样的。院系要调整，现物系是属于院系调整的，原现物系的领导徐躬耦和郑志豪调走了，南开来的剩下的没几个了，基本都走了，当时清华、北大、交大来到兰大来的也纷纷调走了。所以咱们当时的形势叫作孔雀东南飞。从放化来说，杨宏秀、马忠乾、王齐祖、佟文功从原来放化调到材料科学系去了，当时都面临着退休。当时就把现物系一分两半，放化就分到化学院了，核物理就到物理院了，现物系基本就在咱们学校消失了。所以，咱们的发展阶段，一个是创业的，一个是停止的："文化大革命"，接着是大发展，后两年就是衰落了。之后用吴王锁的话就是二次创业。这二次创业的功劳应该说是吴王锁的。吴王锁出去一调查，人说台湾的核电都比咱们大陆多，咱们知道五〇四又重新生产铀了，离心机也上了，核电又提上来了。以吴王锁、陈熙萌为首的又杀回来了，就改成现在的核科学与技术学院。现物系又回来了，1958年到1962年叫五〇五，是保密单位，到1962年之后就公开了，就叫原子能系。后来又改叫现代物理系，这是为了便于招生。原子能系人家都知道，这是保密单位，也危险，连学生都招不到。现在招的学生多了，老师也多了，原来是两个专业，现在是5个专业，原来是一个研究所，现在好几个研究所。从现物系整个的情况看，从创业阶段，"文化大革命"停止，到大发展，然后有几年的凄苦时期，然后再到二次创业，我一直在这，一直主要从事教学、科研，我觉得自己无愧。从重稀土来说，陈励权、辛文达、我都是党员。陈励权负责教研室的，说这重稀土组，对咱们放化的发展、放化的和谐方面，做了很多工作。各组有摩擦还都来找我们3个人，对一级设备的贡献也还是大，从培养新人上我们也做了很多工作，像吴王锁都是咱们培养出来的。当时放化入党的人也多。吴王锁接班了，二次创业也还算是干得可以。当时有关专业，像样的就这个放化楼。培养学生方面，像现物系的学生在四〇四、五〇四、核电上可能都是骨干或者都是领导，像五〇四是说8个领导中咱们现物系毕业的学生有7个或者6个。四〇四也是这样，四〇四就两部分，一部分是清华的，清华的是学工程，四〇四的清华的多一点，兰大不是学工的，是学理的。咱们这儿的学生在核工业上的很多，核电上的也多，像现在的毕业生核电上用，水利上用，化工上、物理上、石油上都可以用。我快退休前和吴王锁是一个课题组，一起干了好几年了，他活动能力比较强，全中国也行。咱们这开玩笑的，当时培养他入党，咱们这个支部参加学校先进支部竞争的，学校是评6个，咱们是第七个，是辛文达去讲解的。第二年去评，还是这些材料，吴王锁去讲了，咱们是第一。到全国，当时和化学院合并，现物系放化杨宏秀、陶祖贻、邱陵三个教授不走可以成立博士点。他们一走，博士点成立就不行了。和化学系合起来有博士点，有硕士点。成立学院之后，吴王锁奋斗，硕士点有了，博士点有了，博士后的流动点也有了。

访：您是什么时候到的学校？

董：1959年，1959年3月，一直在放化，没动过。

访：那您这么高寿，看着还这么精神，那您一直管这个放射药品啊这些东西，对身体没有影响？

董：这个不好说。我是管放射性的，咱们重稀土的是用放射性的，也就是说咱们是主用，其他的是有一段用，咱们是一直都在用。所以这不好说，一种原来说这放射性少量有好处，多了有害处，再还有潜伏期，这可能这辈没有，下辈没有，可能第三辈、第四辈。这个说不上。

访：您给我们留个字吧。

董：那就留“地质工作者是社会主义建设的尖兵，而化学工作者是尖兵的眼睛”，60年代咱们就说地质工作者拿着小槌帮国家找宝藏，但你地质工作者把宝藏找来，得化学工作者给你分析它是不是宝藏。

| 人物简介 |

董长发，系我院（现物系）首批教职员工之一。

苏桐龄

兰州大学研制中子发生器及其地位

时　间：2015年2月2日
地　点：齐云楼526办公室
人　物：苏桐龄
访谈人：王秋林
摄　像：红　叶

访： 苏老师，我是兰州大学档案馆的。我们最近做的工作是“萃英记忆工程”，即请我们的老先生，学校的老同志、老朋友、老校友，讲述曾经在兰大的学习、生活和工作的经历，对兰大的印象和感触。您是兰大的老教授，今天我们请您将在兰大的经历回顾一下。

苏： 好。我是1959年兰大现代物理系，原子核物理专业毕业的。毕业以后留校。当时我们现代物理系有两个专业，一个是原子核物理专业，一个是放射化学专业。原子核物理专业有5个教研室。我本来是学核物理的，我想在核物理教研室。当时我们建系的时候，1955年开始筹建，中国要搞两弹，原子弹和氢弹，决定在北京大学和兰州大学建原子核物理和放射化学专业。我为什么在兰州大学呢，当时我们主要的核基地就在西北。我就是兰州大学第一届毕业生。当时因为一开始国家急需这一方面的人才，如果从一年前招生，那就有点赶不上需要。所以当时成立以后，就在各个高校物理专业毕业生中挑了一些学生。我那时候是搞粒子的学生，因为基础课学过了，就到了兰大核物理专业。毕业留校以后，在北大和兰大筹建的时候，都搞了一台加速器。加速器是核物理实验必需的工具。北大一套，兰大一套。当时筹建的时候，是委托北大筹建的，说完全是一样的。加速器主要部件是进口的，自己组装的，但一直没有调试出来，就叫我到加速器教研室去，我当时并不愿意去。当时要我3年就转到核物理教研室，事实上就在加速器教研室待了一辈子。当时的加速器教研室，就是后来成立的中子物理技术研究所，最后发展到教育部的中子应用技术工程研究中心，就这么延续下来了。按说我们的加速器教研室，当时在核物理是地位比较低的一个教研室，因为不是核心嘛。但是事实上我们教研室，最后还是干了点事情。现物系的几个教研室，甚至正教授，我们教研室是最多的。当时我们加速器教研室有20多个人，教学生的很少，只有一门课，主要就搞科研。事实上，我们就自己想办法找点事干。一开始我们在1970年左右，甘肃省农科院他们要搞辐射育种，要搞中子发生器。这中子发生器什么概念呢？我们知道，作为中子源来讲，主要有两种。一种是裂变中子源，就现在的普通反应堆、核电站都是，原子弹也是根据裂变造成的。另一种就是聚变中子源。我们搞的是聚变中子源。当时只给了10万元，二十世纪七八十年代，10万元也可以了。那么，第一次我们在国内实现了小型化。

访：小型化？怎么小型化？

苏：小型化。它本来很大啊，设备小型化了。以前的设计有几层楼那么高，我们搞下来大概就1米多高。这小型化很难。这个出来之后，我们得到了省上的奖。到1975年左右，我们国家核工业的北京三所，搞铀矿地质勘探，他们工作的时候需要中子发生器。这种技术因为与国防有关，美国对我们是完全封锁的，我们这谁也进不去。考虑到我们这还有一些基础，所以就把这个任务交到我们兰州大学了。当时国家给了100万，我们工资那时候才几十块钱，我们做的还是可以的。我们参加工作的有20多个人，这个工作做了将近5年，1970年到1975、1976年。1976年这个中子发生器搞得比较好，性能、外观与国外差不多。我们自己评价是国内先进水平。完了以后，这个中子发生器还是有些影响，就我知道的外国通讯社，包括法新社、德新社，他们都做了报道。这个发生器做好以后，当时是国防科工委，在1979年，给我们国防尖端科技成果战略武器和国防科技尖端成果奖。我们就在国内形成一定影响，在这个领域我们就领先了。到1980年左右，国家支持我们。以前给农科院做的是10^{10}，10的10次方是什么概念呢？就是一秒钟产生中子数是10^{10}个，就是100亿个中子。后来就到了11次方、12次方。12次方就比较难了，从国际上来讲，只有美国一家大概达到1×10^{13}，其他日本、西欧也就做到12次方。日本还没有自己的技术，主要从美国进口。中子发生器从11次方到12次方就有质的变化了，难度比较大。说起来这个项目本不在我们这个地方，原来是国家科委和一机部订到上海先锋电子厂。1980年3月份，在上海开会，但这个方案，他们先锋说不太成功。几乎所有到会代表，包括上海原子核所专家，他们说，真正的专家在兰州，不在上海，所以说上海做不了这个事情。然后就转移到我们这了。方案的会是1983年开的，整个到了1988年才搞出来，搞了好几年。中子发生器这个事，就我们知道，他美国也需要四五年时间，周期比较长。因为你完全要靠自己的力量了，所有东西都要自力更生解决。我们10^{12}中子发生器，是1988年解决的。当时我们能达到3×10^{12}，应该说我们比美国低一些，到了国际先进水平。但是我还是保守一点，美国比我们还高嘛。当时国际先进水平，大家都会哄上去的。那时候鉴定会是比较郑重其事的，全国几十个核单位都有专家代表。那时候鉴定会都是由专家小组亲自测定的指标，我们自己做的指标不算。那个时候比较严实，比较正式，坦诚地讲，我们现在很多东西鉴定都是假的。这个成果，当时教育部在1992年定成中国高校从1978—1992年56项重大成果的一项。从1978—1992年期间，56项重大成果我们排第20名。开始得了教育部成果一等奖，后来国家给我们评了国家科技成果三等奖。那个时候的三等奖相当于现在的二等奖，因为现在出来个特等奖，那个时候的一等奖相当于现在的特等奖。

访：那证书呢？

苏：这个是中子发生器照片，这个是教育部的一等奖，国家的三等奖。国防科工委想强流中子发生器主要用在三个领域，一是国防核武器研究，就是国防上需要的研究。二是，我们这是聚变中子源，也就是氢弹中子源。现在作为裂变中子源的反应堆，比如核电站，现在已经很多了。但未来能为人类解决能源问题，一劳永逸地解决，要靠核聚变，太阳能就是核聚变。核聚变的原材料，氢的同位素氘，在海水中大量存在。有人计算，如果将海中氢的同位素，重氢氘，提炼出来，全世界的海洋变成石油都发不出这么多的能量，那就一劳永逸地解决人类能源问题。原子弹的能量人类可以控制，但聚变能现在控制不了，作为炸弹可以，但控制不了。所以很多国家花很多精力研究核聚变，以及控制它的问题。国际原子能机构做了很多工作。我们国家863计划有3个先进反应堆，一是清华大学主持的高温氢冷堆，二是中国原子能科学院研究的快堆，这都是裂变堆，还有就是聚变计划。虽然现在实现不了，我们863计划有一个任务就是要跟踪世界，就是我们跟国际上不能形成很大的差距。现在这个课题的计划仍在进行，863也在执行。我知道的一个研究大概有10个亿的经费。聚变启动这一块就是中子相关的工作。我们工作出来以后，承担了这个计划中聚变堆第一壁材料的中子辐射损伤研究。我们国防上战略武器抗辐射加固，有γ防护，还有中子防护。中子的防护，也就中子辐射损伤研究，国防科工委定了两个模拟源。一是裂变中子源，就是清华大学200号反应堆；强流中子发生器，就是聚变中子，也就是我们的。全国大概有十几个单位，在我们这儿做工作，相当于国家的一个公共实验室。

访：他们好多的研究的成果，是用咱们的设备做出来的，合作做出来的？

苏：噢。是这样，有些工作是交给我们了。有些任务是他们来做，我们配合他们。他们做实验必须要用中子发生器。说起国防上的事情还有一个插曲。当时国防科工委他们要自己建一个中子发生器，委托我们做了个方案。那是1984年的事情，在西安开了方案听证会。我们学校去了12个人，除了我们课题组的，我们的校长、副校长、科研处长都去了。原来的预算是500万，后来我们考察下国外的。美国我们进不去，日本是可以，当时我们去了3个人，我、我们科室的，还有我们系主任，也是我们的老师。当时日本有两台强流中子发生器，一个是东海原子能研究所，他们全套从美国进口了一台，5×10^{12}。他们说当时花了400多万美元。一个是日本大阪大学的，他们进口的部件，自己组装的，花了200多万美元。日本大学的教授说，美国的中子发生器对他们是不全开放的。他们是盟国，也不全开放。这就差了一半价钱。他们有合同有个保证：我卖给你部件，你能不能做成，我不负责任。经费高了，必须给你达到指标，所以经费加了一半。我们学校受了这个影响，就加了300万。国家已经批了，经费都批了，重新批就比较困难了。当时在西安开会的时候，因为他们知道，实际是我们干活的时候，我有表态，技术上的事情我能说，经费的问题要学校做主。结果就等于把这个事情甩起来了，当时国家已经把500万经费批了，批了以后，结果就不好办了。后来是我们的搞出来了，我们的强流中子发生器搞出来了，国防科工委他们就决定不建了，实验基地放到我们这。这也有好处，如果我们帮他们搞了以后，我们就边缘化了。后来我们成了国家的公共实验室了，大概就这样。聚变堆课题也有一个插曲。我们的信息太闭塞了。我记得有一次我到北京去，到国防科工委，我们兰州要召开会议。我是朝着这个会议去的。到教育部去，教育部办完事情后，还有一点时间，我就到中国原子能科学院去了。那时候我们有好多朋友。有一个教授，他说老苏，这个聚变堆课题应该是你们的吧，怎么九院拿走了？我一听很稀奇，我们不知道啊。中国原子能科学院堆工所党委书记是我们的校友。我们所长程树平是专家委员会的，我就跟他聊。他一听说，我们不了解你们啊，我们不知道，我们正为这个事情发愁呢。九院的中子发生器相当于我们上一代的，跟我们整整差了一个量级，一个等级。一个星期后就开始讨论经费的问题了。他说合肥等离子体研究所副所长霍裕平是这个项目的负责人，你赶紧到合肥去一下。因为我当时不能去，我回来还有一个会议。他就给了我一个表。后来我就跟合肥等离子所副所长霍裕平把电话打通了。他说你赶快填个表，不要紧，我们专家组有一个决议，如果两家实力差不多，我们不改选；如果实力差得比较大的话，我们还是要择优的。我们就匆匆忙忙地填了个表，然后派人专程坐飞机送到北京去。我记得他们第二天就要开会，前一天正好送到。专家委员会最后就把其他项目定了，这个项目就搁置，要调查。人家开了多少会，我们不知道。后来他们就派了3个专家，一个是西南夹江，中国核动力研究院四所所长，他是我们这个课题的负责人，他是搞核材料的。还有五八五的钱家富，还有合肥的一个研究员。回去以后说，情况属实，兰州大学确实实力要比九院的强很多。原来强流中子发生器在上海，转到我们这来了，这个课题就成了我们的了，追根到底是有这个实力。另外国际上有个很重要的用途，就是用快中子治疗癌症。这个事情说起来我现在非常遗憾。我今天可能不好讲，讲到我们的高层了。我们兰大的一些情况，在这我就不讲了。后来经过审批以后，国家经贸委把这个项目立项了，作为国家重大创新项目。当时我们申报了3 000万，大概最后国家给了1 000多万，因为这个项目还要自筹经费。这个工作我已经做完了80%，当时国家经贸委给了630万，甘肃省经贸委给批了630万。我们项目的经费不成问题，因为还是211工程重点建设项目，又是985工程重点建设项目。这些经费加起来足够这个项目了。这个项目我们搞了多年，已经完成了整个设计和技术攻关，它有一系列的问题，有八九个单位，有中科院、一些高校国家一流的专家。而且国内也很关注这个事情。当时立项的时候，卫生部做了调研，这个材料是医学界的。医学界很支持这个项目。我们知道现在作为癌症治疗手段有三种，一是药物治疗，就是我们所谓的化疗；再一个是外科治疗，开刀；还有一个就是辐射治疗，放射治疗。现在我们普及的是γ射线治疗。γ射线治疗对一些早期的癌症还是有效的，但它有两个重大的缺陷：一个是药效应，它对纯氧的癌细胞容易杀死，但不宜杀死缺氧的，而癌症，特别中性肿瘤部位主要是缺氧的，它没办法，虽然也有效果，但不能除根；再就是癌症发展分为相对静止期和分裂期，对相对分裂期有效。现在国际上新出一种治疗手段。γ射线是低能量射线，最好用高能量射线来治疗癌症。20世纪40年代开始，美国，国际上就搞这个了。高能量射线有很多种，有中子、质子，还有重离子，等等。还有一个问题就是，质子和重离子是带电粒子，带电粒子穿透能力很弱，很难打到中性部位，就是能量不够。质子的话需要几百MeV，中子的穿透能力相对很强。所以开始中子也经过了一个曲折的过程。做治疗的时候，美国人最后失败了。早期人们对中子的屏蔽效应搞得不清，它是套用γ射线治疗，能量太大。后来对中子对各种细胞的生物效应搞清楚了，英国的一家医院得到了比较好的效果。这个事情非常乐观，认为癌症就要攻破了。但中子不是这样，它有一个最大的问题，对穿过皮肤部分损伤也比较大，癌细胞杀了，正常的也杀了。这里就非常讲究了，一次多少的剂量，多少天一次等。最后得出一个结论，对γ射线无能为力的癌细胞杀伤还是很有效的。像骨癌，只有它能救命。后来我们国家也开展这些工作。北京肿瘤医院、解放军总医院、中日友好医院、协和医科大学等，他们联合北京高能所的35MeV质子直线加速器做工作。那个直线质子加速器原是作为高能加速器的注入器工作，这个加速器的长度达80m。后来考虑到我们国家的情况，搞质子高能加速器比较困难，所以改成电子，等于高能加速器用不上了。但是它通过质子打靶产生中子，做了很多工作，效果还是不错的。他们举了一些例子。有个省的医生已经病危了，但是给治好了。还有东北一个农民，也彻底治好了，最后还坐公共汽车到北京去感谢他们。他们觉得中子治疗很有效果。在一次会议上，中国医科大学的高教授讲，中子治疗癌症我们盼望多年。我们搞的这个很小型，他们的不适合做这个工作。他们对我们都给予厚望，终于看到了曙光，而且是不错的曙光。他们都鼓励我，医院的放射科主任陈国雄说，苏老师没关系，你搞好，我们给你弄。他说，不要说别的，中国一年癌症那么多人，光一个骨癌你就应付不了。大概有10%的癌症，只有它能救命。这个工作设计高难，攻关高难。

不仅中子治疗，还有下边的中子实验室，当时有几个方向。除了我这个中子发生器，还搞了5个终端，几个领域，一是中子治疗癌症的，是个主要终端；另外一个还有针对863计划聚变堆的课题还要继续做。聚变堆是国家的大计划，还有国防的需要。有些合同我都拿到了，这都是国家重大的项目。我们国家核武器模拟和评估的核数据测量，一共有七八个课题，都是国家的大课题。我这个中子治疗癌症的半途而废了，就是这样一个情况。我非常遗憾。

访：您的经费挺多的！

苏：是。退休以后，中国工程物理研究院，九院二所，把我招聘，不久前还给我几个项目。他们要搞快中子照相，快中子照相是国家要解决的一个难题。本来我就有这个计划。现在成像都是γ成像，我们一些导弹、炮弹，现在的检测方法极其落后而且危险，只有中子照相一照就把内部就清清楚楚。二十一所他们说，苏老师你搞中子发生器，我们搞照相。他说搞不成再说，搞出是要装备部队的，一套可以卖到几千万，我估计整套装备1 000多万就能拿下来了。这个项目我在规划着，搞出来一个终端。这个中子源是个核心设备，它对源强要求不是很高，但是要小型化，要车载。这个项目去年已经经过国家验收了。国家验收后，他们这个项目，给他们培养年轻人是主要任务。他们有10个年轻人，在兰州住着宾馆一块跟着学。这个搞得很小了，因为他要可移动的，小型化。这个要小到可以载在车上，而且要智能化的，用一台笔记本电脑就可以把他控制起来。这件事是了不起的。这一次虽然指标不高。当然，一部分工作是人家搞的，核心的部件是我们搞的，方案基本上是我们搞的。这个项目已经完成了。听说下一步还要继续搞。

访：您退休后也没有闲着，一直在做事。

苏：我们一直在忙着咧。他们说，苏老师，幸亏找到你了。说实话，在这一点上，他们再找个人也很难，比较缺人。人家都调查清楚了，进口不了，找了很多途径。最后就自己搞，原来他们就没信心，可能就搞不出来，后来就搞出来了，成功了。他们也调查清楚了，各个单位都知道。到目前为止，我们这个强流中子发生器是我们国家源强最高的中子发生器。但最近我们核科学年轻人也申请了两个项目，一个是200万的自然科学基金，一个是中子发生器申请了800万，还是利用的这个牌子，一共1 000万，想重新搞一个。

现在我年纪大了，大的事情我不能干，小事情还是能干的。我1935年的，今年就整80了。

访：几月份的？

苏：4月份。今年我全国各地的学生还提前过来给我过了个寿。我也很欣慰，他们干得都不错，不在科学院，就在高校，而且所在的高校，比我们兰大还高。他们干得都不错，来了十几个。

访：那学生也很多呀！

苏：我培养的学生不是很多，但是人家都还可以，都还不错，人家去的单位都很好，他们都不愿留校，我也留不下，动员留校，人家不留。我们太落后，人家不愁没去处。有一个学生，清华大学核能所都不愿意去，他说核能所地方不好。有一个学生同济大学愿意要，也不愿意去。他们说苏老师我们在单位都成了骨干了，都承担国家项目，科研经费也很多。年纪轻轻都是千万级的项目。我也高兴。

访：非常感谢您讲这些。

| 人物简介 |

苏桐龄，男，1935年4月16日出生于甘肃省古浪县。1959年兰州大学原子能系（现核学院）原子核物理专业毕业后留校任教，2006年7月退休前为兰州大学资深教授，博士生导师。长期从事中子发生器技术和中子物理研究工作。兰州大学教育部工程研究中心首任主任，国家重点学科“粒子物理与原子核物理”学科的主要学科带头人之一。负责完成的强流中子发生器曾获得国防科委战略武器及其他国防尖端科技成果奖和国家教委科技进步一等奖和国家科技进步三等奖；1995年获国防科工委光华基金奖；1991年起享受国务院有突出贡献的专家津贴。

王顺金

缘起核物理

时　间：2020年1月18日
地　点：王顺金家中
人　物：王顺金
访谈人：黄　皓

访：王老师您好，感谢您百忙之中抽出时间接受我们的采访。学院目前正在征集优秀校友的兰大回忆故事。想问问您有什么关于兰大的回忆可以跟我们分享。

王：我是1956年入学，1961年毕业的。1956年入学的时候是在物理系，大概是二年级就分了几个班。原来是5个班，后来合并成4个班。半年之后，我又被分到理论物理专业。又隔了大概半年之后呢，从理论物理又抽了几个人，1959年就到现代物理系，当时叫原子能系，跟校本部不在一个地方，去了二分部，现在现代物理系（二分部）变成家属区了，可能加速器还在那个地方。

建系的一些项目的设计是朱光亚来设计的，在朝鲜战争后，朱光亚就搞原子弹去了。后来是徐躬耦，徐躬耦当时是在物理系，在我入学的时候，1955年他就来了。1958年原子能系还没有公开，叫五〇五。我们同学被分为两批，我们那一批是搞实验的，很神秘，不告诉我们去干啥。当时一个项目是建加速器，另一个项目是建实验室。之前朱光亚把房子盖起来了，后续还要建仪器设备。我记得我们那个班大概是二三十个人，然后又分成实验、理论等几个组，一直到1961年毕业。

毕业之后，徐躬耦先生接替朱光亚来当原子能系的系主任，同时也是物理系的系主任。我毕业之后他还是两个系的系主任。大概是1979年的时候他就当了副校长，然后当了校长。他是搞理论物理的。我毕业之后留校了大概3个人。我前面还有刘敦桓也留校了，他是1959年毕业留校做研究生，1956年，我入学的时候，从北大来了个研究生。这是徐先生在兰州大学最早的两个研究生，但最后都没读成。因为他们在入学之后反右，很快就走了。徐先生在兰州大学的第一批真正的研究生就只有刘敦桓一个，第二批就是我和另外两个人，有一个华侨，后来先后去了香港和台湾。还有一个后来去了贵州大学。我们研究生读了4年，1965年毕业之后就留下了。

访：王老师，资料介绍您还出国留学了。您跟我们分享一下那个年代的留学经历好吗？

王：1966年“文化大革命”之后我们就出国了。我们大概是第二批。当时我们是考去的。专业方面是考了四大力学还有一些专业课。我考的是原子核理论，葛墨林考的是基本粒子，他是段一士先生的学生。我就考到了德国。我们在国外陆陆续续有六七年的时间。在德国集中学习两年半，我在德国重粒子研究中心学习了一年。之后去了美国伯克利，伯克利的话去了三次四次，最长的一次去了11个月。最后一次是2012年去加州大学伯克利分校、劳伦兹-伯克利实验室，还去了几个大学，闵斯特大学、吉森大学、达姆斯达特工业大学、海德堡大学。

访：王老师，您还出版了一些书籍，您能跟我们介绍一下吗？

王：我写了一些书。有《原子核理论》《高等量子论与量子多体理论》和《物理学前沿问题》《量子多体理论与运动模式动力学》，还有两本（《真空结构、引力起源与暗能量问题》和《真空量子结构与物理基础探索》）都是科学出版社的，加起来是有7本。《高等量子论与量子多体理论》是我的工作，一个是量子关联动力学，得了自然科学三等奖。我们现在学的低能部分的框架就都在里面。另外一个就是代数动力学，现在用的量子调控，量子系统研究的问题。

它的解析解，是用代数的方法来精确求解的。这两个都是我的工作。还有一部分是高等量子论，就是量子多体理论。还有平均场理论，光学模型都在里面。另外一个就是物理学前沿的一些东西，《物理学前沿问题》里面写到了关于相对论的东西，很多人反对相对论，相对论里面其实有客观物理和美学修饰，现在任何物理都有美学修饰，但有些人不懂，认为是主观的解释，就反对。就比如说你看见我的尺子缩短，我看见你的尺子缩短，你看见我变老，我看见你变老，这些看起来都很荒谬，为什么出现这种现象？就是美学修饰。这上面就讲得非常详细，数学上讲得非常详细，但关键在于光速不变。我的基本观念就是我们有一个量子拟态，光在里面传播是各向同性的，这是一个客观事实。尺子运动要变短，钟运动要变慢，这都是对的。然后把这个推广到任何系，有一个条件就是要假定光速不变。而这上面就讲的是有了这些假定，在数学上应该怎样推导。这样就出现了，在任何坐标系下都可以看到尺子会缩短，钟会变慢。就像你看见我变了，我看见你也变了，但这个东西是一个人为的东西，跟光速不变的假定有关。这就是科学中的美学修饰。就像任何一个漂亮的姑娘都会去学习这个化妆术。这个自然科学里面也允许这个东西，就像我们现在这个规范理论，它是破缺的，是不完美的，我们将它恢复了。就像我们的规范理论在任何规范变化下都不变一样，这个就是自然科学里面的美学修饰，一些东西本来不对称，但我把它变对称，有人为的假定在里面。还有的就是真空的超流性，还有就是束团的证明，就是说如果真空是存在的话，那他一定是没有摩擦的，还讲到了量子纠缠。

访：王老师，您能跟我们简单介绍一下您目前从事的工作吗？

王：我现在已经不做核物理了，我做更基础的物理研究。我们现在的物理遇上了一下瓶颈，就是暗物质，暗能量是怎么来的，相互作用是怎么发生的，为什么基本粒子是这样的，电荷怎么来的这些都不清楚。还有一些宇宙的过程也不清楚，原因就是我们的物理基础还不够，我认为更进一步的就是量子真空，还有就是量子拟态，这个拟态是怎么形成的。在这个基础上讨论了一个问题，就是黑洞中心的引力怎么把它推出来的。讨论宇宙是怎么形成的，它是从一个普朗克子，也就是一个小球开始的，而不是一个质点开始的，这样可以把暗能量找出来。在这几篇英文文章里面有讲，但这个理论在目前是很难被人接受的。了解物理学前沿对你们年轻人来说是很重要的事情。你了解了科学前沿之后就像在山顶上一览众山小，你研究的东西和与之相关的方面你就清楚了，就有了一种高屋建瓴的视角。如果你只是一头扎进去只管研究的话，你就像是茫茫人海里面的一个人一样，换一个人也可以做你做的东西，现在物理学上是一个人才辈出的时代，如果没有一个更好的大局观的话你做的东西也就和其他人一样了。

访：谢谢王老师的分享。与您的交谈让我受益匪浅。祝您工作顺利，身体健康！

人物简介

王顺金，教授，博士生导师，四川省学术和技术带头人。1965年兰州大学现代物理系原子核理论研究生毕业后留校从事教学和科研工作，1985年任兰州大学教授、博士生导师。2002年以来任四川大学教授、博士生导师。曾任美国加州大学伯克利分校、劳伦兹-伯克利国家实验室顾问、德意志研究联合会（DFG）高级科学家；美国橡树岭国家实验室、密西根州立大学、马里兰大学、德国重离子研究所（GSI）等客座教授；中国核物理学会和高能物理学会理事，《高能物理与核物理》和《原子核物理评论》编委。

赵爱民

我的兰大记忆

时　间：2014年11月7日
地　点：赵爱民家中
人　物：赵爱民
访谈人：王秋林
摄　像：梁振林

访：赵老师您好，我们档案馆组织一项工作，叫"萃英记忆工程"，就是请咱们的老先生们给咱们讲述一下兰大的故事。我们今天请您给咱们回顾一下您在兰大工作、生活的一些情况，以及学校留给您的记忆。

留苏学习的经历

赵：我出生于1934年12月，7岁开始在我们村里的小学上学，1954年高中毕业。快要高中毕业的时候，国家有一个计划，就是要在中学、大学中选一批学生到苏联去学习，我们学校给了4个名额，经过层层筛选，最后我拿到了这个名额，成为学校的留苏预备生，第二年也通过了全国的考试，然后去北京的俄语专科学校（半年后改称为北京俄语学院）学习了一年俄语。1955年9月，我们到了莫斯科，被分配在各个学校，很幸运我留在了莫斯科大学。我在莫斯科大学学了一年地质。后来由于国内的需要，要发展原子能事业，需要一批学生学习与原子能有关的专业。于是我转到了莫斯科大学的化学系学放射化学。就这样，我在莫斯科大学学习了一年地质，四年放射化学，到1960年我就回国了。回国后在北京学了几个月，10月份我被分配到了兰州大学。

赵：我们在苏联的学习是相当困难的，因为语言不通。我的语言基础相对比较差，课堂上听不懂，笔记记不下，作业还特别多，一直到毕业也还难说语言就很过关，因为总会遇到一些性质词汇，这些单词都要记。生活上倒是没什么问题，都是国家管的。所以这些的话对我们来说，哪一年都不轻松，哪一年都是新的课题，有机化学里头那么多的名词，一长串。邻苯二氢酸钾，或者苯了酚了或是什么的，对于我们来说都是单词啊。所以我们既要学习业务还要记俄语单词。所以这5年的日子是非常不好过的，所以有些人说他们在那儿怎么样怎么样，我觉着他们有点儿胡吹。实际上对于我们任何一个人来说，这5年的时间里头都是新的。日常生活用语过上两眼就过去了，但是业务上的词汇都是生的。所以我们相当苦，但是我们总还算坚持下来了。当然我说在苏联学习，你如果是在国内的话你用它的二分之一的力量，就可以行了。因为你都听得懂嘛。这样的话最后学的结果，也许我们有些概念有些什么东西还不是很清楚的，理解得也不是那么深，但是另外一个方面也有好处，毕竟在苏联的接触面啊，是比较开阔的。他们那种教学，比我们当时国内的，要高得不知道多少倍。在苏联，有一个传统的教育思想，大学里最好的老师要上讲台，一年级我们的无机化学，是苏联科学院的院士彼莰教的。我们二年级的分析化学是苏联科学院院士叫阿里马里教的，你们老一点儿的老师应该都知道。阿里马里是犹太人，一个很有名的分析化学方向的科学院通讯院士。三年级上物理化学，也有一位很有名的院士，叫里宾德儿的一个老头，查文献都能查得到。后来给我们讲有机化学的是苏联科学院的院长，伊斯杨诺夫，那是大科学家！但他实在太忙，就由他的学生，也是一个科学院通讯院士教。那儿的基础课，都是非常有名的、学术水平非常高的这些人给我们讲课。我回来以后看我们国内呢，尤其是到后来，教授都不上讲台了，都是让他的学生去上讲台，我觉得这不是一个正确的办法。因为他的水平很高，所以我们虽然学得不一定很好，但是我们的见识都有所提高。这是我给你讲讲我的学习经历，我的体会。另外在实验上，苏联的基础科学在全世界应该是不次于美国。尤其是莫斯科大学，它比其他的学校要高得多，设备要好得多。莫斯科大学的楼是1953年才修成的，我们是1955年过去，所以那个大楼整个全是新的。包括物理楼、化学楼、主楼，那儿的实验设备也相当好。做实验的要求也非常严格，那些老师带课都是非常非常认真的，所以从这个角度来说，我们虽然在那地方有种种的困难，语言的困难、业务上的困难，但是我们毕竟是在这个环境之下熏陶出来的，我觉得我们的视野、思路或者见识，应该是比在国内要优越一些的。

1960赵爱民

初到兰州大学

赵：1960年，我们来到兰大了。国庆节过后，我就到兰大报到了，待了不到两个月，学校就决定让我们去劳动改造。我们刚到校的时候，江隆基校长接见了我们，说我们是刚分来的。到了11月的时候决定我们这些刚来的助教应该劳动，要改造思想。就把我们分配到岷县的农场，去了十几个人，有我、张子良、沈文玲，还有几个记不清楚了，带队的是当时总务处的处长马国贵。他是个老红军，“文化大革命”里失踪了。还有一位是化学系的张友胜，他是我们的支部书记，带我们去岷县劳动。快到春节的时候，江隆基把我们在农场的绝大部分都撤了回来。张友胜当时没有回来，他留在那儿了。还有向川生也还留那。他原来是我们系的加速器实验员。我在那地方劳动了将近3个月吧。我在这3个月经受的劳动锻炼也还算不小，我小时候并不是一个富裕家庭出生，也受过一点锻炼。

我在兰大的经历是这样的：做助教，带实验，带学生，带毕业论文，带研究生。在教学方面，我的经历其实不太多。因为我们是个小教研室，人很少，课也比较少，普通课都在化学系上，只有专业课在现物系上。专业课我们当时没几门，有放射化学、放射分析，还有核燃料化学。当时我是助教，当然轮不着我们去讲课，我就是带实验，带了好多年实验，编了一些放射化学实验讲义。一直到后来，大概“文化大革命”的时候我才开始上讲台讲课。

1965年南开大学核专业并入兰大

赵：1965年南开大学来了一批学生和教师，教师有邱陵、贾东方，还有一批学生，凌达仁、于千齐，还有从苏联回来的。核物理也来了一批，这样南开大学的核专业就和兰大的合并了。这个时候就像吴王锁说的，是人力最兴盛的时候。可是到1966年就开始“文化大革命”了，就又折腾了。我们的放化楼是1965年兴建的，也就是南开来了以后。“文化大革命”的时候没启用，一直到1974年我们才进入这个放化楼去工作的。我一开始就在那个后院里工作。当时有个2号楼，还有个1号楼，2号楼里头有个圆窗户的高压倍加加速器。

那是咱们系上最早的一台加速器，也是兰州地区比较早的一台加速器。后来近物所建了一个叫作回旋加速器的，那是后来苏联人帮助建的。我们这个是从德国引进的，当时花了好多钱。现在已经拆掉了，还有就是2号楼的上面是我们放射化学教研室，我在那地方带过实验。

访：那个加速器好像是特别有影响是吧?

赵：它为什么叫倍加加速器呢?是因为很多个倍加管，电压一级一级往上升，加速这个粒子，使带电粒子在通道里头速度更快，到一定程度以后有一个靶子，就像子弹一样，加速的粒子很快打在靶子上边。靶子一般用氚、锂这类的。打在靶子发生核反应后再从这个核反应的产物里头分离一些新的核素，有的可能就是新的元素。发生核与核之间的反应，而不是一般的化学反应。我们的化学反应只是原子的周围的电子发生的改变，不涉及核，比如说硫酸铜，硝酸铜都是外围的电子发生变化了，但铜还是铜。如果核反应的话铜吸收了某一个中子，就变成另外一种元素了，这就变成核反应了。中子打上以后把中子吸收，然后放出伽马射线，变成了某一个复核，就是复杂的核，这个复核可能很不稳定，然后分裂，变成新的元素，就不是原来靶的元素了。像近物所现在的重离子加速器，不仅可以加速一些轻离子，还可以加速一些原子量较高的，比如铁，这一类叫重离子反应。它可以合成一些其他的核素。这种工作我们做得不太多。后来他们又做了一个中子发射器，实际上就是一个小型的加速器，带电离子产生中子，中子再打一个靶子然后才是核反应，就是苏桐龄他们原来干的这些。它启动了，在场就有一定的伽马射线，如果不开动就没有什么反应。倒是我们从事的这个放射化学是开放型的，因为我们搞的是铀液，比方说铀、钍。这都是放射性元素，那我配成铀液进行反应，如果说是污染了或者是带入人体内了，那带来的危害就比较大了。射线反应就不太厉害，为什么呢？因为铀是有γ，α射线的，这个α射线穿透力弱，一张纸就可以把它屏蔽了。β射线射程比较长，对人体就有影响。γ射线的话也对人体有影响，但是铀是一个长寿命的核素，有几亿年呢，所以它对人体也应该是可以把它看作稳定的。从射线的角度来说，它不是太厉害，但是从化学的角度来看，还是对人体有危害性的。

访：这个加速器是咱们学校第一台、兰州的第一台吗？

赵：兰州也可能是第一台。放到现在可以送到博物馆去了。不撤掉的话，是个庞然大物。这是我们系核物理的加速器。放化发展到现在，我很多年不从事这个了，不太清楚现在的情况，但实际上就是放射化学和核化学合在一起。所谓核化学呢？和加速器物理的关系比较密切，或者是和反应堆密切。这里头就不光是化学反应，还有核反应，核反应就包括一些新的核素，锕系元素里头的一些人造元素了，而不是简单的化学。所以我们现在的放射化学，应该包括放射化学和核化学，这两个（学科组合）的一个专业，不是以前简单的放射化学。如果照以前简单的放射化学的话，那就是说，从铀矿和钍矿里头，如何把这铀和钍提炼出来，然后经过物理的方法从铀里边把铀-235和铀-238分离出来，现在的话当然不用扩散法，以前用的是扩散法，现在用的是离心法。把它弄出来以后呢，就把铀-235浓缩。铀-235浓缩到5%以上就可以做核电站的燃料，90%就可以制造原子弹。

还有一个是核燃料和废料里提取钚，钚也可以做原子弹。最早的两颗原子弹，美国人给日本长崎和广岛扔的，一颗就是铀弹，一颗就是钚弹。钚是从核燃料循环的后半部分提取出来的。制作原子弹其实是很容易的，因为可以从核废料里提取钚，它就可以制造原子弹，而不一定要用铀矿。铀矿里铀的含量是很低的，1%就是富矿，百分之零点几就可以开采，这样的话，从铀矿里提炼铀其实是很困难的。我们一开始的放射化学主要研究的也就是这个东西，如何从铀矿里边提取铀。把铀变成八氧化三铀也好，变成重铀酸盐也好，将来都能作为核燃料的原材料。

放射化学和化学有什么差别？就只有这点差别。当然现在不同了，还包括了核化学。我们当时的放射化学主要就是研究如何从铀矿里面提取铀。提取铀可以用化学的方法，包括萃取和离子交换，离子交换的方法还比较难。后来我们教研室的特色就是搞离子交换，我的后半辈子主要就是搞这个离子交换，这方面的工作我们又偏重于基础理论方面的研究。比方说离子交换是一个液相和固相之间的交换，是吧？离子交换是一种人工合成的树脂，它上边有活性基团，它和铀或是其他什么放射性元素就能发生交换。交换的过程中，究竟是什么控制着速度？又在什么时候能够达到平衡？这就是动力学的问题，所以我们后来主要的研究就是离子交换动力学。

教书·育人

访：咱们做了这么多工作之后，对咱们国家的核工业有什么作用或者贡献吗？

赵：我们的学生现在应该都已经老了退休了，像1966级的学生都退休了。

我们1960、1961、1962、1963年的校友当时都分布在全国各个地方的，比如五〇四厂，现在兰大毕业的一些学生在那都是中层的甚至厂级的领导干部。我退休以后在那做了一年半的翻译，因为那新建了一个离心车间，原来不是扩散法嘛，现在扩散法淘汰了以后，就用离心法来分离铀-235、铀-238。这个厂的离心法就是引进的俄罗斯的技术。当时来了将近100名俄罗斯工程技术人员，在1999年到2001年这一年半的时间里，就把我拉去那去做翻译。现在我们用自己的技术建了第二个厂，那地方的工程技术人员几乎都是我们兰大的。还有四〇四厂里我们的学生也很多。四〇四以外，还有四川绵阳、乐山这些地方都有我们的学生，还有21（新疆马兰基地）基地，现在搬到西安了，叫西北核技术研究所，是军队上的，那里也有很多我们的学生。所以说我们给国家做了多大贡献的话，我们还是培养了一批人才的，还是有一定的贡献吧！作为教师，我们自己有多少贡献，我很难说。这些学生出去以后分散在全国各个地方，包括上海的核子研究所（原子核研究所），还有些大学里面的一些教师，比如四川大学。

和陶祖贻先生翻译编写并出版放射化学教科书

赵：我们教研室后来从事的就是离子交换法的工作。这方面（起身拿东西）你看，这个就是我来（兰大）参加工作以后，做的一点工作吧！当时我们没有教科书，1960年苏联出版了一本放射化学叫放射化学和核过程化学，这本书当时在全世界来说也是唯一一本有关放射化学专业的教科书，也比较全面。当时我已经回国了，我的同学就把这本书寄给了我。当时我们教研室在这之前参考的也是苏联的一些教材，但并不是正规的放射化学的教材。这本书来了之后因为它是俄文的，大家读起来还是比较困难的，于是我们就组织翻译这本书，从1961年开始到1964年，我们陆陆续续，一边工作一边翻译这本书。和我一起翻译的还有陶祖贻，因为陶祖贻他当时讲这个课需要这本书。由于他的俄文水平也有限，他于是就和我约定，两个人汉译这本书。我们大概花了3年的时间，把它基本上翻译完了，但是“文化大革命”之前，只出版了第一册、第二册，后面还有两册没有出版，因为“文化大革命”爆发了。“文化大革命”结束以后，北京大学就说这本书翻译得还可以啊，为什么后面的不出版呢？教育出版社就说这本书的纸型还在。当时是排版以后打成纸型，打成纸版。这个东西能够保存，什么时候要印，前版一倒就好了。其实排版都排好了，但是后两册没有出。但是纸板还在，所以就还可以出版。后来就把后两册合成一册。人民教育出版社1965年9月出版了第一册和第二册，而这最后一册呢是1981年（出版的）。这本书大概有70来万字，我们翻译了3年。我们逐字逐句，每个标点符号都是从我手底下过来的。当时北京大学认为我们书翻译得还是可以的，他们也采用作为参考书。这个书要说现在作为参考，应该也还是可以的。

还有一本书也是我和陶祖贻编的。陶祖贻讲这门课要编讲义，他就把我拉来合编。我们的讲义后来改编以后在原子能出版社出版了，你看这个是讲义。这个是陶祖贻的讲稿，是他的字迹。然后他让我来整理，我就在他的基础上，你看，凡是修改的都是我写的。我铅笔修改过，然后再跟他一字一句地讨论。你看呢，铅笔字迹都还在，他就用钢笔又改过来。这就是我的一个纪念。这本书出了之后，他就要我一定把名字署上，我说这是你讲的课，讲稿也是你自己写的，我只不过在这里合作。但是他坚持要把我的名字署上，那就署上吧，我也付出了不少的劳动。这个稿子实际上有很大一部分是从英文翻译过来的，还有部分俄文的，我后来在整理的时候，一直中文、俄文、英文对照。你不要看着这薄薄的一本书，它耗费的工作量是相当大的。我们就留了这么一个手稿作为纪念。现在都用u盘什么的，我们当时都是写了改好，然后一字一句抄写。

赵：这个是我后来讲核燃料化学和放射性元素化学的一些讲稿。一般在暑假的时候，我要不就是整理论文，要不就是准备讲稿。每一年讲课的时候，我都还有一定的修改，而不是说每年都是照抄的。这就是我保存的一些我觉着还有点意思的东西。我这个人一辈子就是这样，到了兰大以后没做多少事情。

赵：你再看个我觉着留下来有意思的。这是我讲核燃料化学的时候给学生的考题。这份是93级的，这份是94级的考题，大同小异，但还是有些差别的。这里我还留了一个可以值得纪念的学生的考卷，你看，汪清民，他考的分数呢是他们班上最高的，我给他打96分，几乎没有什么错误。他现在在南开，他考得非常好，所以我就把它留下了，这将来我可以给你们提供。汪清民现在是南开大学，有机化学专业的博士生导师。这个学生特别认真，学得特别好。所以我把他的卷子特别留下来，作为纪念，那次聚会的时候，他还来了。这个学生什么课程都学得好。还有郭治军，他现在是博士生导师，这是他当时的考卷，也考得比较好，他93分。这还有一个关什么英，学得也比较好，考94分。这不是说我的功劳，而是说这些学生学得确实是很好。汪清民现在是教授了，但我保存下来的东西，他本人可能还不知道。

赵：如果要考虑我们那一代人的工作的话，我可以给你看看这个，就是我们做科研工作的时候，我们准备的一些资料。这都是我们手写的翻译的资料。那时候我们还带孩子，上有老岳母，下有两个孩子。每天晚上孩子睡觉了，10点以后，我就到我们的放化楼实验室去干这些。我们当时就是这样工作的。这是我们的实验记录，我们的数据原始数据。我们每一篇文章的数据都有。当时我们还没有计算机，就拿手摇计算器，用那个处理。后来有了电脑了，但是不太熟练。有纪念意义的大概就是这么些。这还有我在苏联学习的几本笔记，有些扔掉了，有些丢掉了。

赵：这是我们的物理实验的笔记，物理实验记录本（用俄语写的）。这还有我当时的学年论文，当然也是抄写的了。这还是在俄罗斯。这还有一个定性化学分析试验记录本。是我在苏联的一个叫作喀斯坦丁的，在乌克兰的一个三酸厂做实习时候的实习报告。这是我的课堂笔记。课堂笔记写得就比较乱了，写不了那么快。

访：非常感谢您给我们分享了这么多故事和有关兰大的记忆，也祝愿您身体健康，万事如意。

| 人物简介 |

赵爱民，男，汉族，1934年12月出生于陕西清涧县，教授，1995年退休。曾任兰州大学现代物理系副主任，代理系主任。

姚培珍

我向母校看齐①

时　间：2017年4月18日
地　点：兰州市安宁区科教城
人　物：姚培珍
访谈人：阎　军
摄　像：阎　军
文字整理：张苡宁　段小平

母校教我做人、干事业

访：姚书记好!今年是学校的师德师风建设年，兰州大学档案馆计划组织一个萃英记忆师德师风专题访谈。您和您的爱人高望平先生都是兰大1968届现物系毕业的学生，几十年来一直从事教学和学校管理工作，培养了不少高质量的学生。今天我来采访您，主要是请您谈谈在兰大学习5年，您对母校学术气氛和师德师恩的感想，以及您毕业后在工作和生活上的体会。

姚：好的，谢谢阎军。我于1963年从兰大附中毕业，考入兰州大学现代物理系，学核物理专业。兰州大学是我的母校。在校学习5年，虽然期间受“文革”干扰，影响了两年的学业，母校令人敬佩的领导作风，严谨治校、诲人不

①转引自兰州大学新闻网姚培珍http：//news.lzu.edu.cn/c/201804/48293.html

倦的师德、师风，刻苦认真的学风和浓郁的学术氛围都给我留下了深刻的印象，潜移默化的教育使我终身受益。我用8个字对母校教育进行总结，那就是：“刻苦、认真、严谨、求实”。我参加工作近50年，走了大大小小8个单位，无论走到哪里，我都不忘母校对我的培养和教育。母校给我留下的这几个字，让我受用终身。

访：您上面谈到走了大小8个单位，请您重点谈谈母校的培养教育对您在后来的不同岗位上的工作有什么影响。

姚：受“文革”的影响，1968年，我们推迟到年底才毕业离校。先集体到银川解放军8039部队农场劳动锻炼一年多，后又集体分配到省农村毛泽东思想宣传队。我被分配到泾川分队又劳动锻炼了一年多。接着正式分配工作。

我和我爱人高望平，他是我大学同班同学，在农宣队时结婚，当时被“就地消化”到泾川县任中学教师。10年后调回兰州，前后在甘肃广播电视大学、省教育厅、兰州医学院、甘肃政法学院等学校和机关教学或从事教育管理工作，2007年，被省政府聘为政府参事至今。其中在泾川一中、省教育厅和甘肃政法学院工作都在10年左右，时间最长，所以就重点谈谈作为兰大学子在不同岗位上工作的体会吧！

母校的师德师风教会我如何当老师

姚：1971年7月，省农宣队工作结束后，我们终于面临正式分配工作了。农宣队泾川分队待分配的大学生有几十名，基本都被“就地消化”了。出路只有两个，或当中学老师，或当公社干部。当时我们两口子都被分配到泾川县教育局准备再分配到县上中学任教。那时我们很不理解，向负责分配工作的省农宣队队长、省高级人民法院院长刘汉鼎提意见说：“我们是学核物理的，不是学师范的，应该在军工厂或科研单位搞科研，当中学老师不对口！”刘汉鼎院长是位地地道道的农民出身的老革命，他的回答让我记忆极其深刻。他说：“当老师有什么不对口？你们是不是老师教出来的？老师教出来的学生当老师就是对口！”带着这样的答复，我们只好报到当中学教师了。由于我们是兰大毕业的，又是学核物理的，县文教局对我们都高看一眼，分配学校时，我们俩分得最好，我分到县一中，他分到县二中，两地相隔骑自行车约需40分钟的路程。到学校一看，条件与我所上的兰大附中自然没法比，但却是县上最好的一所中学，后来还被评为全省重点中学。但学生的生活条件深深震撼了我。学生中很多是农村娃娃，大部分要住校，生活很困难。住校睡大通铺，木板床上铺厚厚一层麦草，上面再铺上一个破单子，被子多是疙里疙瘩的棉花，上面还有花花绿绿的补丁。冬天宿舍为了安全不能点火盆，宿舍窗户只糊一层报纸。吃饭大部分靠从家里背馍上学。一周中间和周末可各回家一趟，走十几里路回家背上一次馍。馍多是白面和杂粮混合面的，很容易发霉，天热时一两天就发霉了。吃饭时用开水一泡就是一顿饭。看到这些学生，我心中油然生起一种责任感，觉得既然来这里当教师，就不能亏待这些孩子。校长对我很好，告诉我县上从来没有兰州大学的毕业生来教书，让我先带一个初中毕业班的班主任，并教两个班的数学。以后我主要代高中数学、物理，也代过化学。语文和体育老师请假时也临时顶过课。尽管刚分配到校时专业不对口不情愿，但一旦接受了任务还是很快进入了角色。

由于我们学的不是师范类专业，没学过教育学、心理学和教学法，开始真不知道怎么当好这教师。这时，刘汉鼎院长的话又在耳边响起：“你们是老师教出来的，当老师就对口！”对呀！在泾川当老师期间我就时常努力回想我在兰大包括在兰大附中读书时老师教我们的情景，不少老师的形象在我眼前晃动：如普通物理老师姜培孚、高等数学老师高冠群、俄语老师李绍熙（姚注：教务长崔乃夫夫人）、核电子学的老师易溥藤等任课老师教学都非常认真，对学生要求严格，语言简洁生动，方法灵活多样，给我留下了深刻的印象。他们是我初为人师效仿的榜样。我高考总分比较高，但俄语成绩比较差。那时，俄语是按入学成绩分小班上课的，我被分到俄语丁班，上课就怕被老师提问。但李老师对学生非常负责，她的法宝之一是上课一开始或临结束时常会临时抽考，再就是随时提问，“逼”得学生必须认真听课，一点不能抛锚，课前预习，课后复习，一点不能马虎。硬是“逼”得我们这些俄语丁班的同学大部分在规定的时间都过了关。跟李老师学俄语上课很紧张，但过关后心里真是很感激老师用心良苦，日后我教学中用了李老师不少招数。我们学理科的实验很多，大一、大二基础课都是和物理系合班上大课。那时现物系就在现在兰大二分部所在地，离校本部有较长一段距离，每天上课就来回跑。而实验课往往安排在晚上7点到9点，每周得晚上跑一两次去校本部做实验。实验课老师大多是年轻人，但教学都很认真。实验教材多是教师的自编讲义，每个实验都写明实验目的、所用仪器、实验原理、内容、数据分析、实验报告的格式等，实验老师课前准备充分，讲课简单明了，课后批改实验报告认真。其中最强调的就是“求实”二字，坚决反对数据造假。实验中如果发现数据有问题，老师宁可陪着学生延时重做一遍，也不准涂改原始数据，这为我们日后工作养成了凡事要实事求是、绝不弄虚作假的良好习惯。高等数学有一位年轻助教，潘老师，每天跟学生一块听主讲老师的课，课后到现物系我们的自习室来批改作业、辅导答疑。她常常面批作业，发现学生的问题及时解决，也是我当老师后重点学习的对象。还有很多事例都一一浮现在我的脑海中。各位老师给我们代课时展现的爱岗敬业、无私奉献的高尚师德和老师诲人不倦、一丝不苟、严谨求实的优良教风，在学校时就无形地教育着我、感染着我，等自己也为人师时，这些精神力量就不由自主地迸发了出来。像我们的老师一样去教育我的学生成了我当时最大的愿望。

访：您当中学教师时正赶上“读书无用论”盛行，您是怎么对待的？

姚：是啊！20世纪70年代社会上正是“读书无用论”盛行之时，学校安排的劳动时间很多，每个班级和每位老师都分配有责任田，每块责任田都由该班或教师包耕、包种、包收，只是不包吃，还要参加修县上的马路、修学校的操场、挖鱼池，等等，每周平均劳动两天。当时我们学校的校长挺好，除了抓劳动成果外，各班怎样教学也不多过问，只是强调班级纪律，不能出什么意外。

尽管在这种大环境下。我始终认为，作为教师，其责任就是教育学生，劳动锻炼也不错，但学习书本知识更是必要的。我自己当时是卷起裤腿就带学生劳动，放下裤腿就给学生上课。好在有在解放军农场劳动锻炼时什么苦都吃过的底子，劳动时很卖力，给学生上课也绝不马虎。劳动不管多累，坚持认真备课、认真讲课，每堂课必给学生留作业，一个班50多名学生，一天要改100多份作业，从不间断。1976年粉碎“四人帮”以后逐步恢复正常教学秩序，学生劳动时间明显减少，学校也重视抓教学质量了。县上指定县一中组建重点高中班，首先派我担任一个重点班班主任，并带两个班的数学课。学生是全县考来的尖子生，所以学习风气明显好转。我除了坚持认真备课、讲课外，为调动学生学习的积极性，鼓励学生刻苦认真学习，我把在兰大当学生时老师好的教学方法全用上了，且有所发挥。如上课坚持经常提问；课堂前5分钟或课程结束前5分钟随机抽考，以督促学生认真听课，并了解他们对知识的掌握情况；坚持让学生上晚自习。前几年学校还没通上电，学生要点煤油灯，我自己也坚持和学生一起上晚自习，也端上煤油灯，抱上学生的作业本到教室前面批改学生的作业，对正确且整洁的作业加上批语交给学生“传阅”，对错误较多或作业不认真不整洁的当面指正并要求重做。这种做法全校只有我一个，学生开始不理解、不习惯，也有不满意的，但我觉得老师就该这样认真教，学生就该这样刻苦学。时间长了，学生慢慢养成了踏实认真的学习习惯。他们后来暗中较劲比着谁的作业被传阅的次数多，字也写得工整了，学习风气越来越好。天热时学生上课容易打瞌睡，我或者加强提问，或者鼓励学生瞌睡了就主动站起来，睡劲过去再坐下，甚至有时我会让全班起立，合唱一首歌来驱赶沉闷的空气。上大学时老师特别强调培养学生的动手能力，强调理论联系实际，实践也证明凡动手验证过的知识，记忆特别深刻。我教数学时，教学生利用所学几何、三角知识，自制测量仪器，用脸盆盛水，钉几片木片和马尾制成水平仪，用竹竿做标杆，外出测水坝和水塔的高度，到平田整地现场通过测量计算确定梯田基准高度以确定哪里下挖多少，哪里填土多深，大大提高了平田整地的效率。我自己仿照实验报告格式设计测量报告格式，教学生如何完成测量报告。学工学农时，数学要讲简单三视图，我就带学生去工厂参观、看机械零件实物，回来根据简单零件画三视图，反过来根据三视图让学生手工制作木质或胶泥的规定尺寸的机械零件。还利用学生学平面几何光滑连接的知识，带学生到操场通过计算画跑道、画篮球场等。通过这些现场的实际操作，既提高了学生理论联系实际的能力，又提高了他们的学习积极性。他们觉得学习书本知识在生产生活中还是大有用处的。学生参加这些实践活动积极性特别高，做的胶泥或木质机械零件十分精致，写的测量报告、平时的作业都很漂亮。学校专门组织了我所带班的作业展览，包括手工机械零件模型和自制教具等。

我所带的班几乎每年都获得“先进班集体”荣誉。我历年均获“先进工作者”或“模范教师”称号。我爱人后来也调到县一中，全国恢复高考后他负责带毕业班，几年来高考数、理、化毕业辅导班全是他一人承担。那几年泾川一中高考入学率在全平凉地区名列前茅。学生和家长对我们感情特别深。直到现在，逢年过节都会有我们三四十年前教过的学生来看望我们。去年学生们还专程赶来，为我们筹办70岁生日，让我们非常感动。同时我们也深切怀念我们的老师和母校，是母校的优良师德、师风教会我如何做一名合格的教师。

母校严谨认真的治学精神激励我不断进取

访：您什么时候离开泾川一中的？回兰州以后都在哪里工作？回兰后和母校有无联系？

姚：1980年由于家父去世，家母有病在兰无人照料，经多次申请，平凉教育局终于批准调我回兰州工作。返兰后第一个单位就是甘肃广播电视大学。当时电大才开办不久，我是电大职工中的元老之一。开办初期，电大教学力量十分薄弱，学校规模也小，学生人数较少，大多集中在兰州。教学方式以学生听和看由中央电大统一录制的录音带、录像带为主，以集体大课辅导为辅。我负责普通物理课辅导和普通物理实验教学。普通物理辅导基本是请普通高校名师承担。这可充分发挥了我这个兰大毕业生的优势。当时电大其他工作人员对去高校聘请老师都发怵，因不认识人，请不到好老师，而我就几乎天天骑车跑母校请我的老师：如物理系姜培孚、蔡汉森老师，现物系陈星渠老师等都较长时间担任了电大的辅导教师。他们不计报酬，认真负责、一丝不苟的严谨治学态度深深影响了广播电视大学的大批学生。电大和兰大的普通物理虽是同一门课，但内容体系上有较大区别，接受教学任务的老师得根据电大教材另外备课。但这些老师都认真备课，还写了整洁的教案。那时不像现在上课有车接，老师们都是从学校骑车到电大租用的教室或礼堂给一二百学生上大课。其中蔡汉森老师给学生留下特别深刻的印象。他上课时间掌握得特准确，每次上课准八点钟一分钟都不差，自行车就停在教室门口，下课时最后一句话一讲完，粉笔一丢到粉笔盒中下课铃就响了，同学们都连连称绝。我那时为学生代普通物理实验课。当时中央电大只下发实验课教学大纲并无教材可用，我代实验课全是自编讲义。多亏上大学时的课本和讲义都没舍得扔，那时全派上了用场。我根据电大实验大纲，并以我的大学老师编的讲义为重要参考，编写了甘肃省广播电视大学普通物理实验讲义。是母校老师带我渡过了教学难关。当时全兰州市电大学理科学生的普通物理实验几乎全由我承担，每天要代8个小时实验课，连轴转，都是白天上课，晚上和休息日准备实验。当然电大的实验比兰大少很多，主要做些力学和电学实验。这都是母校老师把我训练出来的。

1982年我被电大任命为教务处副处长。1984年被省教育厅借调到招生办公室。负责全省成人高校的招生工作。1986年底正式调入省教育厅任高教一处负责人、高教一处处长。高教一处按职能分工是负责全省高校教学、科研，很快把科研也单独分出去了，于是高教一处实际就相当于高教教学处。但分工时，学科建设和师资建设又分给了别的处。我是个新调入的新建处负责人，接管时只有一张空办公桌和一个无一份文件的文件柜。当时连我在内全处只有4个人。看到这个分工和局面我真有一种老虎吃天无处下爪的感觉，压力非常大。怎么干？干什么？都让我迷茫。正在这时，教育部下发了在全国各级各类学校开展“教书育人”活动的通知，我好像一下子被敲醒了。对！全省高校从“教书育人”入手，就重点抓高校的教育、教学质量。首先，我们及时印发了在我省高校开展“教书育人”工作的通知，其中明确提出省上要重奖一批“教书育人”的先进个人。这是我处成立后组织的第一项大型活动。我们认识到这是推动各高校师德、师风建设的大好时机。于是从文件下发、了解各校工作开展情况、审查各校上报的“教书育人”先进个人材料并确定典型代表到争取奖励经费、表彰大会的筹备等，各个环节都做了精心安排。最后选择租用省政府礼堂开表彰大会，并请了当时省人大常委会副主任李屺阳讲话，教育厅长、副厅长、省委宣传部副部长、各高校校长参加，并为获奖个人颁发奖状、奖品，还组织学生为获奖者佩戴大红花、上甘肃电视台晚间新闻等，开了一个改革开放以来表彰高校先进个人最高规格的大会，较好地推动了各校持续开展教师“教书育人”活动，并促进了各校师德师风的建设。以此为契机，以提高高校教育教学质量为主线，我和我的同事们不断探索我省高校教学管理新途径。我们先后抓了新建院校第一届毕业生质量的评估、师范院校学生教师职业技能评估；建立了教师自编教材的补助规定；制定了奖励自编优秀教材的办法；支持并鼓励校际之间加强合作；成立了英语、计算机、马列主义理论课和思想教育课等各种教学研究会；开展各校之间的英语、计算机竞赛活动；组织编写全省通用的马列主义理论课和思想教育课成套教材，等等。其中重点抓了由国家教委统一组织的英语四、六级考试和“高校优秀教学成果奖”的评审工作。为解决高校相当一部分管理干部职务职称晋升困难的实际，经请示省政府，我们与省人事厅联合，在全国率先制定了高校管理系列职称的评定办法，从此解决了相当一批在高校长期从事教育管理工作的各级干部缺少晋职通道的问题，有效调动了他们积极从事并深入研究教育管理规律的积极性。我们还先后组织高校教务处长、学生处长联席会，并定期召开联席会议，加强各校教务处和学生处校际之间的联系。

定期交流各校在教务工作和学生工作方面的先进经验。每次开会都确定一个主题，确定一个主攻方向，由一个学校主讲经验，经与会处长讨论，好的就积极推广。为保证课堂教学质量，大力推广由一些院校率先开展的教学督导活动，建立教学督导制度和青年教师的导师制度。这些制度都在我省高校中一直坚持着。

1979年后，各校应当时政治形势的需求，陆续成立了学生工作处。这是新的专职教育管理学生的机构，很多工作完全是在摸索中逐步完善的。我处也从原先只有教学管理职能扩大到学生教育管理的职能，于是加强校际之间学生工作处的联席活动就显得非常重要。在学生工作中，我们通过学生处长联席会大力推广当时只在部分院校中建立的学生辅导员制度，交流各校制定的各种学生生管理办法，及时研究学生的思想动态，共同探讨应对办法等。如何将学生的教育和管理有效结合是我们当时的重要研讨内容。于是试行由学生辅导员兼任学生“思想教育课”教师、大学留校教师先担任学生辅导员讲授思想教育课的制度，把高校“教书育人”活动深入开展下去并形成制度。为了更好地提高工作效率，我处在厅机关率先购置了计算机，开展了计算机管理，并请兰大的计算机专家现场指导我们的工作。以上各项工作大多向从各校聘请的教育专家咨询论证过。我们的工作离不开各校教育教学专家的指点和帮助，其中我的母校老师更是我的重点请教对象。在我处组织的各项重点工作中经常会组织聘请不同的专家组，其中母校的段一士、钱伯初、陈文塬、郑国锠、胡之德、吴小美、林家英、水天明、杨峻、刘家声等老教授，他们都是我们的座上宾。这些老师多年来给我们无私的业务指导和工作帮助，我永远铭记在心。专家在参与各项检查、评审、评估过程中，始终兢兢业业、不计报酬、不辞辛苦。老师们经常主动加班，把评审资料带回寝室利用午休、饭后审查，一丝不苟。一次评选优秀教材时，钱伯初老师发现一本教材有抄袭嫌疑，便利用中午休息时，自己跑到西北师大一位老师家借了一本书来查对，果然属抄袭，于是坚决取缔了其评奖资格。母校这些老前辈们多年形成的优良师德师风不仅在本校发扬光大，还在向校外扩散。脚踏实地、刻苦、认真、严谨、求实的“兰大精神”激励我在不同的工作岗位不断努力进取。

通过高教一处全处同志的共同努力，处里的工作开展得红红火火，得到了各高校的普遍认可。我处工作之所以能得到有效开展，要感谢我们当时的厅领导陶君廉、王松山、闫思圣的指导和让我们放手开展工作；由衷感谢我们聘请的各高校的各位教育专家，特别是母校老师们的热情关心和精心指导；还要感谢各校的教务处长、学生处长和各学科教学研究会对我处工作的积极支持和帮助。在以上同志的共同努力下，使我省教育教学工作顺利进行，教学质量得到稳步提高。

老校长江隆基、林迪生是我永远的人生楷模

访：姚书记，听了您的讲述我很激动，这一切我都亲身体验过。那时我在兰大教务处工作，经常参加您组织的会议，聆听您的指示。由于您的工作业绩突出，您被提升到兰州医学院任副院长，后又提升到甘肃政法学院任党委书记，请您谈谈您的工作体会吧！

姚：1995年省教育厅调我到兰州医学院任党委委员、副院长，主管后勤工作。4年后调至甘肃政法学院担任党委书记，在这个岗位上干了8年。

连续的工作调动和岗位调整，要求自己必须不断学习以适应新的角色。到甘肃政法学院以后，作为一所高校的一把手，首要的是掌握学校的办学方向和指导思想，明确学校的发展目标和主要任务。我是教师出身又干了10年高教管理，对这些工作并不陌生，但要干好却真是不容易。我接手的这个学校真正成为普通高校的时间并不长，特别是培养本科学生也才是几年的事，学校办本科教育的经验不丰富，师资力量比较薄弱，硬件条件也亟待改善。1999年正是高校扩招的第一年，各高校扩招、扩建、合并、搬迁此起彼伏。在这个大环境下，当时最流行的一句话就是“发展是硬道理”。我理解发展绝不只是把学校做大、做高，最重要的是做强。所以除抓好党的建设外，我把很大的一部分精力花在抓学校的校风建设上，确保学校能培养出德才兼备、合格的专业人才。工作期间，我始终把母校的老校长江隆基、林迪生作为我学习、工作、生活的榜样，把母校20世纪60年代的优良学风、校风作为甘肃政法学院努力的目标。老校长江隆基、林迪生虽没有直接给我们上过课，但通过听他们做报告、讲话，他们朴素的装束、路上遇到后和蔼地点头微笑，都给我树立了一个学识渊博、作风平等、深入实际、可亲可敬的领导形象，他们就是我人生的楷模。

我在兰大学习期间，生活困难时期还未完全过去，不少同学来自农村，生活还相当贫困，但这更促使他们刻苦学习、勤奋努力。每早起床铃声响时，已

有不少同学在操场上大声朗读外语；上大课时，尽量早到教室，争取坐到离老师近的位置；晚上熄灯后还会看到一些同学在路灯下如饥似渴地学习；每天晚自习同学们都会自觉地背着书包、提一暖瓶开水、拿一个口杯到教室去学习。那种学习氛围和自觉精神让我至今难忘。我自知自己当年学习远没有那些同学那样刻苦，但我喜欢那种氛围。那种催人奋进的精神力量一直在激励着我。学校发展必须以内涵发展即质量保证为前提，学校建设要以校风建设为基础。学生学风要靠教师优良的师德师风来言传身教，而教师的师德师风又要靠学校领导班子自身形象和领导作风的影响和制定相关政策来引导。于是从领导班子建设入手，狠抓教师教风和学生学风的转变成了我的重点工作之一。学校的领导一身正气对整个学校的校风是一种无声的感染。江隆基、林迪生就是用他们的一身正气无声地感染着兰大的一代学子。我从自己做起，也要求领导班子要用自己的行为给全校师生以示范。

我在就职演说中，对全校教职工保证决不做“五子登科”的领导，即在“位子、房子、票子、孩子、车子”上伸手，请全校教职员工监督。8年我做到了。在学校基建、采购等涉及经济利益上的业务，自己决不插手；干部提拔任免绝不个人说了算，而是必须经评议组评议后，党委集体讨论确定；我在任时也未给自己添置过一辆新轿车并未设个人专车；唯一的孩子也让她自谋生路；学校内已盖好的新楼，在我只有一套爱人单位分的104平方米住房的条件下，我谢绝了学校同志的好意，等等。在这些修养方面，我力争向母校老领导看齐。我始终相信在教育问题上身教胜于言教。良好的领导作风必会影响和带动学校教师和学生。在教风上，学校制定相关制度大力推广“教书育人”“管理育人”“服务育人”，后面又推广到“环境育人”，重奖其先进集体和个人；加强教学督导，建立教学督导制度，除组织由老教授等专家组成的督导组外，我自己每学期都必到教学一线随机听十几位教师的课。一方面我是学理科出身未学过法学，听课本身就是向教师学习的过程，特别是学法学知识；另一方面也可及时发现教学中的一些问题，课后与授课教师及时交流。晚上尽可能多地参加各系组织的教师讲座、学生演讲等学术活动。在我值周时，会带领值周干部去教室和图书馆检查学生晚自习情况并予以通报。当然，一些同志对我的做法也提出过质疑：“党委书记在学校应抓大事，这些不是书记该去做的。”但我至今也认为一所高等学校最根本的大事应该是为国家培养德才兼备的合格专门人才，就是要在“合格”二字上下功夫。经过我和班子全体同志分工协作并带领全校干部教师共同努力，几年后，学校不仅做大做高了，教风、学风也都有了显著变化。在2005年由省教育厅高校工委组织的全省高校思想政治工作评估中，我校被评为“高校思想政治工作先进集体”，我本人于2007年6月被中共甘肃省委评为“甘肃省优秀思想政治工作者”。在2016年10月由教育部组织的本科高校教学水平评估中，我校获得了“优良”的好成绩。评估专家给学校反馈意见时中肯地说：“甘肃政法学院在校园面积、教学设施等硬件建设上确实还存在一些差距，但学校师生的那种刻苦、认真、奋发向上的精神深深感动了我们。”

几十年的工作经历，使我深刻体会到：无论走到哪里，兰大学子都会或多或少带着一种“兰大精神”在做人、干事业，这种精神是一种无形的力量。离开兰大已经50年了，今天我仍要大声地说：我爱我的母校，我爱兰州大学！愿由江隆基校长缔结的“兰大精神”随着她的学子们代代相传！

访：谢谢姚书记给我上了一堂生动的人生教育课，您对母校的情和爱贯穿了您的一生，体现在忘我的工作中。您站在了一个高起点的位置上，把甘肃的高等教育推向了一个新的高度，这是兰大精神在您身上的体现，您是当之无愧的兰大人。

| 人物简介 |

姚培珍，女，满族，1946年11月生，中共党员，研究员。1968年毕业于兰大现代物理系核物理专业，毕业后先后在解放军农场和农宣队锻炼，在泾川县一中任教十年，后调入甘肃广播电视大学任教务副处长，1984借调到省教育厅负责成人高校招生工作，1986年起，先后任省教育厅高教一处副处长、处长，兰州医学院副院长，1999年任甘肃政法学院党委书记，中共甘肃省委政法委委员、政协甘肃省委员会第九届委员。2007年被聘为省政府参事至今。曾先后在《中国高等教育》《甘肃日报》《高等教育教材研究》《兰州大学学报》《甘肃政法学院学报》等刊物上发表论文10余篇。

秦理斌

背负历史，传承文明

时　间：2015年1月28日
地　点：兰州大学档案馆403室
人　物：秦理斌
访谈人：王秋林
摄　像：红　叶

“文革”复招后的第一届核物理专业学生

访：秦老师您好，兰州大学档案馆正在开展一项口述档案的搜集工作，叫作“萃英记忆工程”。我记得您是这个项目的发起人，今天想请您来讲一下在兰大经历过的一些事情。

秦：兰大呢，对我来说，是非常怀念和有着深厚感情的一个单位。我的成长离不开兰大，生活工作都和兰大息息相关，可以说兰大是我的一切，在我的人生经历中占的比重和分量是非常大的。我在农村长大，出来之后的第一站就是兰大，我来的那一年是19岁。下次离开，马上就是退休了，还在兰大。就目前人生这60年来说，有40多年在兰大，有19年多一点是在家乡，所以这个从比例上来说，兰大实际上就真真实实地是我的家了。以前讲爱校如家，从人的一生中在兰大所占的比例上来讲，兰大就是我的家了。既然是家的话，那就是很多事情，我们都应当关心，应当纠正，就是我们自身建设的一分子，必须有力量，有该投入的情感，该投入的工作，我们必须得全力以赴、全心全意地来建设兰大，来维护兰大的声誉，为兰大的发展建设贡献我们应该贡献的力量，这就是我们作为一个兰大人所应该持有的态度，我们作为兰大人，要以兰大而自豪，而骄傲，而奋斗。这是特别重要的一些事情。个人层面来说，我是在1974年考上了现代物理系的核物理专业的。

访：当时学校的情况是怎么样的，这个院的一些场景。

秦：刚来兰州的时候，毕竟是到了大城市，感觉很兴奋。当时我们现物系这个院子是比较大的，只有一个系，是个独立的院子，也就在现在的二分部这个地方。从院子进来呢，只有一栋家属楼，一栋教学楼，两个实验楼。一个是核物理加速器楼，一个是放化楼，基本上就是就这么多建筑。其他地方都是一些平房、菜园子、荒地。基本上都是可以耕的那个土地，可以种菜。有些地方种些苹果树，反正就感觉到很宽阔。我们专业呢，在全国来说，也是比较稀少的一个专业，也是很重要的一个专业。当时在全国的大学里面，只有三四个学校有核物理专业。我们这届学生是“文革”期间停招，开始恢复招生之后的现物系第一届学生。当时，我们现物系有100多个教职工，只有30个学生。老师学生关系也很融洽，人数少嘛，也跟老师都比较熟，所以在系里面学习的这几年还是感觉到非常愉快，过得非常充实。毕业后，被学校留到系里当教师，分在核电子学这个教研室，期间主要就是带一些辅导课啊，实验课啊，还有代班主任，当时我们主要就是这么些工作。后来调到学校党委办公室，做秘书。

访：在现物系待了几年？

秦：7年。

艰苦发展兰大档案馆

访：讲一下在档案馆工作的经历吧。

秦：我是1984年到的党办，1989年的年底12月份被任命为档案馆的副馆长。当时，我们学校的档案工作，是在校办的综合档案室。

访：档案馆当时还没成立啊？

秦：没有，是在校办叫综合档案室，是校办的一个室，属于校办管理。我到档案室做档案工作的同时，学校也就在这时宣布成立档案馆。我一过来工作就开始筹备成立档案馆的大会。因为工作的需要，档案馆要独立出来才能发展不受限制，所以主管档案馆的领导是副校长。在会上，我们也请了学校的领导、各部门的中层领导参加我们的成立大会。我还代表档案馆筹备工作在大会上发言，这就标志了档案馆的正式成立。从此以后，我们学校就有了档案馆。在当时全国部属高校里面，还是较早成立档案馆的。来到档案馆以后，我就感觉到这个条件确实是太艰苦了。一个是地方特别窄小，档案收回来放不下，很多档案，都堆积下来需要整理。临时档案和一些寄存的档案都需要整理，量很大。另外一个就是条件建设比较差。首先就是没有设备。外来人员查档案的，我们要提供档案。之前在校办管的时候，因为是校办的下属单位，可以在校办复印档案。但成为一个独立单位之后，就不能到校办去印档案了，所以说复印档案都成了困难，但是不能不对外提供档案。还有就是每年各单位的档案交回来以后，要把它们编目上架，装在柜子里面，当时连个柜子都没有，每年一到收档案的时候就发愁。就开始向上级报告申请买柜子的钱。

访：哦，当年放档案的地方都没有？

秦：没有。每年一到收档案的时间就开始申请买柜子，买上两套柜子。有时候把今年的档案装完之后，柜子还不够放，就放在旁边。因为批一次是不可能给你批得很够，并且这个收档案的卷数也不固定，有时稍微多一点，有时少一点。其实钱倒是并不多，一套铁皮柜子也就几百块钱，但就是这些基本的花销都很困难。一年的经费特别少，几乎没有多余的经费，除了柜子、日常用纸、印档案卷皮、收档案的目录纸、卷皮纸，还有其他的一些材料一些纸，这些都是要在基本的经费里要开支，所以每一步都非常困难，人员那时候也是七八个人，座位也很紧张，没坐的地方，档案也没地方放，条件很艰苦。当时档案馆是在大礼堂对面的机关楼一楼。

访：档案馆之后的主要工作是？

秦：当时去的任务是建设档案馆和日常工作这两项。日常工作就是收档案。当时大家的档案意识不是很强，都不愿意交档案，以至于有一些人看见收档案的同志们就躲，就觉得好像是烦，多此一举。后来就做一些宣传，组织了一些培训会的活动，主要宣传档案的好处、重要性、保管以及义务，等等。他们交档案以后，正好用起来查起来也很方便，就开始慢慢有了这个意识。后来就是经费条件改善了，我们买了第一台复印机，当时那台复印机还挺贵的，好几万块钱，学校还算是对这块工作挺支持的。有一台复印机就可以独立提供档案了。每天就是整理积累的旧档案和收档案，这就是主要的工作。我在档案馆工作了3年的时间。

调离档案馆，开创艺术系

访：后来就被调到美育教研室了?

秦：对，是的，当时还叫美育教研室，也是因为我喜欢写字，有书法方面的特长。之后，就开始了另外一个完全不同的工作，从现物系到党办，然后到档案馆，再到美育教研室。这是我工作时间最长的一个单位，大概13年吧。我就开始给学生上书法课。当时美育教研室的条件也非常差，就在旧文科楼的地下室。我们学校的美育教研室是1982年建的，我是1993年才被调到那边。在全国开展美育教育的背景下，我们学校可以说是开设美育教研室最早的单位之一，是独立的校属院系，处级建制的独立单位，所以发展得比较好，给外面的印象非常好。可能上海交大比我们稍微早一点，这个和校领导的远见卓识是有一定关系的，当时聂大江当校长，他对这方面还是比较重视的。当时这一块工作主要由王臻（名字有待证实）、卢老师负责这工作。我到美育教研室之后也是协助卢老师工作，当时就六七位老师。我们就上课，面向全校学生的艺术选修课。课程还是上得很热闹，当时最多是开到14门课。学生的积极性还是很高的。

访：书法当时就是一门课?

秦：嗯，书法算一门课，还有绘画、美术设计、声乐、器乐。声乐里有美声唱法、通俗唱法等。器乐里面分得就更细了，手风琴、电子琴，还有其他器乐。学生报名也非常踊跃。每次我们开全国性的大会，我都会介绍经验，我们还是做得比较好的。之后其他高校成立的都叫艺术教研室了，而我们叫美育教研室。然后我们感觉艺术教研室在全国叫起来更方便一点，比较直观。而大多数人对美育教研室不是很了解。我们做的工作其实是艺术教育的工作占的比重大一些，主要是学生艺术方面的一些欣赏，艺术的陶冶，艺术方面的指导、技法训练或欣赏、理念观念等。对提高人的素质和艺术素养这方面做的工作多，理论上讲美育和艺术是有所区别的，但在实践上讲是相互包含的。我就想打个报告，说我们也改成艺术教研室，大家都比较认同一些，所以就给学校打了个报告，把美育教研室就变成了后来的艺术教研室，当时兰大有3个教研室，艺术教研室、体育教研室和德育教研室。当时卢老师退了以后，就由项亮和我负责，主要工作也是要把研究室建好，把选修课建设得更加丰富。发展也主要依靠学校内部的支持。

访：什么时候开始获批建立专业的？

秦：获批建专业是在1998年。当时的教务处处长周孝贤、张天俊也非常支持。同时建了两个专业，一个音乐表演，一个艺术设计。这与当时主管教学的副校长杨俊的支持有很大关系。获批下来以后，大家都非常兴奋，但也有些不知所措，没条件啊。就原来这个艺术教研室，人不够是一个方面，基本条件就没有，这个艺术课是要有些专门的场所场地的。你开专业，就得给学生能够提供必要的教学条件，比如钢琴，最起码的办音乐专业连钢琴都没有，那怎么办呢。搞美术设计的话，得有专业的教师，桌子板凳画板画架等，这些都是基本的工具。所以学校一看专业批下来了，这条件确实不具备招生条件，就给我们拨了100万。

访：专业办起来了？

秦：当时觉得100万很多啊，我们可以好好提升我们的办学设备了。但仔细一算，100万还是远远不够。可还是买了好些设备，100万还是买了不少的东西，钢琴买了好几十架，就筹备起来了，教研室安排在榆中校区，2001年正式开始招生。

访：我记得是1998年获批的专业。

秦：对，1998年上学期。国家有规定，专业批下来3年不招生，就取消了。2001年就已经到3年了，所以2001年不招生就不行。我们第一届学生就在榆中招生的。

访：2001年的时候，榆中已经建起来了，就借助榆中这块地方，要不还没地方。

秦：嗯，没有地方，后来学校整个要建榆中校区，全校的本科生全部要到榆中去，我们也就到榆中了。到榆中，给了两个2层小楼，我们就在那块。后来李校长说，干脆给你们在榆中盖一栋楼，你们同意不同意。我们就感觉到很矛盾，因为榆中办艺术专业，还是感觉到有点偏。因为学艺术的娃娃还是需要现代的一些环境的，我们就不太想过去。但是当时过去的政策还是比较强硬的，又要给我们盖栋楼，如果我们错过这个机会，我们可能就连那个楼都没有了，所以就答应了。那个楼盖起来以后，虽然在榆中，但是在全省艺术专业中，我们也算条件好的了。

访：那个楼盖起来是哪一年？

秦：那个楼盖起来，我们搬进去是2004年大概。

访：那时候成立系了吗？

秦：嗯，就在搬的过程中就成立系了。专业批下来后，要招生时你必须以系的名义招，不能以教研室名义招。

访：批下来就可以建系？

秦：唉，批下来我们就建系了，就开始建系嘛，这艺术教研室就变成艺术系了。

访：这个具体的时间应该是？

秦：2001年。

访：那这建系的话应该也会有一个仪式什么的吗？

秦：没有，就发了个文件，开了系上的教职工大会，把原来的艺术教研室变成艺术系了。

访：当时有调教师进来吗？

秦：成立系之后就开始大规模进人了，从各大艺术院校引进老师、选拔学生。大概有30多人。

访：之后教学方面有什么进展吗？

秦：重点工作就是适应和建设。因为兰大原来没有搞过艺术教育，现在招收到这么多学生，实际上是老师方面的问题更多一些。基本的老师我们有，但不够的话就得在外面请老师。器乐方面的老师非常缺。

访：每一种乐器一个老师。

秦：我们请老师的任务很重，学科建设的任务很重。而且主要是经费太缺少。待在榆中以后，你请外边的老师来上课，这个外面老师要坐车，耽误时间。但学校的课时费是规定的，这个钱在市区人家上完课就走了，但是跑到榆中再上课耽误了一天的时间，花费大。另外还有坐车还要花钱，钱还不能增加，所以有些老师就不愿意来。有些请着来上一个学期，下学期不来了。另外，请老师来上课，要花一大笔钱，这是额外的钱，年年都得打报告要钱。但是这个钱还不能一下到账，所以就欠着。每到这个年底，老师们就打电话要钱，院里面也没钱。问题很严重，办学经费还是一直不足。

访：一直比较困难哈。

秦：当时你看学校都是给艺术学院是开绿灯的。兰大进老师，当时是最低要求必须是硕士，但我们进来的全是本科生。这艺术这个专业也有特殊性，艺术专业以前没有研究生。这个研究生教育起步很晚，那个数量特别少。我们到一些院校、专业院校去要研究生。人家就笑话，我们自己留都不够，哪有给外面用的人。可是我们马上开学时就要一门课一门课地排上去，得开，所以学校也允许我们进一些本科的老师。所以我们进来的老师都是刚毕业的本科生，一来马上就得上课，就挑大梁上课。所以这里面老师的培养、老师的教育，老师本身的提高、教学经验的积累缺一点，所以很多人就说我们院的科研可能差一些。科研差一些，我说这个都行，需要成长。艺术专业本身的科研和别的科研有一些差别，它的课题特别少，并且年轻老师还没有能力拿这些课题，所以科研方面我们就是一个短板。所以我们首先要正常把课开好，要自身提高，还要搞科研。虽然每年和其他学校比科研方面不如人家，但是我们还是鼓励老师拿一些小的课题的，每年都会有一点。招生、教学、考试、学科组织建设，那些年主要就忙于这些工作了，这些还经历了一个教育部的评估验收嘛。

访：当时学校好像以百万年薪聘请了专家来艺术学院当院长？

秦：对，当时也不是艺术学院一家，好像一共有5个学院，学校的出发点也是好的，要靠这些学术造诣深的专家来提高学院、学科的影响力。但是艺术学院的院长因为在国外，对学院的情况、学校的人际关系不熟悉，他的一些想法无法完全落实，实际操作起来不现实。初衷是好的，但是和兰大的实际差得比较远。

重回档案馆，背负历史走前程

访：您是哪一年离开艺术学院的。

秦：2010年。

访：您离开的时候艺术学院大概是个什么状况？

秦：2010年从那儿离开，艺术学院大概有三十几个教职工。

访：艺术学院的楼大概有多少面积了？

秦： 艺术学院的楼当时如果不控制面积，还能大一点，控制面积就是说，不能超过一万平方米。对艺术学院初期的提升有非常积极的作用。

访： 将近一万。

秦： 那是两栋楼，实际上是。

访： 哦，两个连起来的，现在艺术学院阔气了啊，兰大，一说兰大艺术学院还是有看头。

秦： 嗯嗯。看的话，确实条件还是挺不错的。

访： 又调回到档案馆工作这段的情况说一说。当时学校有没有提前沟通过?

秦： 提前跟我说过到档案馆来，其实我是非常愿意来的。艺术学院的工作，我也是有感情的，我18年在那儿待。本身对我来说是我整个的艺术爱好的发展，在那儿还是起到了很好的一些促进作用。因为我在艺术学院主要还是从事管理、行政管理的工作和担任一部分书法课，但是主要工作还是在管理这方面。和院里面的老师们相处得不错，对这块工作也很有感情。学校按照一般情况几年就要轮一次，岗位交换。我在这个管理岗位上可能时间太长了，一待就18年。学校征询我意见，我说换就换吧，别的地方我不愿意去，我说我去档案馆。因为我对档案馆的工作基础、工作环境了解。以前在档案馆工作过，我非常喜欢这个单位，档案馆工作人员的敬业精神让我印象很深，也很团结，没有多少是非，大家都只知道工作。所以一说到档案馆我就很高兴，很愿意过来，大家的工作热情很高。这个部门既是行政部门，也是业务部门。但是档案岗位上工作的同志们长期以来养成了一个习惯，就是兢兢业业踏踏实实地工作，比较低调，出门以后说话底气也没有别的部门的人足，相对来说是个比较低调的部门。在学校里的工作方面受关注度、受了解程度都要低一些。因为它宣传得比较少，关注度也不够，学校的经费支持也不够，总是处于一个边缘的位置。我感觉这是个要辩证地看的问题，因为这毕竟不是一线的部门。它是一个服务部门、管理服务的一个部门。就不可能要学校领导像重视一线或关键岗位那样去重视你，这是不可能的，这是你工作单位的性质决定的。所以你要认识这一种工作性质和地位的实际情况，甘于好好工作，不要有太多的想法。档案馆的同志们实际上也养成了这一种习惯，想法不多。所以我来以后就感觉到我们的同志们比较低调，外面了解得也少。我们也想发言，所以我来以后，创办了一个小报叫《看兰台》。创办这个的初衷，一个是交流，一个是向外发布我们的信息，比如国家对档案工作的一些规章等，但范围都是很有限的，影响力也很有限，我们不能有一个规定就开一个会来传达，而且受众的范围也窄。所以这是一个很好的平台，让大家了解我们档案馆的一些相关的法规，指导各个部门的存档工作，同时介绍我们平时的工作内容等，并且可以和其他单位进行交流，学校领导看到了之后也很支持，觉得做得很好。

访：和之前相比还有其他不一样的工作吗？

秦：除了正常的收档、查档这些日常工作之外，也要对档案馆的建设、发展要有积极的思考，要跟上时代的步伐，比如如何实现档案的数字化，还有件工作就是这个数字化建设的问题。扫描设备、出图等设备不足。我们就立项建设数字化的档案。做得好的学校已经做得很靠前了，由于我们的人力或者这个设备经费的原因，我们做得很不算靠前的，也一直在努力，全部的档案目录的自动化查阅都没有问题。就是内容的录入还在进行，有选择地在进行，这些工作都是很重要的。将来查档案能提高速度，帮助非常大，而且对档案的保存保管都有好处。所以我就抓这个工作，建立一个数字化的工作室。另外就是对旧档案的修复和恢复。学校很支持，批了20万经费来做这个工作，目前已经完成了。还有就是整理中华人民共和国成立前的一些档案，一些年代久远的档案，纸也已经发脆了。有一些已经破得不行了，如果这一部分再不抢救，再不做的话，可能就完全损毁了，我们做这个工作的就成了罪人了。花了将近两年时间，把全部的历史档案重新装裱，编目装订，重新做了一遍。另一项工作就是前面说到的这个“萃英记忆工程”工作的启动。这个工作的起由是经常有人探寻兰大著名的教授的过去以及一些事迹，比如课上得特别好，一些德高望重的领导，还有一些留下来的非常可用的、可看的资料。现在都很少，看不到了。那么既然前面的已经很遗憾看不见了，我们就要把握好现在，把现在的活着的这些影响大的教授和领导的想法，他们的音容、相貌、语言都记录下来，就没有这个遗憾了。就开始讨论这个工作、着手这个工作了。当时段小平也在。

访：为什么叫“萃英记忆”呢？

秦：会议上提出来的。提出来以后，大家讨论。刚开始的名称还不叫这个。后来，段小平起的这个名字。他说，叫个“萃英记忆”怎么样。哎，我说这个好啊，这个萃英也是兰大的象征以及历史了。榆中校区的那个山改成萃英山，兰大很多都以萃英命名。萃英就是兰大另外一个方面的象征性的称号了，“萃英记忆”这很好。我们就把这个定成“萃英记忆”了。刚开始还是比较保守的，想着从最高层面这些影响大的领导、教授做起。当然，这里面有轻重缓急的问题。最急的就是年纪大、资望深、成绩贡献大的老专家、老教授。所以我们就列了一部分计划，就开始落实下去了。最开始的就是德高望重的郑国锠院士，当时快100岁了，对兰大的贡献也非常大，就开始收集资料，2012年3月份的时候就到郑先生的家里去采访，郑先生也非常高兴。后来也采访了钱伯初先生。这个工作开始后不久，我就转换了工作。后来的王秋林馆长做得特别好，采访了200多位为兰大做出过突出贡献的人物。

访：还听说你在你退、离任的时候，曾写了一篇关于档案人的东西？

秦：这个关于档案人的东西是我比较长时间的一种情结和积累。我就用我这个小诗来总结我对档案工作的认识吧。

档案人，
平凡又单纯，爱搭一根筋。
有泪不叫苦，有伤不喊疼。
说话少，手脚勤，
立卷如落绣花针，粗心不可容。
档案人，
任劳还任怨，默默且无闻。
事业看得重，荣誉看得轻。
精神富，心态平，
故纸堆里有乾坤，文明能传承。
档案人，
做事死认真，责任重千钧。
胸藏万卷诗，心潮逐风云。
脚印实，步伐稳，
背负档案，背负历史走前程，顶天立地行。
历史有多长，
历史有多正，
君知否？
去问档案人。

访：谢谢，我们今天留存记忆的工作就先做到这里吧。

｜人物简介｜

秦理斌，笔名文杉，别号陇南子，甘肃礼县人，兰州大学现代物理系1978届核物理本科毕业，曾任兰州大学艺术学院院长、档案馆馆长。现任甘肃省书法家协会副主席、学术委员会主任，甘肃省文联委员，甘肃省文史馆研究员，中国书法家协会会员、教育委员会委员，中国高教学会美育研究会副会长，甘肃省政协书画研究院顾问，第三届中国书法兰亭奖评审委员，“尧山杯”新人展评审委员等。书法作品风格追求平实简静、清新淡远、含蓄秀劲、雅逸雄健，力追藏魂魄于天然，纳灵秀于朴拙之境。1995年获甘肃省天方杯书法大赛一等奖，在1997年全国征集“龙”字大赛中夺魁，获“妙笔神龙奖”“第一神龙”称誉，1998年获甘肃省委、省政府颁发的甘肃省第二届“敦煌文艺奖”一等奖，2000年获甘肃省委、省政府颁发的甘肃省第三届“敦煌文艺奖”一等奖，2007年获第三届甘肃省“群星奖”一等奖，2009年获甘肃省中青年德艺双馨文艺工作者称号，2010年被中国书协评为年度“中国书法进万家”全国先进个人，并40多次获得国内外其他等次奖励，出版有多部个人专集。作品曾参展过“中国书坛新人作品展”“全国第六届书法篆刻作品展”“全国第二届楹联书法大展”“全国第七届中青年书法篆刻作品展”“全国第七届书法篆刻作品展”等国家级大展。作品及个人传记被收入多种辞典和作品集，曾被《中国书法》《书法导报》《中国书画报》《柔之书画报》《青少年书法报》《甘肃日报》等报刊及其他新闻媒体做专题介绍或发表作品，兼工硬笔书法，善榜书。曾应邀赴日本、澳大利亚、新西兰、新加坡、法国、德国、意大利等国以及香港地区进行书法艺术交流访问。

李玉忠

我记忆的核学精神：和谐、坚守、奋斗

2020年8月13号，核科学与技术学院将迎来她第65岁华诞（生日）。65年来学院始终不忘“铸剑强国，核以道和”的初心和使命，弘扬“两弹一星”精神。从1955年筹建到1958年首批学生入校，60多年来不间断地培育人才；从神秘的“五〇五”研究所到“兰州大学现代物理系”的命名；从各校优秀毕业生以及留学苏联的部分归国人员陆续加盟到南开大学原子核物理和放射化学两个专业师生整体搬迁加盟；使20世纪60年代初、中期的现物系的教学与科研力量大大增强，并逐步走向强大。然而随着岁月的流逝，国家重点研究的转移，她逐渐被边缘化，先后归并了专业，撤销了系的建制。

2006年2月，根据国家需求和核科学及核技术发展，学校为了发挥粒子物理与原子核物理国家重点学科和放射化学特殊学科优势，决定正式组建兰州大学核科学与技术学院。核科学与技术学院是我国高校最早设置核专业的两个院系之一。有远见的兰大核学人坚定地坚持核科学研究及人才的培养，是从1958年以来唯一一所没有间断人才培养的高等学校；在最艰苦的地区和最困难的时期为国家培养输送了一大批核专业人才，是国内高校核专业设置最齐全的院系之一。

我有幸作为参与者之一，在2006年2月同陈熙萌教授、吴王锁教授共同负责组建“兰州大学核科学与技术学院”。2006年6月学院正式挂牌运行。原子核物理和放射化学两个专业师生回家再度开启创新创业之路。

学院建院至2008年先后申报并设立了核工程与和技术（教育部特色专业）、辐射防护与核安全（教育部特色专业）、核化工与核燃料工程等专业，使学院的专业从2个增加为5个，为学院的长足发展奠定了基础。遗憾的是因工作需要我于2008年12月调离学院，没有为学院的发展做更多力所能及的工作。我虽然在学院工作不足3年，但我坚信学院和谐、坚守、奋斗的工作氛围和“铸剑强国，核以道和”院训将永远激励一代又一代的兰大核学人为祖国核事业的不断强大做出他们的贡献。

人物简介

李玉忠，1973年9月—1976年7月在兰州大学地质地理系地质专业学习。1976年7月留校，先后在地质地理系、地质系、保卫部、保卫处、一分部综合办公室、离退休党委、离退休工作处、纪委、监察处、核科学与技术学院和资源环境学院等单位工作，2014年2月退休。

詹文龙

做好从“跟着走”“一起走”到“领着走”的转变与储备①

时　间：2015年5月16日
地　点：逸夫科学馆202室
人　物：詹文龙
访谈人：王秋林
摄　像：张　敏
文字整理：王兴东

2015年5月16日上午，第十一届彭桓武理论物理论坛在兰州大学举行。首先做完主题报告的詹文龙院士接着又听了别人的报告。他没有来得及多休息一会，就在科学馆202会议室接受了我们的采访。他的讲述是从科研创新开始的：对于搞学术的人来讲，我们现在学习、做研究老是跟着国外跑的比较多。特别是在文章导向方面，价值观实际上已经扭曲得比较厉害了，就是片面地追求高引用、追求高档的刊物发表。但是，中国发展到了今天，由原来一直跟着人家走，到一块儿走，然后再领着走的话，你实际上必须要有创新，要有胆量敢去坐冷板凳，去做一些新的事情。现在中国的整体水平是提高了很多，但主要是个人的能力、技能在提高，思维这一块敢于创新的还是不多。所以，我觉得从

①转引自兰州大学新闻网。

教育上应该再进一步让这些年轻人加强，这与我们1977年恢复高考后的这一代不一样。当时，中国和国外的差距比较大，我们当时看到国外的东西，好像都有一种刘姥姥进大观园的感觉。但现在年轻人到国外去，我们的硬件条件不比国外差，但我们在思维上头，在创新文化方面，我们会比他们差一些。因为包括我们国内的教育，老师给学生讲的这些，对促进学生有新的想法、在现有的框架下面敢去挑战权威、敢去冒风险方面做得不够，包括社会上的，整个创新的氛围都不强，还没到这一步呢。我们在做科技评审的时候，通常也会听到一种说法，就是国际做得怎样、外国人做得怎么样。但中国发展到了现在，外国人没做的东西，我们敢不敢做？我们要有自主的创新，然后要有新的产业。如果不创新，都走不下去。

兰州大学给我的感觉，学生在这里学习，功底是比较厚实的，也比较朴实。这个无论是当年在这里学习，还是后来到科学院去看到很多兰大培养出来的人，这些人应该说都做得很扎实。大家普遍的感觉是这些人很实在。但创新思维比较多的还是有限。这个从教育上来说，我认为在我们中国，特别是研究型大学，应该加强的是学生的创新思维。因为研究型大学培养出来的人才应该就是做科学研究的，应该给跨越式的创新、变革性的技术提供这样的人才。这样的人才实际上从整个社会来说，并不需要太多，也就是百分之一二。这是研究型大学跟其他一般的学校不一样的地方。

如果从价值观来说的话，我们做研究可能还要注意另外一点，就是要把国家的需求与科学前沿有机结合起来。如果两者结合得很好的话，得到的效果会非常好。像我今天在报告中所讲到的一两个例子，甚至我现在跟外国人也说这样的事情，如果我们做研究考虑到国家社会需求的话，到时候我们的研究平台要高得多的多。现在有一些做研究的，做得是挺不错的，水平也挺高的，但如果没有跟需求、应用结合起来的话，他可能做出来的东西会太过于阳春白雪，落不了地，就是“顶天”没有“立地”。所以这是我们现在的教育、科研方面价值观取向需要改的一点。

实际上，我们很多研究如果一开始就注意后面怎么样跟实际应用、社会需求结合的话，一开始设计的时候就考虑进去，到了后面效果就会好得多。否则，你老去做象牙塔里面塔尖的东西，可能你做出来的东西也就是象牙塔里面的东西了。就是看起来很好看，但不见得最后能用得开。我们现在的科技投入不能说是太少了，但产出以及国际上的位置都比较弱，没有达到社会上或者说整个国家的需求。实际上，从我们开始的导向、价值观就出了问题。所以，我刚才还说，像彭桓武这样的科学大家，原来都是做非常前沿的工作，但国家需要了，他二话没说一下子就参加两弹的研究，然后接着再做科学前沿的东西。

所以说，做科研的价值观，要让年轻的学生从心里真正能够理解这些事情。否则的话，等他学完了之后，他会老是觉得怀才不遇或者说老是觉得融不到这个圈子里，有的就眼高手低，这些都会出现。兰大的学生比较实在，这一方面会比较好，但就是那种奇思妙想或者说“无中生有”的事情比较欠缺。因为做研究不光是填补空白。在我们国家建国的前几十年，那时候确实是需要大量地填补空白。到了现在以后，创新型的国家需要的是我们中国人自己提出新的产业、原创性的东西。实际上，我们现在产业里面的技术大部分都是国外的人提出来的，或者说国外的人做了一下，我们再把它完善做大。我们对于这种新的战略性新型产业到现在的话可能只有个别的是我们自己从科研一直推到前头来的。

我刚还在说量子保密通信这一块，我们开始做的时候，实际上我们自己心里头是没底的，因为这个国际上没有，然后等到后面国际上一跟上来，我们才觉得这个是走对了，所以这种探索性的工作，中国以前可以说基本上没有的，就在近代史上或近代的工业的发展，中国基本上都是跟着外头的，而中国发展到了今天，是需要从一直跟着人家或者说在别人做得八九不离十的基础上再做上去，转变到我们要有自己原创性的东西。所以这个时候对于人才的要求就会更高一些。原来我只要看着人家有了我就做，人家有飞机我做飞机，人家有什么我做什么，包括即使就是两弹一星，也是人家有了我们才做了，但是你这样老跟着人家，你不可能发展到最前头的。你只有到了那一天，你自己开创了一个产业，别人跟着你了，发达国家的都来了，你才是在真正地做引领的工作。所以这个时候的人才要求，比当年对我们的要求还要更高。

国际化并不见得非要比那几个世界排行榜。我到了科学院后，当时在几个基础研究的不同领域里面，大家说起来都有很好的指标，但有一个指标，比如说当时物理所，就是它的一个研究所的学术年会，外面来的院士有三四十个。这一行的人都愿意来这边参加你的学术年会，显然你是有水平的，没有水平的谁来？这种就是非常好的、不是一般的定量的评价下来的。所以，像我们兰州大学如果做到了哪一年在某一个学科说要做什么事情人家都来，那你这个学科的地位自然就在高校里面上去了。然后你的学生在国际上或国内这些国家的大的研究机构有代表人物，实际上这就是你的水平，因为大学主要还是以培养人才为主。

现在在物理类，像近物所，除了我当院士，还有夏佳文，比我小差不多10岁也当了院士。我后来在研究所说，像近代物理研究所它的特点就是人比较静，这点和我们兰大一样，做什么事情有一帮人静下来实实在在地去做就能出成果。在很多闹的地方，你要让他做一个长项的东西、跟着一支队伍稳定地在这里做，他不见得冷板凳能坐得了那么长。这可能是这个研究所里面有两个兰大校友能成长为院士的原因，就是跟别人比，我们比较静、比较执着地去做那么一两件事情，最后得到别人的认可。所以我看了科学院的几个研究所，都听说兰大的人比较实在，做事情比较执着，花花点子也不多。这有好有坏啦，大概是这么样一个评价。我自己也感觉是这么样一个事情，但关键最后要把事情做成功。

近代物理研究所做的一些工作，像核能，国际上实际现在就很认可了。按理说，他的人才比起北京上海要差一些，关键就在这边有那么一些人，比较执着，比较愿意坐冷板凳，然后心也比较齐，做得比较好。从这一点来说，现在的学生应该在合作精神、互相帮助这一方面，会比起当时20世纪80年代末90年代初的要好。我在科学院看了很多不同年龄段的，现在35岁左右的人做研究的合作精神比起40来岁的似乎要好。这个也是在学生形成世界观的时候应该让他们知道的，应该让他们珍惜这一点。实际上，我们在向国外推荐学生的时候，他一般都要求这一点。学生去了之后你能不能跟人家合作得好、能不能融入那个群体里头。否则的话，光是一个人闷头去做，你的知识面和能力都会受到一定限制。没有通过一定的交流的话，不可能都是靠你一个人做出来，除了一些非常个别的以外。实际上改革开放到现在，兰大培养的学生，成功的也很多的，学校如果在合适的时候可以把大家请过来，过来聊一聊也是挺好的一件事情。

兰大当年毕业后仍然在做学术的，就像你们介绍到的，当了院士的这个比例还不算低，希望以后还能有。因为那阵子进来的人，一方面生源全国各地都有，当时的老师跟现在发达地区的老师比并不差。起码，我在这边念书的时候，后来跟别人交流下来觉得这边老师的水平确实高。因为，当时有几批这样的老师，一批是江隆基校长从北大带来的，一批是复旦来的，主要是化学的，北大来的主要是物理的、力学的、数学的比较多。然后紧挨着1956年招了一批学生，这批学生就是葛墨林他们那一批学生，当时可能也是因为根据国家的发展、国家的需要，那批好多人都留下来当老师，那批学生特别优秀。所以我们都沾了这些老师的光。但后面随着经济社会的发展这块可能受影响比较大，学校还是要想方设法有一批好的师资，然后培养学生才有保证。

我们当时的大学生活跟现在相比差距太大了。现在的学生肯定不可能像我们当时那么做的。因为我们当时是“文革”断了十年，除了中间的工农兵学员以外，没有正常招大学生。我们当时进来的这些人基本上都是百里挑一的，或者这些人自己想学习的心情是特别迫切的。而且，当时的老师也是巴不得你多学。我记得当时我们系主任是徐躬耦，后来当了兰州大学校长，然后又回到南京去的。当时现物系不在大学里头，是在外头的一个土围子里头，系办公室有一台电视机，周末我们去看的时候，他就跟我们说起他在英国留学时周末连看一场电影都舍不得花时间。当时老师对我们的期望和我们的愿望是一致的，那时候整体都在很认真地念书，不是被动地，而是主动地在学，所以当时的状态跟现在的差别是很大的。那时我们77级的也没有书本，实际上念的书可能这堂课已经讲完了，过一段时间才有书。所以那一阵子人有在社会上的经历，后面又能上大学，从那批人里头能出来上大学确实是幸运儿。这样原来没有上大学在社会底层生活的经历，对我们来说是一个非常好的社会经历。所以，无论是前一阵子的挫折，还是后面上大学的机会，都在我们的人生里头变成后面的人没办法得到的一种经历。

那时实际上我还是基本上属于活动类型的人，你看篮球上，我是校队的，排球队、田径队也跟着人家去混了一下，羽毛球我也打的。所以，活动还是很多的。尽管我当时不在学校里头，是在现物系另外一个院子里，但过来活动的时间还是挺多的。我有一次跟年轻人在一块就聊，一个好身体是非常重要的。我后面工作了以后，到国外去也罢，在国内也好，连着几天不睡觉这么干，确实是需要一个好身体。所以，不要在大学的这几年里把自己透支，那是非常不应该的。实际上我看了，当时我们几个在球队玩的人，后面好几个学术都做得不错。像我们研究所的夏佳文，羽毛球也打得挺好。还有我现在接触比较多的、当年我们一块在篮球队、排球队的施建成，是原来冰川所所长施雅风的儿子，他是千人计划引进来的，现在整天忙得很，也很有想法，他现在回国就是想能按自己的想法做一个科学卫星，他这个愿望在国外是实现不了，在国内我看他是可以实现。所以，他回来也觉得挺好的。

对于兰大核学的发展，我觉得从我们系（院）里边来讲的话，应该更多地利用中科院近代物理研究所的条件，跟外头多合作，然后参加一些大的国家的科研活动或者作为里头的一个分子，这样才能把整个的水平都提高。因为给我的印象，我当年当学生的时候，那些老师都是非常能干的老师。但他们是个人都非常能干，但真正能够在国家的大的科研活动或学术活动中，他们去参加的有限，也没有真正把他们的才华全部用上，我觉得这对这些人是有点可惜了。是不是当年因为保密的原因，或者其他什么原因把他们框得太厉害。现在好像也不是非常活跃，不管是在我们科学院里头、在高校里头的交往，还是比较拘谨、比较内向的。在那种大的学术交往活动中实际上对人是非常好的锻炼，对你的学术提高，对你这个单位的提升，是非常重要的。因为现在再不是那种靠着一两个人整天琢磨做事情的时代了。现在这种活动越来越社会化、越来越多。像我最近这两年，尽管我还在做一些管理的工作、协调的工作，但学术这块有一些想法出来，我们都是到国外去交流。因为在交流的中间，你会听到一些不同方面的不同看法，或者你没想到的事情。如果没有这种交流的话，你的提高可能会比较受限。从我另外一个亲身的感觉，我如果原来只是在研究所里头做，我很可能做的面是很窄的。我出去交流了以后，到了科学院，科学院基本上是所有自然界的各种各样的基本学科都有，我看了以后把我的视野拓宽了，看东西能看得更深了。所以，这一点我希望无论是我们系（院）里头还是学校，要让老师能多走出去。做得很踏实是自己的事，但你要有一定的交流。

我们当时的校长是刘冰，好像是从清华大学党委副书记调来的。有次我们打球，作为校队的跟外头打球。我印象好像是打篮球还是打什么，按道理应该是我们赢了，但是结果就等于是给我们判输了。当时年轻都不太懂，但他给我说了一句我觉得对我这一辈子都受用的一句话："人要学会受委屈。"当时根本就不太理解，我们就觉得那一场球打得窝囊得不行、很委屈，但没想到他给我们说了这句话，我们就觉得明明是他们错了，不是我们错了，但他还是不支持我们，却跟我们说这样一句话。但后来觉得的确如此。人要长大、做更大的事情的话，如果没有这种包容的心态，你是很难做上去的。后来几十年下来，这句话对于我做人是一个非常好的帮助。

| 人物简介 |

詹文龙，男，汉族，1955年10月21日生，福建省厦门人，中共党员。兰州大学现代物理系1977级核物理专业毕业，研究员，博士生导师，原子核物理学家，中科院院士。曾任中国科学院近代物理所所长、党委书记，兰州重离子加速器国家实验室副主任，中科院副院长。中共十五、十六大代表，中共第十七届中央候补委员。

重要成果：

1. 在放射性束物理研究中发现了11种新核素，首次测量30多种核素的质量；

2. 成功地研制出美国相对论重离子对撞机上PHENIX实验探测器的高性能飞行时间探测器的样机；

3. 研制成具有20世纪90年代国际先进水平的兰州放射性束流线，在此束流线上确定了一批丰质子晕核，并初步鉴别出理论预言的质子滴线外的核素磷–25等，促进了中国的放射性束物理实验研究的发展；

4. 领导兰州重离子加速器冷却储存环国家重大科学工程研制，并为此做出了重大贡献。

吴王锁

“核以道和”①

时　间：2015年1月26日
地　点：核学院院长办公室
人　物：吴王锁
访谈人：王秋林
摄　像：红　叶
文字整理：陈闻歌　祁　苗

编者按：2015年是兰州大学核学科建设与人才培养60周年。兰州大学核科学与技术学院的前身为兰州大学现代物理系，相关学科（原子核物理，放射化学）筹建于1955年8月，是我国高校最早设立的核科学与技术类专业高级专门人才培养和科学研究基地之一，伴随着我国核事业从无到有及“两弹一星”的辉煌成就已经走过了60年。回顾60年的发展历程，几代兰大核学人扎根西部，励志报国，面对艰难险阻，自强不息、百折不挠；面对机遇和挑战，锐意进取、奋发图强。60年来，作为我国最早的核专业人才培养基地之一，兰州大学从未中断核学科建设与人才培养。兰大核学人秉承“核以道和”的理念，自强不息，独树一帜，形成了鲜明的办学特色，培养了大批的栋梁之材。3 000多名毕业生中，走出了中国科学院院士1名，中国工程院院士1名，国家杰出青年基金获得

①转引自兰州大学新闻网吴王锁 http://news.lzu.edu.cn/c/201506/35041.html

者9名，人事部千人计划学者2人，教育部长江学者奖励计划2人，中国科学院“百人计划”15名，以及大批涉核企、事业单位或部门重要岗位的科研、技术与管理骨干，硕果累累，桃李芬芳，为我国国防及国民经济建设做出了应有的贡献。

2014年以来，档案馆“萃英记忆工程”已采访核学院多位教师、干部和校友，相关访谈录将陆续整理成篇，以飨读者。

访：吴老师，您好。档案馆正在开展“萃英记忆工程”的工作，就是以录音录像的形式记录兰大建设发展的经历。今年是兰州大学核学科建设与人才培养60周年，请您介绍一下兰大核学科建设与人才培养的情况。

吴：好。我主要讲以下几个方面。

核学院的历史沿革，现状与展望

【学院概况】我们的起点是1955年筹办现代物理系，1958年第一届招生，到1965年，南开大学的核物理和放射化学两个专业整体搬迁并入。南开大学搬迁过来就跟我们的医学院合并是一样的，就是当时南开大学的老师、学生、仪器设备、图书资料整个搬迁过来。现在是核科学与技术学院。我们是全国首批有博士学位授权点和硕士学位授权点的学院之一；有国家重点学科，就是粒子物理和原子核物理；有国家基金委特殊学科；有教育部特色专业；有甘肃省的核科学技术的人才培养基地，等等。这是我们简单的历史沿革。

2015年3月，核学院党政领导班子成员合影

【学院近年的发展】学院现在的基层组织，我把它总结成“一二三四五”。

一是我们有“一个中心”，就是“教育部中子应用技术工程研究中心”。二是我们有“两类学科”，这有两层含义，一层是我们学院现在有理科的专业，也有工科的专业；另一层就是我们本科的5个专业也可以分为物理类和化学类两大类学科。三是我们现在有“三个研究所”，原子核物理研究所和有机化学研究所是20世纪80年代初同时被教育部批准的，我们还有中子物理与技术研究所和放射化学与核环境研究所。四是有“四个研究生学位授权点”：“粒子物理与原子核物理”是国家重点学科；“放射化学”是国家基金委的特殊学科点；“核科学与技术”一级学科授权点，下设一个核技术与应用硕士点，还有一个叫核能与核技术工程硕士点；“原子分子物理”。这是我们的4个学科点。五是有“五个本科专业”，原来的两个传统专业是原子核物理和放射化学，现在是核科学与技术基地班，按照核科学与技术基地来培养的。新增的3个专业是工科专业，核工程与核技术、辐射防护与核安全和核化工与核燃料工程，这是3个工科专业。这就是我说的“一二三四五”。

蘭州大學 LANZHOU UNIVERSITY 基层组织

一个中心：	教育部中子应用技术工程研究中心	
两类学科：	理科　物理类 工科　化学类	
三个研究所：	原子核物理研究所（80年代初教育部批准成立） 中子物理与技术研究所 放射化学与核环境研究所	
四个学科点：	粒子物理与原子核物理博士点（国家重点学科）	
	放射化学博士点（国家基金委特殊学科点）	
	核科学与技术一级学科硕士点： 核技术及应用硕士点 核能与核技术工程硕士点	
	原子分子物理硕士点	
五个本科专业：	原子核物理 放射化学	核科学技术基地班
	核工程与核技术 辐射防护与核安全	教育部特色专业
	核化工与核燃料工程	

现在我们有一些实验平台。还有一些科研的实验室。另外还有一些大型设备。这些大型设备大概在高校里面它都是有展示度的。

特别值得一提的是中子发生器，这是我们自己研制的，现在在榆中校区。人才培养方面。“文革”以后，现物系培养了两位院士：詹文龙、夏佳文。我们的本科生一次性就业率这些年在学校一直是名列前茅的。研究生教育中的专业学位（核能与核技术工程硕士），现在招的人数不多。但是我们的学术型研究生培养还是很好的。现在总体上说，目前学院在读的研究生有200多人。我们的学科建设，有理科、工科。理科方面有物理学、化学。物理学下边是粒子物理、原子核物理、原子分子物理；化学下边是核化学与放射化学。工科方面有核科学与技术，这是个一级学科，下边有核技术应用、核能科学与工程、核燃料循环与材料、辐射防护与核环境。另外还有一个工程硕士，就是核能与核技术工程这个领域。我们没有工程物理，其他的都有。清华有工程物理，我们没有。但是我们有核工程与核技术，它也是一个宽泛的专业，这几个工科专业都比较宽泛。我们有甘肃省的核科学技术实验教学示范中心。

队伍建设方面。我们学院的师资队伍里，缺乏特别突出的领军人才。学院里只有兼聘的院士，没有自己的院士，没有“杰青”，没有“长江”，因为那个迷惘的年代。但是我们培养的学生有两个院士；杰出青年基金获得者9人；中国科学院“百人计划”15人；相当数量的涉核企、事业单位的主要领导，都是核学院（现物系）毕业的学生。

教学改革方面。有一个我讲的视频公开课；有一个国家双语教学示范课程，也是国家精品课程，是核物理胡碧涛老师讲的；有3门省级精品课程。有几部教材，教学研究论文这几年陆续地有增加。有一个教学成果一等奖，有一个省级的教学团队。

科学研究方面。学院现在所有教职工加起来，到2014年底统计的是83个人，但是专任教师只有50多人，总体上科研经费是每年在增长。论文数量、质量也在不断提高。（科研经费）这几年每年是1 300万～1 400万，2014年也是1 400多万。科研成果方面，研发了强流中子发生器，还有应用于航空航天领域的一些设备。我们历史上曾经获得过国家自然科学奖、科技进步奖、高等学校教材建设一等奖等。还有国家教委的一些奖、国防科工委的战略武器尖端科技成果奖。还有国家的一些成果奖励，省上的一些成果奖励。

合作交流方面，主要是对外的合作交流。承办了一些全国性会议；学院每年的11月份是学术活动月；还有一个核科普活动月。核科普活动月是对学生层面的；学术活动月是全院范围内的，老师、研究生、本科生都有。“学术月”的时候，我们都会请一些人来做报告。另外我们从合作交流的角度“走出去”，参加国际会议。我们邀请国内、国外的学者，邀请国内一些院士来讲学，我们和美国、欧洲、日本、新加坡等国家和地区都有长期合作关系；公派留学生每年咱们学校大概有100多人，我们学院这一方面在全校是排在前面的。在国内，我们跟国内很多大专院校、科研院所都有非常好的合作关系。所以我说，以前我们取得的成绩，要致敬前辈！要感谢同仁！

【体会和设想】我自己有一些想法。第一个就是理清面临的问题，第二个就是问题的解决之道。面临实际问题，首先要明确学院的定位。我认为，我们现在的学院已经不同于原来的现代物理系。原来的现代物理系是一个纯粹的理科类，现在我们的核科学与技术学院是理工科类，这是不一样的地方。我们虽然有光辉的历史，也有重要的地位和广阔的前景。全国高校设置核专业的学校有72所，成立核学院的有27家，上次学科评估的时候我们是排在第七名，当然这还包括科研院所，还可以。但是将来怎么办？我们的优势是理科基础好，我们的劣势是工科底子薄。所以我们现在强调“协同创新”，一定要跟大家一起合作共事，才能有比较好的出路。

对学院的定位，首先是以“十八大”精神为指引，围绕我们学校的工作主题，做西部文章。具体有4个方面：“理清思路，创新理念，落实措施，营造环境”，展开了讲就是“理清学院发展的整体思路，创新学院发展的办学理念，落实学院发展的具体措施，营造学院发展的良好环境”。整体思路，就是创建一流学院，用两句话来说，就是“创建一流学院，实现三个中心”。“一流学院”，我们学校的目标是“国内一流，国际知名”的这样一个水平，而且还要“高水平研究型”，这是咱们学校的定位。“三个中心”就是“人才培养中心，科学研究中心，科技开发中心”。“创新办学理念”，就是“聚人才，创优势，强特色，鼓干劲，促发展”。虽然是有点口号式的，但也是有具体内涵的。“师”“实”“史”“是”。学院的发展要把教师的利益放在第一位，这就是我说的“师为本”。“实为效”，你说得再好你得干啊，你做不出点实效来就都是空的。特别强调的是第三点“史为鉴”，我们过去发展的历史经验教训是非常深刻的。只要不折腾，只要大家团结一致，就肯定能干成事。所以我说“不折腾，讲团结，能成事”。再就是“是为准”，要实事求是，扬长避短，发扬我们的长处，我们肯定能走出一条适合自己发展的路。

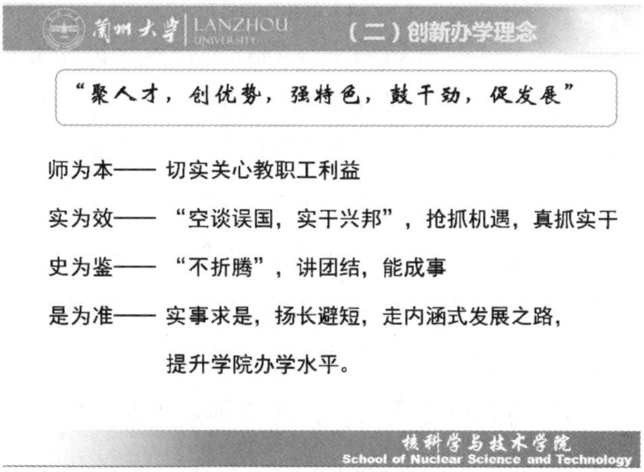

具体措施。学院的发展肯定是以国家需求为前提的，所以要“以国家需求为动力，以师资队伍为核心，以学科建设为龙头，以人才培养为基础，以科学研究为重点，以合作交流为活力”。还有需要特别强调的一点“以有效管理为保障”。“以国家需求为动力”，国家需求在哪里？过去我们讲“两弹一星”，“两弹一星铸就辉煌”，那个时候我们是不计任何代价的。但现在形势不一样了。将来的发展，“核能发展前途无量”，要围绕着核能的发展做文章。核电的规划，就是我们说的“春风吹绿江南岸”。再具体一点，长远规划，内陆核电也是在江南、沿海一带，北方只有一个地方。落实具体措施是以师资队伍为核心。我们现在缺乏的是拔尖人才、领军人才。措施我总结了一下：“稳定用好现有人才，培养引进优秀人才，引导调整人才结构，吸引夯实后备人才基础，着力提升青年人才水平”。青年人的水平上去了，学院就能发展；如果青年人水平上不去，就没有可持续性。“以学科建设为龙头”，一个是“加强重点学科”，就是国家重点学科粒子物理与原子核物理这一块；“稳固特殊学科”，就是放射化学这一块；“办好特色学科”，“辐射防护与核安全”与“核工程与核技术”这两个专业是教育部的特色专业。还有叫“扶持新兴学科”，就是核化工与核燃料循环，这是新兴的。“力争一级学科”，我们叫核科学与技术学院，短板就是现在没有核科学与技术的一级学科博士学位授权点，要力争在短期内把它建成。我们现在有3个研究所，学科建设有物理的一级学科，核科学技术的一级学科，化学一级学科下边的这些，对应的下边是5个本科专业。我是计划在这3个研究所的基础上扩建两个研究所，这其中都有各种各样的联系。人才培养，是“以研究生培养为重点”，因为是研究型学院，“以本科教育为基础”，以社会满意度为宗旨，最终培养的学生，社会满意才是合适的。要确立本科教学的中心地位，所以我们要加大对本科教学的投入力度。研究生培养方面，对学术型研究生，注重培养创新能力；对专业学位研究生，侧重实际应用能力的培养。

科学研究方面，我总结了三句话，就是“基础研究敢创新，应用研究求突破，成果转化有进展”。搞基础研究，一定要瞄准国际前沿；搞应用研究，必须立足核能开发，服务国防建设；成果转化有进展，强调贡献，兼顾效益。国家需求在哪里？前沿基础核科学，国家安全反恐，军工的一些科研项目，再就是核能可持续发展。当然还有更宽泛的，就是核科学技术在很多领域的应用。“凝练研究方向”，就是瞄准国家需求、格局，就是凝练研究方向，突出地域特色。还有就是发扬我们的优良传统、优势。基础研究是我们的优势，在工程研究领域，有中子应用技术、核探测技术，包括同位素分离技术等方面。

还有一个是平台建设，我现在比较着急的就是我们缺平台。我们的中子应用工程技术研究中心是教育部级别的，但是我们跟有机化学比，差得太远了。20世纪80年代初，教育部批准了兰州大学两个研究所，一个叫有机化学研究所，一个叫原子核研究所，这是兰州大学的两个教育部批的研究所。有机化学研究所很快就上去了，成了国家重点实验室。原子核研究所到现在为止，连个省级的重点实验室都没有。过去因为内部原因，错过了好多机会。我们去年做了几件事情，其中一个很重要的事情就是搭平台。就是要先找一个重点实验室。我在院里开会的时候说，我是农村出来的，农村要唱戏，一定要有戏台。没有戏台，只能是自娱自乐。有了台子才能唱大戏，没有台子只能唱折子戏。平台建设是这几年我着重要做的事。

还有协同创新。“两弹一星”就是协同创新的典范。我们计划搞一个协同创新中心，2014年我往外边跑了好多趟，都是跟外边人（同行）沟通。我们还可以跟校内如物理院、化学院、医学院等沟通；在校外跟中科院、中核集团等很多单位都有很好的合作。可以围绕核燃料循环领域搞一个平台，什么层次的先不说，得有这么一个平台，这个是我们要做的。另外还要进一步扩大与国内国外的合作，把学院办成开放式的，即开放办学。

最后一点是有效管理。原来我们一些管理体制我总觉得不顺，感觉很多东西没有规范化。2015年我们学院的关键词是“规范化”，就是“规范化管理”。把所有规章制度装订成册，形成一个系列。无论做任何事情，如果没有有效的规章制度去保障，肯定是做不好的。总的来说，要“凝心聚力促发展，建功立业续辉煌”。最后一点是要坚持围绕大家的利益，努力改善办学环境，“加强队伍建设，打好营盘，不怕流水兵；加强能力建设，水涨船高，期待跃龙门”。

【四句话总结兰大核专业】我把兰大的核专业也总结了四句话，也得到业内认可。

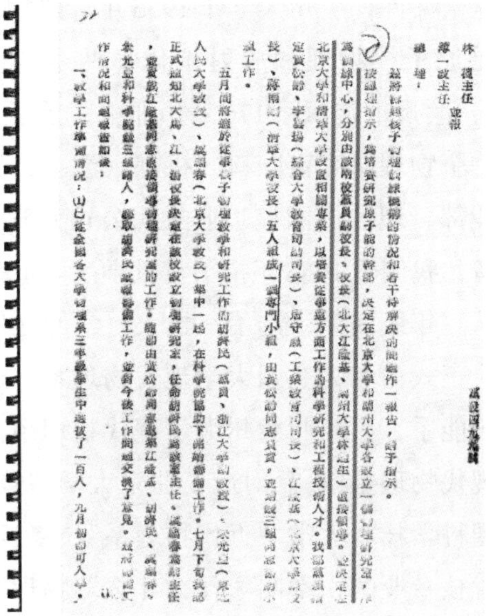
關於在北京大學和蘭州大學籌建物理研究室的報告
高等教育部黨組
一九五五年八月十三日

第一句话是：“兰州大学的核专业，是国内最早的核专业之一，创建和北大一样早。”

1955年8月13日，高等教育部党组发了一个文，叫《关于在北京大学和兰州大学筹建物理研究室的报告》。这个文件说得非常详细。当时按照周总理的指示，为了培养原子能的干部，决定在北京大学和兰州大学各设立一个物理研究室。作为训练中心，分别由北大党员副校长江隆基和兰大校长林迪生直接领导。并决定在北京大学和清华大学等校设立相关专业，以培养从事这方面的科学研究和工程技术人才。指定黄松龄、李云杨（综合大学教育司副司长）、唐守严（工业教育司司长）、江隆基（北京大学副校长）、蒋南翔（清华大学校长）5个人组成一个专门的小组。也就是说当时为这个事专门成立了一个5人小组。其中我们熟悉的有咱们的老校长江隆基，还有清华的校长蒋南翔（后来当过教育部的部长）。这个文件总共有六七页，具体到什么样的人到哪个学校，包括兰州大学、北京大学哪些人来，教授、副教授、讲师、工勤人员都说了，工勤人员由学校来配备，多少人，都说得很清楚。

第二句话是："我们从来没有中断过人才培养，坚守与清华一样好。"

也就是核专业的人才培养，这在全国高校是很少见的。搞"两弹"的时候很多重点高校都有核专业。当年为了培养"两弹一星"工程所需要的人才，遵照这个文件，兰州大学于1955年筹建物理研究室，设立核专业，这个核专业主要是原子核物理和放射核化学两个专业。1955年划了地，就是现在二分部（注：兰州市定西路176号）那里，盖了几栋楼，楼盖起来以后才招学员的。当时这个物理研究室归口二机部（注：二机部全称为第二机械工业部，后改称核工业部，现名中国核工业集团公司）管，行政隶属兰州大学。经过3年的紧张筹备，我们于1958年招了首批学生。但是毕业的学员第一届是1959年，因为当时从三年级四年级选了一批人，学习之后就毕业了。1959年江隆基校长到任以后，正式命名为兰州大学现代物理系。还有一点，我们曾经把它叫作兰州大学原子能系，后来叫兰州大学现代物理系，这都是出于保密的原因。叫"兰州大学现代物理系"，是对应于北京大学"技术物理系"，清华大学"工程物理系"，中国科学技术大学"近代物理系"，复旦大学"物理二系"。当时所有重点大学设置核专业的，都叫"什么什么"物理系，但没有一个重名的，都不一样。实际上这里面都是两个专业，一个核物理，一个放化，都是为了搞"两弹"的。

第三句话是："在我们国家最艰苦的地方支撑起了一片'兰'天。"当时的涉核企业都在边远地区。应该可以说，我们的学生在边远的地区，支撑起了一片"兰"天。现在好几个企业的一把手都是我们现物系的学生，（五〇四、四〇四、二〇二、八二一）。包括在北京郊区中国原子能科学研究院，四川绵阳的工程物理研究院，还有陕西的西北核技术研究所，包括新疆的马兰基地，都有很多我们的学生。

第四句话是："在最困难的时期为核行业输送了一大批人。"就是在那个迷惘的时期，好多学校都撤了（核学科），但我们学校没有撤，所以说我们输送了一大批人。如果还要再牵强地说一句的话，目前我们学校的核学院，是“专业设置最齐全的之一”。现在我们国家有70多所高校有相关的专业，有27所学校有核学院，但是像我们学校专业设置这么齐全的不多。

原来我们有核物理和放化两个传统专业，成立核学院以后，又新增了3个本科专业，分别是“核工程与核技术”“辐射防护与核安全”和“核化工与核燃料工程”。现在我们有5个本科专业，两个理科专业，3个工科专业。这是现在我们的本科专业设置情况。

我们学校的核专业总结起来就是这几（四）句话：“我们是最早的”，“我们是最全的”，“我们从来没中断过”，“我们在最艰苦的地区和最困难的时期给这个行业输送了一大批专业人才”。这是兰大对国内核科学技术（人才培养）领域的贡献。

“核以道和”

【四句话总结核行业】今年是我们国家核工业建立60周年。兰州大学的核学科及相应的涉核专业，是和我国的核工业同时起步的，到今年，2015年，整整60年了。60年一甲子，对一个专业来讲，60年，有过辉煌，也有过迷茫，有过很多的艰难困苦、酸甜苦辣。但是不管怎么样，我们走过来了。

如果把我们这个行业总结一下，可以总结为四句话。

第一句话是：“过去成就辉煌。”核科学技术这个行业是20世纪人类最伟大的科技成就之一。从我们国内来讲，“两弹一星”奠定了我们的大国地位。所以我说“成就辉煌”。

第二句话是：“曾经骄傲迷惘。”“骄傲”“迷惘”是两个不搭界的词，但是我的体会的确是这样的。我说的“骄傲”指的是我国老一辈核行业的人，他们为“两弹一星”工程，为新中国在国际上有今天的大国地位做出了贡献，所以他们有骄傲的资本。“迷惘”的刚好就是我们这个年龄段的人，50岁出头吧。为什么说“迷惘”呢？因为我刚参加工作的时候是1985年，1986年苏联切尔诺贝利核电站就出事故了。这一出事故，整个核行业受到了沉重打击，一下就走下坡路了。全世界都不知道怎么走了。从我们国内来讲，就失去了原来那个国家目标，大家都走了弯路，而且时间比较长。我自己总结了一下，从1986年到

2004年，真正走出这个弯路花了18年的时间。所以我说这是“迷惘”的事情。

第三句话是：“现在蒸蒸日上。”现在的蒸蒸日上主要体现在我国核能的发展。现在我们国家经济高速发展，能源的需求量越来越大。在这种情况下，又加上现在国际上气候变化的要求，碳排放的控制，使得你不得不找煤（碳）以外的替代能源。所以从这个角度讲，核能是目前来讲，能够大规模替代以碳为代表的化石能源的最好的能源。这样核能就被放在了一个很重要的位置。从国内的情况来看，核能有一个很好的发展。因为核能的发展，把整个核科学技术行业又带起来了。所以说是“蒸蒸日上”。

第四句话是：“将来前途无量。”这个前途无量，也是从现在这个情况来看，我上课的时候给学生讲，至少在我能看见的将来，前途是光明的，前途是无量的。这个说法我在很多场合讲过，在我们行业开会的时候，我曾经做过报告，而且是按照学术报告展开了讲的，大家很认可。

【核科学技术的又一个春天】在学科战略发展研讨会上，我还讲过“核科学技术的又一个春天”。

“第一个春天”就是“两弹一星”时期，毫无疑问。那个时期最重要的成果是什么？大家认为“两弹一星”是最重要的。但那个时期其实还有一个非常重要的成果，就是培养了一大批杰出的人才。我在高校当老师，有比较深切的体会。现在我们国内两院院士里，有很多人曾经是在这个行业工作的。他们是因为在这个行业里取得的成就，才当了院士。国际上也是这样，很多诺贝尔奖得主原来都在这个行业里工作过。那个时期我们把它叫作“黄金时期”，所以说是“第一个春天”。

现在说“春天又来了”。怎么说“春天又来了”呢？我分了5部分。第一个叫“春之序曲”，就是“迷惘”时期的前前后后。第二个叫“春风拂面”。因为在2004年的时候，我们的党和国家领导人，从最高层一直到部级领导，都对这个行业做了重要的批示。而且在新中国历史上，为同一件事同一个报告做出那么重要的批示，是非常少见的。所以从那个时候，我说把领导关怀我们叫“春风拂面”。第三个标题叫“春暖神州”。“春暖神州”是从核燃料循环的角度说的。核燃料循环我说是“春暖神州”，底下有两个小标题，一个小标题叫“春风吹绿江南岸”，说的就是我们现在所有的核电站都规划在沿海一带。不论是新建的还是打算建的，不是在江南就是在海岸，所以是“春风吹绿江南岸”。因为核能发展的势头非常迅猛。在“春暖神州”下面的第二个小标题叫“春风将度玉门关”。核能的发展不可避免地要产生大量的核废料。核废料的“处理”和“处置”是两个意义、两个层面的事。“处理”和“处置”是关系到核能可持续发展的两个最重要的问题。如果核废料不能够妥善地处理，也不能够安全地处置，那这个核电站就得关门。从我们国家的层面上来讲，核废料的处理和处置，初步的选址都在甘肃的嘉峪关附近。所以说是“春风将度玉门关”。第四个标题叫“春色满院”，这个“院”指的是科研院所的院，高等院校的院。从2004年开始，中央领导做了重要批示，核能大力发展以来，从科研院所到高等院校，都有一个很大的发展。以高等院校为例，2005年12月份，哈尔滨工程大学（原来叫哈军工）成立了核科学与技术学院，紧接着各学校就陆陆续续地都成立了相应的核学院。如“核科学与技术学院”“核科学与工程学院”，各种各样的名字。从那时开始，很多高校原来撤了核专业的又恢复了，一些相关的科研院所，也都有了翻天覆地的变化。所以说是“春色满院”。最后还有一点，第五个标题叫“春光无限”。也是在一系列事实基础上说的，大家也还很认可。

【“核以道和”】“如果谈到核，你会想到什么?”任何一个人都可能问这样的问题，可能会有各种各样的回答。但是我们按照现在的说法就是，“核”就是“和”，就是和平的和，和谐的和，和睦的和。

我们学院楼下的牌子上写的“核以道和”，它是怎么说的呢？不管是核电、核武器、核动力、辐射发生器等，都是围绕着和平利用核能来发展的。核电，我们说它是能源骄子，这是核能和平利用的一个典范，叫“核能聚和”。核武器，我们说它是“国之大器”。我们国家说得很清楚，我国绝不首先使用核武器，我们的核武器是防御型的。如果没有核武器，就没有我们今天的国际地位，就没有那种大国的发言权。所以我们把它叫“和平之盾”。实际上是把“和”和“核”联系起来。核动力，因为没有什么动力能和核动力相比。辐射发生器，因为各种各样的辐射发生器，我们都常接触。比如我们常说的，最典型的就是医院里用的X光，各种各样医学影像学的都涉及，拍片子，做CT扫描，更好一点的做个PET，SPECT，等等，全是在这个基础上做的。所以它实际上是和平利用的。习总书记在2014年核安全峰会上，在阐释中国和平发展基因“四观”的时候谈到“爱和平，谋和平，护和平，享和平”，就是和平发展。“核以道和”也意味着我们要把这种和平发展的理念教给学生。

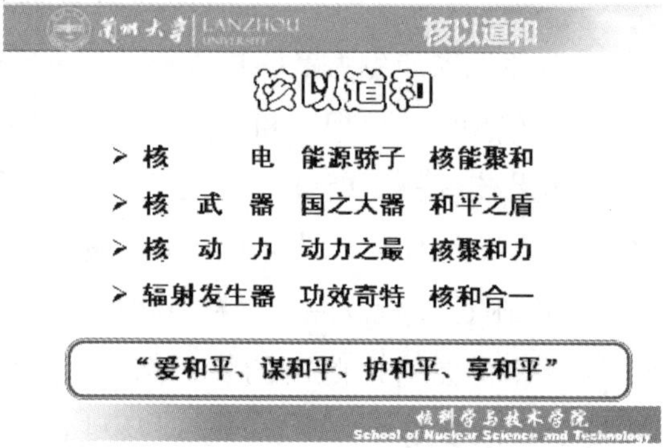

位于核学院办公楼前的“核以道和”理念墙

关于核科学技术，我给学生讲课说，核科学技术不仅影响着当今的世界格局，也关系到我们的日常生活。核武器、核能、核医学，等等，核在很多领域都有应用。所以我说，核科学技术是20世纪人类最伟大的科技成就之一，它关系到国家安全、科学前沿、能源需求、人民健康、环境保护等领域。

【“可怕的不是核辐射”】大家经常说，搞核的会被辐射，等等。我曾经稍微科普了一下，题目叫“核与辐射，不得不说”。辐射是个很大的概念，是个笼统的概念。实际上，辐射处处存在。形象一点说，天上有来自太空的宇宙射线，地下有地壳中的原生放射性核素。还有人为产生的各种各样的辐射，包括我们工业农业生产的各个领域，都会有一些辐射。我们生活在一个辐射环境里。

所以说我们是“身在‘辐’中不知‘辐’”。

日本福岛核电站出事后，我在网上发了一篇文章《可怕的不是核辐射，而是核恐慌》。实际上，对于核的危害性，媒体有时候会有误导。你说什么事情没有危害？都是两面性的，不能只看到一面，看不到另一面，要一分为二地看。光看正面也不对，光看反面也不对。我在视频公开课上，把“核”和“火”做了一个比较。我们学化学的都知道，火是建立在碳的基础上。我们现在所有的能源都和碳有关，比如煤、石油、天然气，等等（注：都是碳和碳的化合物）。建立在碳的基础上的这些能源我们称为化学能，可以用一个字来概括，就是“火”。另一个就是铀。铀实际上对应的就是“核”，这两个元素都跟能源有关。只不过，一个对应的是化学能，一个对应的是核能。但是它从能源的角度看是一样的。对于火，实际上大家都离不开。大家也都知道，火灾影响是很大的。火的好处老百姓都知道，对老百姓来讲，要是一天没有火，日子就没法过。核也一样，谁都离不开，但是它的好处很多人都没看到。

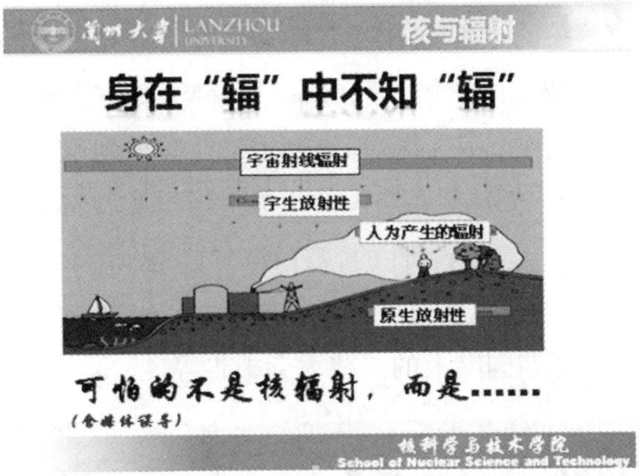

【“两弹精神，兰大精神，都是‘LD精神’”】过去我们有“两弹一星”精神，“两弹一星”精神大家最后把它总结成：“热爱祖国，无私奉献，自力更生，艰苦奋斗，大力协同，勇于登攀”。我们还有兰州大学的精神，也叫兰大精神。兰大精神有各种各样的解释。我曾在院长论坛上说，实际上两弹精神，兰大精神，都是“LD精神”。就是“凝练核学特色，争创一流；弘扬LD精神，再续辉煌”。“LD”既是“两弹”的意思，也是“兰大”的意思。

热爱兰大的核学人

【一直在兰大学习和工作】我是恢复高考后的第二届学生，从1978年来兰大上学到现在，数年头的话都38年了，不知不觉也算是兰大的“老人”了。我对兰州大学有着非常特殊的感情。我的本科、硕士、博士学位，都是在兰大获得的。工作经历也很简单，从1985年研究生毕业留校到现在，一直在兰大学习和工作，其间2003年至2004年在法国约里奥·居里实验室做访问学者。个人情况及获奖就不具体说了，有全国性的，有省内的。去年（注：2014年）获得了“全国优秀教师”奖。自己主办过一些全国性的会议，也参加过各种各样全国性的、国际性的会议，还在国际上的一些大会报告等。

参加国际学术会议及论坛

2014年在“共产党员网”讲课

【戴着兰大校徽在中央党校讲课】2014年，我受邀在中央党校讲了3节课。中共中央组织部要求，中共中央党校求索音像出版社协助中组部党建中心完成课件制作，课件最终的播放平台是“共产党员网”。中央党校要提高大家的科学素养，新增了个叫文化科技类的系列选题。当时在全国范围内先选了5门文化科技类的课程，我的视频公开课（注：“走近课核科学技术”）是其中一门。我是6月份去讲的。我当时戴了兰州大学的校徽，中央党校的人说：“你是我们见过的第一个戴自己学校校徽来上课的教师，说明你对兰州大学非常热爱。”

| 人物简介 |

吴王锁，陕西澄城人，理学博士。现任兰州大学核科学与技术学院院长，教授，博士生导师。兼任国家核安全专家委员会委员，教育部科技委学部委员，中国辐射防护学会放射生态学分会副理事长，甘肃省核学会副理事长，甘肃省禁化武器履约专家等。荣获国家“万人计划”领军人才，国家教学名师，全国优秀教师，宝钢教育奖优秀教师，甘肃省第一层次领军人才，甘肃省高校教学名师、师德标兵、教书育人奖，中国核科普先进个人，中国大学慕课优秀教师等。

长期从事放射化学与核环境、核燃料循环、核技术应用相关研究，主持完成国家自然科学基金重大、重点项目及国防科研重点项目等30多项，发表学术论文260多篇，获省部级科技奖3项。曾应邀在中共中央党校讲授“核科学技术的重要作用”，用于广大党员在共产党员网在线学习，主讲的“走近核科学技术”获批国家精品在线开放课程（入选首批国家级金课）、中国大学精品视频公开课并向社会免费开放。

姜　山

我在兰大的时光

时　间：2015年4月29日
地　点：兰　州
人　物：姜　山
访谈人：王秋林
摄　像：红　叶

访：姜老师，您好！兰州大学档案馆正在开展“萃英记忆工程”，请我们的老先生和老校友回顾一下过去在兰州大学工作、学习、生活的经历。今天很高兴请您给我们讲一讲您在兰大的学习和生活，还有就是在兰大受到的教育对于您之后的成长有什么帮助。

姜：好的。

访：先请您简单介绍一下自己以及来兰大读书的缘由？

姜：我是1979年来兰大读书的。我选择来兰大读书，原因主要有两个。其一是对物理学与核科学的热爱与追求。因为当时有核学专业的院校很少，而我自己在高考中由于化学的分数低与北大失之交臂，所以我选择兰大；其二是仰慕当时的刘冰校长，通过我父亲的了解，知道刘冰校长是一个很杰出的教育家，所以我就选择来兰大读书。

访：您当时来到兰大后，对兰大有什么样的印象？

姜：在我来到兰大后，就对兰大留下了很深刻的印象。从校长到老师，大家的面貌都非常好，非常的积极。当时咱们核学院还是现代物理系，代号是五〇五，现物系的老师们水平很高，当时的系主任是徐躬耦先生。而且当时我们学生的面貌也很好，尤其是七七级、七八级还有我们七九级的学生，主要是因为那三届学生的年龄结构与阅历经历都非常的丰富。我还记得当时七九级物理系有一个学生，他是和自己的儿子一起考上大学的。总体来说，当时兰大的学习氛围是非常好的。

访：当时您在兰大的学习生活是什么样的呢？

姜：我们那时是在二分部上课，每天都会抓紧时间学习，而且当时的图书馆也很难找到位置。不过我年轻时也挺喜欢玩的，喜欢锻炼身体。我当时足球踢得很好，也很喜欢踢足球，参加过学校的足球队。那时候我们的学习和体育锻炼都坚持得很好。与同学们一起活动，一起学习，那段时间是我很留恋的一段时光。

访：您和陶炳海是同学吗？您对于他还有什么记忆？

姜：是的，陶炳海是我的同班同学，我们之间的年龄相差不大。陶炳海人很热情，积极向上。但他最后没有从事科研工作。

访：您从兰大毕业后，又有什么样的工作经历？

姜：我从兰大毕业后，首先是去了四〇四厂工作。当时要求核物理的学生要去四〇四厂工作，而且有老师们的动员，所以当时我们去了5个人，而且我当时是学生党支部书记，我就带头去四〇四参加工作。在四〇四厂工作了两年，考研进入兰州近物所学习。3年后毕业，进入了原子能院工作。从原子能院的角度来讲，我认为兰大培养出来的学生是踏实肯干、积极向上的，相对于其他学校的学生来说，兰大的学生愿意在一线踏踏实实地工作，风气比较好。

访：您现在在从事什么样的研究工作？

姜：我现在在原子能院从事加速器质谱学的研究。在将大仪器小型化的技术上，我们已经在国际上取得了比较领先的地位，所以我们现在所做的就是将这个技术转化为产品，这个产品就是非常高灵敏的分析仪器，可以在考古、环境、生命科学等多个领域发挥重要作用。例如，通过人体呼出的气来诊断出人体内的很多疾病，并在医院中发挥实际作用。该仪器有着高的灵敏性，可以探测到核电站释放的少量的放射性，及时发现核电站的安全隐患等。这个仪器应用范围很广，而且我们会申报国际专利，并希望我们的产品走向全世界。

访：您对核学院的建设发展有什么期望？

姜：要扩大宣传和影响，想一些办法把自己宣传出去，不能只是做得多，说得少。

还有就是要继续发扬咱们兰大的光荣传统，姜山留言：

一定要踏踏实实地学，踏踏实实地干。

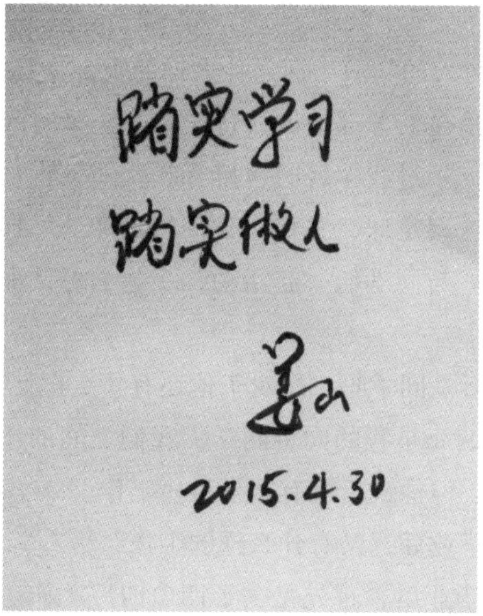

【人物简介】

姜山研究员1983年毕业于兰州大学。现任中国原子能科学研究院核物理研究所党委书记、副所长；国防有突出贡献的中青年专家。1988年至今，一直从事加速器质谱方法与技术研究。1990年建成我国首台加速器质谱装置，开展了宇宙射线成因核素的高灵敏测定及其应用研究。2000年以来，他领导的小组在技术研究和应用研究两个方面都取得很好进展。在国际上发表学术论文60余篇，获国家和部省级科学技术进步奖5项。

任中洲

感念母校，难忘师恩①

时　间：2015年5月16日
地　点：兰州飞天大酒店
人　物：任中洲
访谈人：王秋林
摄　像：红　叶

编者按：2015年5月16日上午，中科院理论物理研究所主办、兰州大学承办的第十一届“彭桓武理论物理论坛”在我校科学馆报告厅举行，校友、南京大学物理系任中洲教授应邀在大会上做学术报告。5月16日下午，大会短暂休息期间，任教授在飞天大酒店临时接受了我们的采访，并在留言簿上写下“祝愿兰大核学院取得更大的成绩，培养更多高质量人才”的留言。任教授对兰大的感情很深，于工作间隙挤出时间接受我们的采访，在此表示敬意和感谢。

访：任教授，您好。今天请您为我们讲述一些您曾在兰州大学学习生活的情况。

任：好。我叫任中洲，我是1979年考入兰州大学现代物理系学习的，上了4年本科，读了2年硕士研究生，导师是徐躬耦先生。当时生活虽然艰苦，但是

①转引自兰州大学新闻网任中洲 http://news.lzu.edu.cn/c/201506/35362.html

始建于1955年的原现物系1号楼（局部）

大家学习热情都很高。基本上每天就是在宿舍、教室、图书馆之间来回活动。当时没有什么娱乐，也没有网络，大家一心学习。一周上6天课，只有礼拜天休息，大家就洗洗衣服，做点自己的事。当时和现在很不一样，尤其到了冬天，吃的基本上就是大白菜、土豆、萝卜，粮食还是定量供应的。尽管国家对大学生还是挺照顾的，35斤粮票，但是我们正是长身体的时候，特别是因为要运动，35斤粮票里还有30%的粗粮，所以粮食还是不够吃，大家就吃窝窝头、喝玉米面糊糊等，现在这些都成了健康食品了。生活上虽然艰苦，但是大家对待学习都非常认真。我们晚上上晚自习。白天有时候买个馒头就赶快从现代物理系（二分部）跑到本部这边占位置，在阶梯教室上课；到了中午，又赶回现物系吃饭。每天就这样来回跑。

原现物系教学区一景（现已拆除）

我本科毕业以后，考上了兰州大学现代物理系核物理专业的研究生，导师徐躬耦先生当时已经是兰大的校长了。所以我（硕士）研究生上了一年以后，要和他讨论科研问题，徐躬耦先生就会约我，比如：某天晚上几点钟到他那里去。有一天晚上我7点钟到了徐先生那里，徐先生才刚刚下班回到家，还没有吃饭。他说，你先等一下。徐先生就简单弄点饭吃了，紧接着就和我讨论问题。当时条件是非常艰苦的。为了和徐先生讨论，我要把过去的一些期刊一本一本地抱过去。因为当时的复印是很贵的，没有钱复印。我跟着徐先生做了一年的科学研究。当时徐先生的爱人和孩子都已经在南京大学了，徐先生一个人在兰大待着，既搞科研和行政工作，又亲自指导研究生，非常辛苦，这也激励我珍惜徐先生指导的机会，勤奋努力，做好科研工作。在硕士二年级的寒假和春节期间，我回到家里，也坚持做科研工作，经过一个寒假的努力，科研工作取得了重要进展，徐先生对此也很高兴。后来他不担任兰州大学校长了，回到了南京大学。我就报考徐先生的博士生，也到了南京大学，继续跟徐先生从事科研工作。在南京大学获得博士学位后，留在南京大学当教师，成为徐先生的助手，和徐先生合作多年。

兰州给我的印象非常好。我16岁就来到兰州大学上学，离开的时候是22岁，那也是我工作学习进步最大的几年。我大学期间，经常回顾上一年自己在学习和为人处世方面的情况，感觉每一年都有大的进步，从老师和班级同学那里不仅学到了科学知识，还学会了如何更好地和人相处，并学习别人的长处。大学和硕士研究生期间，每天早晨早起跑步，积极参加体育活动，如打排球、打篮球、踢足球、打羽毛球等，还曾经到皋兰山上植树。从16岁到22岁，可以说是人生的最重要时期之一，我在兰州幸福地度过了这段人生历程，收获颇丰。

后来我的科研需要的基础知识都是在兰大学习的。本科4年，学了很好的课程，当时的老师都非常认真地教，对我们要求也很严。硕士阶段也学了不少课程。真正到博士阶段，课程已经很少了。所以基础知识主要是在兰州大学学习的，这对我后来的科研有非常大的帮助。也在兰州大学结交了许多很好的同学，也和很多老师一直保持联系。我祝愿兰州大学能够蒸蒸日上，取得更大的成绩。在兰州大学核学科建设与人才培养60周年之际，也祝愿兰州大学核学院能够取得更大的成绩，培养更多的好人才。

访：谢谢任教授。

| 人物简介 |

任中洲，男，1962年12月生，河南南阳人。现任南京大学物理系教授，博士生导师，中国物理学会会员，中国核学会会员。1983年毕业于兰州大学现代物理系核物理专业，获学士学位。

1983年9月至1985年8月，在兰州大学原子核物理专业攻读硕士学位研究生，师从徐躬耦先生。1985年9月至1988年6月，在南京大学物理系理论物理专业攻读博士学位研究生（提前攻博），仍师从徐躬耦先生。1988年博士毕业，留校任教。1992年2月至1993年2月，在法国GANIL做博士后研究。1997年9月至1999年6月，德国洪堡研究员，在德国图宾根大学工作。1999年9月至2000年9月，日本文部省（教育部）COE教授，在大阪大学工作。

1998年获教育部科技进步二等奖（第一完成人），2001年获得国家杰出青年基金，2003年受聘教育部长江学者奖励计划特聘教授，2013年获中国物理学会吴有训物理奖。

陶炳海

年轻人要大胆，不懂就要学

时　间：2017年8月8日
地　点：郑州市蓬勃大厦
人　物：陶炳海
访谈人：王浩龙
摄　像：王浩龙

访：陶社长，您好。我们学校档案馆现在有一项“萃英记忆工程”工作，请老校友回忆在兰大的学习生活，介绍毕业之后走向社会的经历、事业发展状况和自己的感受体会。今天很荣幸能请您给我们讲述您的经历。

陶：好的。之前现物系建系60周年，我参加庆祝活动，兰大档案馆王馆长给我做了一期采访，当时谈得时间比较长，也录了像，完了之后你们可以去查查这个资料。

访：首先您当时为什么会选择兰大？

陶：这个问题很简单，我们当时报考大学和你们现在不一样，当时有多少大学，都什么样，不知道。我们中学当时有一个老师，他之前在天津教书，后来回到咱们这儿。他说，兰州大学不错，你们报吧，然后我们就报了。具体的兰州大学在哪儿？怎么样？不知道。我们那一届，中学里有4个考上了重点大学，3个报考了兰州大学，所以这就是受老师的影响。这是学校的问题，之后报什么专业，我当时物理考得比较好，而且那时候的专业不像现在这样写得那么细，当时只有两个：物理和现代物理，就这样。当时也不知道这个现代物理是干什么的，也不知道是学核的，最后就这样就去了。你们现在上大学容易了，录取比例高了，但是你们考大学的心理压力比我们大。

访：为什么这样说呢？

陶：我们当时录取率低，本科录取率4%。那时候人就没有这么多，并且那时候根本不会说我要考个兰州大学啊什么的，只要能走就算是个专科，身份就转变了，叫鲤鱼跳龙门了，然后就是吃商品粮了，你们可能不知道什么叫吃商品粮。那时候食物短缺，这样的话就是国家供你粮食了。毕业之后不用愁着就业，哪像现在，毕业生这么多，名牌大学毕业的都不一定好就业。所以当时压力会小很多。

访：您当时到了兰州大学之后有什么感觉？

陶：报考之后，我们这边还有一个老师问我考到哪儿了，一听是兰州，就说，咦，咋考到兰州了，飞沙走石的。不过我当时去的时候没有这么想，走的时候，家里穷，没钱啊，也没有好的衣服。就问家里这个人要个衣服，问那个人要个裤子，另一个人要个帽子，这样凑了一套衣服就去了。虽然是这样，到了学校还是感觉进天堂了。

访：怎么是进天堂了，那时候不应该是条件很艰苦吗？

陶：这个可能跟你们现在的不一样。首先，我们当时是被学校的卡车拉过去的。去之前我在南阳只见过南阳公园，下车之后，就看到盘旋路那边那时候的花坛，那时候正好是鲜花盛开，感觉真的好啊。到了学校里边，有喷泉，有长廊，两边还有柳树，感觉这不是公园吗，比南阳的公园还要好。这是从大环境来讲。其次，来学校之前，在家里边住的是平房，还是没有窗户的平房，来到学校住的是楼房，在家里没有暖气呀，学校里边有暖气呀。更重要的是，虽然我是自己一个人来的，但是我是代表了一代人来读书的呀，我那么多同学没来上大学，我上了大学了，肩上肩负着重任的。还有学费的问题，不需要家里出钱，学校里的助学金就够你花了。之前我看过一个电视剧，关于八几年的，一个考上大学的学生上不起学，这一看就是年轻人写的剧本，他们根本没有经历过那个时代，根本不会出现因为家里穷上不起学的。那时候上班的人无非就

30块钱工资吧，我们补助就有26块5呢，每月吃饭零花钱都有了，生活上是没有压力的。

访：上学期间有没有什么给您留下深刻印象的呢？

陶：对于刘冰校长记忆深刻。一次开会时，刘冰校长从包中拿出了几个没有吃过几口的馒头，用凝重的口气讲道："要知道我们还有多少人吃不饱饭啊！"他在要求大家不要忘掉艰苦朴素、厉行节约的传统，继而又耐心地向大家说明了如何端正生活态度的道理。不过，刘冰校长还是很幽默、平易近人的。有一次他访问德国回来说道，西方有什么好呢，上个厕所还要钱呢。当时人们对刘冰校长是特别尊敬的。2002年的时候我去北京拜访过刘冰校长。

访：那您毕业之后呢？

陶：1983年毕业之后，我先在现物系做了4年团总支书记，1987年任数学系办公室主任，1988年任学生处毕业生分配办公室主任，1991年任现代物理系副系主任，1995年担任科技开发总公司总经理，就是现在的电子商贸城，我对兰州大学的相关产业贡献很大。我算是一个里程碑式的人物，在我之前，可以说这些产业都是亏损的，我把它转亏为盈。最后是兰州大学出版社和郑州大学出版社社长。

从左到右分别是：吴景山教授、刘冰校长、陶炳海校友

访：那您为什么会从校内工作转为任职总经理呢？这是一个全新的领域，当时有没有遇到什么困难？

陶：调任是学校的安排，就是服从学校安排。但是当时也没想这么多，也不知道有多困难，毕竟当时30多岁，年轻气盛、胆子大，让我去我就去。我在那当了8年总经理，当时干了几件比较有名的事。第一件是当时甘肃省第一次体育节目通过中央电视台向全国直播是我办的。乒乓球世界冠军来兰州打比赛，红火程度创了纪录，原来中央电视台转播，参与人数一般是2 000多人，我那一场有6 000多人现场观看比赛。这是为什么呢，到了比赛当天早上票还没卖出去多少，怎么办？咱不卖了，把剩下的票分给咱们学生，每个系分多少张票，让学生免费去看，就这样全分出去了。你想啊，世界冠军来打比赛，大家情绪肯定高涨，现场气氛热烈。当时有7个省长，来的就有5个，省委常委、市级领导全到。之后这次活动被中央电视台评为当年“最佳组织奖”，我只是参加了颁奖过程，其他直播没时间看，之后校党委书记跟我说：“你这次真给咱们学校长脸，直播的时候4次提到你陶炳海，3次提到兰州大学。”所以这件事情是我干的最成功的一件事情，那次活动的影响力的确是大。在1997年的时候，就是来了两年之后，我们把电子商贸城的营业额搞到了兰州市前三位，那时候在兰州商界我还是比较有名的。另一件事是，兰大周边那些铺面，之前根本没人租，因为大家租了也都是亏损，但是我去了之后，这边的铺面大家争着要。其中有一间32平方米的房子，使用权拍卖到了三十五万八，还有租金，每天3块钱。我是1995年5月18号上任的，在那之前，5月3、4号的《兰州晚报》用一整版发表了一篇题为“无可奈何花落去”的文章，意思就是兰州商业完蛋了。但是到了1997年，就是那两件事之后，兰州晚报又出版了一篇题为“似曾相识燕归来”的文章，同样是一个整版，是姊妹篇，同一版面，同一记者，意味着兰州商业的崛起。同年，《世界经济与政治》发表了一篇题为“商海儒将”的文章。所以当时我在兰州是比较有名的，坐出租车都能听到我的名字。还有电脑城的定位和设计都是我的主意。我在那8年还是给学校做出了点贡献的，主要那时候年轻有冲劲，不畏困难。

摘自《世界经济与政治》1997年11期：陶炳海——一位20世纪80年代毕业于兰州大学的青年知识分子，于1995年5月走马上任，担任西北电子商贸城总经理。两年来，他带领全体职工开拓奋进，使“西北电子商贸城”成绩斐然，一跃而成为一个主营各种电子产品，商品辐射省内各地县以及青、宁、新、藏、内蒙古等省区，在兰州市举足轻重，在西北地区具有影响，在全国也有一定名气的超级电子市场。1996年销售额突破6亿元，在兰州十大市场中排名第三，而按单位面积的交易额则荣登兰州市场榜首。1996年上缴工商管理费和税金200余万元，有力地支持了地方经济的发展。公司1995年收入350多万元，

1996年收入640万元。兰州大学科技开发总公司也发展成为一个集科、工、贸为一体，以知识为依托，以科技为后盾的经济实体。

访：的确是传奇经历，那您之后到了出版社这边呢？

陶：2002年到了出版社这边，还是非常困难。这也是一个新的、未知的领域，所以一切又从头再来。这是真的不懂，但是不懂我可以学呀。在那5年，一方面把出版社之前的窟窿补上了，另一方面把出版社的人员稳定住。去的时候，出版社那栋楼是学校里最老的一栋楼，甚至是先有的这栋楼，后有的兰州大学，所以非常陈旧，当时的窗子都是黑黑的，我把出版社所有东西搬到小学里边，当时是放假嘛，小学里也没有人。所以就利用放假的一个多月就装修出来了，窗户、门全换，地重新铺，电扇什么的全都换新的。环境换了，大家工作也都有激情了，所以兰大出版社才变成了现在那个样子。之后又调任郑州大学出版社，在兰大出版社我主要是管理，在郑大我更多的是管出版业务。所以在出版界也学到了好多东西，也算是一个专家了。我的感觉就是人这一辈子你可以选择干一个事业一直干到底，但也可以不断换行当，不过在换的过程中，你要尽快适应，还是那句话，不懂咱们可以学呀。我在电子商贸城那几年，国外有一个副秘书长来这儿视察，当时问我是什么专业的，我就说是核物理的，他当时挺惊讶，“学核物理的怎么会搞这个”。这只是不同的思维方式，你学了什么东西，在相关的专业中有用，但在其他工作中也是有用的，你可以用物理的思想去思考问题。

访：我当时就好奇您为什么会走管理这条路而不是继续学习深造？

陶：一方面这个是学校的安排，学校需要你，你就去。另一方面，我们当时也要考外语，并且我是从农村来的，外语是一个坎。不过呢，我当时要是从事核物理专业，我可能也会干出一番天地。我还有前段时间我们83级毕业生在内蒙古锡林浩特聚会的照片。

还有现在你们院的王铁山，他也是我们同学，胡碧涛、李公平他们是我的学生，夏佳文院士也是我的学生。所以我只是选择了不同的路，有不同的经历。

访：对对对，高考也是一样，有这么一段话我觉得说得挺好的。高考不过是一群人在同一个时间做了一套卷子，然后分别去了不一样的地方，遇到了该遇见的人，我想这就是它阴差阳错的地方吧，高考不会决定你的未来，而是让你遇见更多，这就是它最美的地方吧。

陶：对，这只是不同的路而已。

访：那您最后有没有什么想要对学校或者学生说的？

陶：一方面，对于你们学生啊，不管专业是什么，或者说不太喜欢，都可以继续学下来，毕竟以后的路还很长，不一定就是从事相关的事业。进入社会之后是适者生存，你是需要跟随着社会需要进行变化的，你要适应社会。你本科学的是这个专业，研究生时社会出现了一个新兴学科、交叉学科，这时候你就可以选择这个方向。比如你们吴王锁院长，他当时学的是化学，不是放射化学。还有我一个同学杨更亮，本科学的是核物理，研究生是跟着放化的老师学的，博士又是跟着分析老师读的。现在又在河北大学药学院担任院长，还有好多专利。所以不要在意自己读的是什么专业，你以后可能就是从事完全不同的事业，甚至取得更高的成就。另一方面，你们学生要做好职业规划，根据自己的性格，想好适合的道路。如果你能沉得住气、静得下心，适合搞研究，那你就继续深造搞研究。如果你的性格比较外向，适合交际，那你就到企业去，去管理。我有一个学生，当时学习不上不是太优秀，他毕业后先是到工厂，之后自己创办企业，现在也很成功，是一个集团董事长了，过段时间就给我打电话："陶老师，学生向您报告，近期又取得什么什么成绩了……"他是搞工业消防的，他的实验室被科技部授予“国家级国际合作研究中心”。当时有23个企业，只有他的企业是民营企业，其他都是国营的。他就是搞企业搞得比较成功的。夏佳文院士也是成功的，他是搞研究的。还有近物所的左维，左维的四大力学考了400分，吃饭的时候就把书放在旁边，吃一口饭看一下书。所以他四大力学400分是这样学出来的。他们俩是现物系比较少见的两个学生，他们就是能沉下心来搞理论物理的。作为夏佳文院士的老师，我对他的成功还有自己的体会。他的内心有一种较真、拼搏的精神，自己足够努力、努力。他进校的时候就没有打过羽毛球，同学们都打得挺好的了，他想学，就从零开始。没有场地就自己拼场地，一打起来就要到了大汗淋漓、打得痛快了才会停止。因为这个投入的劲儿，他最后拿到了全校冠军。从不会打到全校冠军，他拿的拍子哪个地方破了，他就会想为什么那个地方破了，细细琢磨这个事情。这个性格帮助他成功。最后还有一点，成功还是需要平台的，近物所给他提供了一个平台，这个平台帮助他成为院士。所以成功是多种因素共同影响的。

访：谢谢您的分享。

| 人物简介 |

陶炳海，1983年毕业于兰州大学现代物理系核物理专业。毕业后任兰州大学现代物理系团总支书记，1987年任数学系办公室主任，1988任学生处毕业生分配办公室主任，1991年任现代物理系副系主任，1995年调任兰州科技开发公司总经理，2002年调任兰州大学出版社社长，2007年调到郑州大学出版社任社长，2017年4月退休。

李炳毅

我与兰大现物系

我叫李炳毅，1957年3月出生于甘肃省白银市川口村。1977年恢复高考制度时，考入兰州大学数学专业，1982年1月毕业，填报志愿为青海省计算中心。由于我曾任数学力学系学生会体育委员，两次被学校评为优秀学生干部，所以，系党政领导班子研究决定，让我留校，担任80级学生的政治辅导员。那个年代，大学毕业生的分配计划均为指令性，而且“一个萝卜一个坑”，没有可挑选的余地。作为中共预备党员，我愉快地服从了组织决定，后来又任数学力学系团总支书记、系党总支委员、力学系团总支书记、数学系办公室主任，1987年7月任经济系党总支副书记，1996年7月任现代物理系党总支书记，1999年4月物理系、现物系、材料系、力学系、磁学所组建为物理科学与技术学院时任副院长，2000年10月任学院党委书记，2006年4月任学校纪委副书记、监察处处长，2015年2月调任甘肃农业大学党委常委、纪委书记，2017年5月退休。

1982年1月毕业留校并在数学力学系工作之后，我还有继续从事所学专业教学科研工作的愿望，并在做好学生工作的同时，担任过高等数学、线性代数、概率论与数理统计等课的辅导及教学。到了20世纪80年代中后期，学校开设思想道德修养课，单独设立思想政治教育教师系列。考虑到自己的职业系列、工作性质以及精力等因素，我放弃了原有想法，并从1988年开始，积极探索学生、党政管理等工作的新途径、新方法，把自己的工作体会提炼成理论成果发表，1993年晋升为副教授，并于1997年达到教授晋升条件，由于名额等限制，直到2002年学校增加正高职称指标时，才晋升为教授。

1996年7月担任现物系党总支书记后，我的一个深切体会是，系领导班子成员（主任刘正民，副主任徐进章、吴王锁、胡尚斌，党总支副书记柳纪虎）团结、务实、敬业、肯干，全体教职工勤奋、进取、严谨、踏实，传承了优良的系风，形成了很好的工作氛围。大家齐心协力，力争使系上的教学、科研、实验、合作、管理、服务等工作更上一层楼。然而，时值全国高校人才“东南飞”大潮，给系上的工作带来诸多不利，尤其是在教师队伍建设方面遇到了许多困难。其一，我们培养的研究生留不下来；其二，没有兄弟院校的研究生愿意来系上工作；其三，几位老师因各种原因申请调离，即使系领导做了大量的挽留工作，也无济于事，更别奢望引进高层次人才了。另外，系上教师队伍结构不合理且年龄老化，科研设备陈旧，实验条件较差。鉴于此，推进学院工作，的确是一件艰辛的事业。尽管如此，全系教职工凝心聚力，砥砺奋进，使系上的各项工作稳步前行。

1998年4月学校全面推进学科整合工作，纷纷成立学院，原现物系成为物理科学与技术学院的其中一个教学系。学科的整合，学院的成立，有力地促进了学校的建设，但同时也制约了现代物理特色学科的发展。2006年筹备成立核科学与技术学院时，作为物理学院党委书记，我予以全力支持，当年4月核学院成立，第二个月我就到学校纪委、监察处工作。从此，与核学院领导、老师的接触自然减少了。但是，我从到原现物系工作至核学院成立，与核学科的老师们共事了11年，与他们建立了真诚的友谊与深厚的感情。所以，我始终默默地关注、关心着核学院的发展与教职工的进步，每当看到核学院在教学科研、人才引进、合作交流、党政管理等方面取得新的成绩，以及老师们在科研和教学工作中取得新的成果时，都由衷地欣慰与祝贺，感到无比高兴与骄傲！2017

年5月退休之后，我分别于2017年11月16日、2018年11月28日给学院的学生党员、党支部委员讲授专题党课，做了一点力所能及的工作。

目前，核学院的工作蒸蒸日上，发展前途无量。我衷心地希望核学院领导班子按照已经确立的学院定位，团结并带领全体教职工发扬优良校风和院风，把学院尽早建设成为高水平研究型的一流学院，为我国核科学事业做出新的更大的贡献。

人物简介

李炳毅，男，三级教授，博士生导师。主持完成全国科研课题、省级科研课题各2项；主编著作2部，参编2部；在公开报刊上发表论文120余篇。作为独立或第一作者，完成的科研成果获全国思想政治教育创新优秀成果一等奖，全国高校优秀思想政治教育论文二等奖，甘肃省社科优秀成果二等奖、三等奖，甘肃省高校社科优秀成果三等奖、甘肃省高等学校教学成果省级一等奖及教育厅级奖各1项。1987年5月获全国新长征突击手称号，1990年至1997年连续三次被评为甘肃省高等学校优秀思想政治工作者，2000年12月获得第七届甘肃省高等学校青年教师成才奖。

王铁山

对教育的一点思考和实践①

时　间：2015年3月9日
地　点：核学院办公室
人　物：王铁山
访谈人：王秋林
摄　像：梁振林
文字整理：王铁山　陈闻歌　贾天聪

访： 王老师，您好。今年是兰州大学核学科建设与人才培养60周年，我们开展了系列访谈活动。您作为核学院的教授、副院长，能否谈一谈您的感想？

王： 非常感谢你们对我们学院工作的大力支持。兰大是国内最早建立的理科核人才培养基地之一，自1955年8月13日高教部批准在兰州大学建立物理研究室至今，已经走过了60年的历程，为国家培养了近4 000名核科学技术人才。他们在全国乃至世界各地的核科学与技术教学、科研、生产机构中发挥了重要作用。其中有一批杰出人才，他们在教学、科研工作中做出了出色的成绩，还有一些为我国核工业的发展做出了重要贡献。他们是兰州大学核科学与技术学院的骄傲。

访： 您也是兰大毕业的吧？

①转引自兰州大学新闻网王铁山http：//news.lzu.edu.cn/c/201511/37329.html

王：是的，我是兰大现物系核物理专业1979级学生，1983年毕业后到中国科学院近代物理研究所工作，在那里整整工作了20年。2003年从德国回来后，通过兰大“萃英人才计划”回到母校工作。被聘为教授、博士生导师。2006年核科学与技术学院成立时，我担任副院长，主管研究生培养和对外合作交流工作。2008年到2013年，我又在学校外事处任职，负责学校对外学术交流与合作。2013年又回到核学院任副院长，主管科学研究和对外合作交流工作。

访：您先后在科学院、兰大长期工作，又多次在德国、日本长期留学、工作。到兰大之后您又参与了学院和学校外事方面的管理工作，能否结合您个人的经历，谈谈对我们高等教育的认识和体会？

在匈牙利参加第26届固体中原子碰撞国际会议（ICACS26）

在美国太平洋西北国家实验室访问

王：我非常愿意就教育和教学问题谈一点个人的思考，也可以介绍一些我们在研究生培养中的实践和感想。

正如您前面提到的，我在大学毕业后的32年间，1989年去德国留学，1996年又去日本大阪大学做过客座研究员，2000年再次去德国，做了近3年的马科斯·普朗克客座研究员（马普学者）。在学术交流与合作过程中，又短期访问过30多个国家的数十个国际顶级大学、研究机构。我确实感受到了中外在教育理念、教学方法和科学研究水平上的差异。西方发达国家无论在高等教育，还是在科学研究上都比我们要早起步数百年，他们的教育、科研体系非常完善，引领着世界的潮流。我国现代高等教育起步晚，至今也只有120余年，现代科学研究体系建立只有几十年。尽管我们过去这些年取得了巨大的成绩，但依旧与先进水平存在很大的差距。

“教育”一词在《说文解字》中是这么写的：“教，上所施，下所效也；育，养子使作善也。”前者讲的是“传授与传承”，后者说的是“养育与教化”。英文中的“education”（教育）其实就是指对人们的培养、启发和引导。英语里以字母“e”开头的词，通常是指由内及外的意思。如：exit（出口），explosion（爆炸），explore（探险），等等。Education的内涵也就是指：“通过一定手段将人的自然属性和潜在能力唤醒、激发出来，使其成为现实的一种发展状态。”所以，四川大学校长谢和平先生提出：“教育在燃起一把火，而不是给一桶水。”最好的教育就是激发人们自身的内力。因为，只有将受教育者内心的学习动机、愿望激发起来，才能够使其潜能得到最大程度的发挥，进而熊熊燃烧。反之，灌输式的教育灌进去的是水，它浇灭了受教育者内心的火，断送了他们的想象力、创造力和创新、进取精神。

我认为知识由4个部分组成，有书本知识、生活知识、社会知识，还有工作知识。书本知识是前人的智慧总结，可以通过系统的学校教育活动和自我阅读获得。但生活、社会、工作知识则来源于社会、生活和工作实践活动。应试教育模式往往是以高强度的书本知识的灌输和传授为主要方式，将学生“囚禁”在书山题海和课堂校园里，以读书替代学习，主要的学习活动就是应付考试，核心目的是获取文凭，脱离了社会、生活和工作环境。因此，走出校门的学生严重缺乏生活、社会和工作知识，更谈不上能力了。毕业后面对复杂的社会和生活往往手足无措。

知识固然重要，但能力更为重要。汉语很有意思，“知识”是一个名词，但是把这两个字分解开来，却是两个动词——“知”和“识”。“知”是认知、学习的过程，是对前人产生的信息、资讯的学习、掌握和占有的过程。“识”是运用自己拥有的信息、资讯，产生个人的思考、观点和判断的过程。因此，人的想象力和创造力来源于“识”。如果我们能更关注于“识”的开发，更注重启迪人的智慧，提升人的能力，我们的教育就会更有效率。

访：那您认为好的教育应该是什么样的？

王：我认为教育的宗旨应该是：“人格的构建、智慧的养成和能力的提升。”什么是人格？人格就是做人的态度、精神、信仰、道德和操守，是人生观、世界观和行为方式的集成。智慧是什么？是观察力、思辨力、判断力和决策力的集成，能力则是执行力的体现。好的教育先要立足于“育人”，首先要立足于培养讲文明、懂礼貌、遵纪、守法、仁爱、爱人的公民，然后才是在合格公民的基础上，培养人的观察、思辨、判断、决策能力，最后才是培养、提升被教育者生存、发展的专业技能。

我国著名教育家蔡元培先生在20世纪初曾经说过：“教育是帮助被教育的人，给他能发展自己的能力，完成他的人格，于人类文化上能尽一分子的责任，不是把被教育的人造成一种特别器具。”他这句话揭示了教育的目的和内涵。不久前，美国耶鲁大学前任校长理查德·莱文（Richard Charles Levin）说过：“本科教育的核心在通识，是培养学生批判性独立思考能力，并为终身学习打下基础，如果一个学生从耶鲁大学毕业后，居然只拥有了某种很专业的知识和技能，这是耶鲁大学教育的失败。耶鲁大学毕业的学生应该具有一种素质，他们应该干什么像什么，做什么成什么！”这就是世界现代教育的追求，值得我们学习和借鉴。教育必须去功利化！

访：看来我们在教育理念上应该反思。

王：前几天读到台湾一位校长高振东先生的讲演，他说“国家兴亡，匹夫有责”应该改为“天下兴亡，我的责任”。他说得很对，如果通过教育使得每个公民都关心国家、民族的发展和社会的进步，并为之贡献自己的力量，那么我们的教育就离成功不远了。我是（甘肃）省政协委员，所以建言献策，这也是我的职责和义务。

王铁山团队在兰州国学馆大成殿举行毕业纪念活动

访：您的这些思考和精神非常可贵。作为一名老师，您在具体教学活动中做了哪些尝试，去改变对学生的培养？

王：古语说："师者，传道授业解惑也。"所谓"传道"，就是"授人以鱼"，教会学生做人做事的道理、道德、道行、智慧，就是启发人的思辨能力，树立正确的人生观、价值观、思维方式和行为方式。而"授业"就是"授人以渔"，教学生知识、技能，培养他们有一技或几技之长，使其自强、自立。而"解惑"则是指导和帮助学生摆脱困惑、走出困境。所以，我借鉴古今中外先贤、智者的智慧和方法，在本科教学和研究生培养中开展了一些教学实践活动，取得了一些积极的效果。

在本科教学方面，2007年我响应学校的号召，率先开设了一门通识选修课"人生物理学"。后来基于自己的物理学知识和人生感悟写了一本书——《人生悟理——透过物理看人生》，作为这门课的教材。这本书2013年被《光明日报》和教育部联合推出的"高等学校出版社书榜"推举为第一榜第六本书。其他9本书分别是林毅夫、罗国杰、张岂之、路甬祥、韩震、杨庚、达•芬奇（意大利）等国内外名家、大师写的。我只是一个兰大的核物理教授。基于这本书，我目前已在国内外数十个高等学校、研究机构、企事业单位做了几十场专题报告，传递我对人生、社会、爱情、婚姻、家庭、教育、学习、工作、生活和自然的物理学解读。社会反响很好，听众累计有数千人。迄今已面向全校所有专

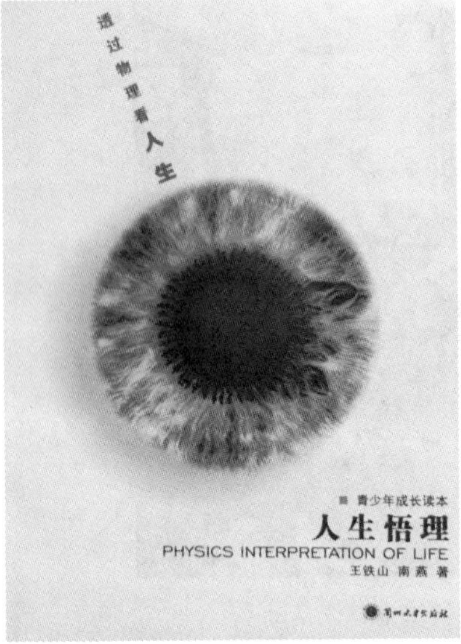

《人生悟理———透过物理看人生》

业的学生讲授了9次课，是目前选课率高、反响好的通识选修课之一。目前正在积极建设慕课和出英文版书，希望能够在全国公开授课，并在国外出版。

这其实是一个本科通识课教学实践。我希望在哲学的框架下，跨越文理的界限，将物理学的思维方法和分析手段应用于社会生活的方方面面，启发人们建立正确的人生观、世界观、行为方式和思维方式。同时，启迪人们的智慧，让人们更乐观、豁达、自信地生活、学习和工作。这项工作得到了普遍的认同，但也必然会和传统的教学思维发生碰撞。但学生和社会的反响给了我支持和信心。2013年8月18日《光明日报》发表了周绪红院士写的专稿书评“物理：人生道路上的一缕理性阳光——评《人生悟理——透过物理看人生》”，对该书给予了高度评价和推介。

另外，在本科生基础课和专业课教学中，我努力推动启发式、讨论式教学。在授课过程中尽量穿插教材之外的知识，拓展学生的思维能力。因为大学生已具备一定自我学习的能力，照本宣科式的教学无法激发起学生的学习兴趣，同时也会钝化学生的自学能力。在这一点上，我们要反思，为什么我们的大学生会逃课？是不是我们的授课内容缺乏吸引力？比较而言，发达国家的高等教育，老师只有讲义和参考书，不指定教材，授课内容丰富多彩，将很多最新科学技术进展穿插其中，而且在教学方法上，大量使用教具、影视、实验、讨论，学生课堂学习效率很高，谁不来上课就学不到东西，也就很难通过考试。因此，外国学生很少有逃课、上课睡觉的现象。所以，一个好的老师，应该是一名博学多能的学者，应该围绕授课大纲，拓展授课内容，讲教材外的知识，教无字的书。因为最重要的知识和智慧往往来自于生活和社会实践。

这样的教学方法得到了同学们的积极响应和参与，但是，由于思维和行为的惯性，一些同学习惯于过去十几年被动式、灌输式的学习，可能还需要一个适应的过程。

为了考证这些教学尝试的效果，我在每门课结束前都征集学生对授课内容和方法的意见和建议，同时请大家送我一句话留作纪念。目前已收集了千余份《教学信息反馈表》，是珍贵的历史记录。

访：王老师，你的这些教学方法和思考确实很新颖，是否有推广的可能?

王：讲课有4种境界，分别是“读课、背课、讲课和侃课”，当不少老师还停留在“读课”和“背课”阶段，你要求他去“侃课”，是做不到的。甚至于可能侃得漫无边际收不回来。所以，目前还不宜推广。但在研究生培养方面，导师有充分的自主权，我进行了一些大胆的尝试。

研究团队合影

我现在有一个由9名教师和20余名研究生组成的研究团队。研究团队内打破了导师的界限，实行导师小组制，充分尊重研究生的个人兴趣，让他们自主选方向、课题，同时每个人都有相对独立的研究内容。在运行中我们实行例会制，每两周开一次大例会，全体教师和研究生都参加，全面总结、安排实验室的工作，并安排1～2个学术报告。这样从事不同研究方向的老师、同学们可以彼此交流，了解其他人的工作，学习别人的思维方法。硕士生3年可以听60个、博士生在学期间可以听上百个专业报告。这样可以大大拓宽大家在本领域的知识面，并提升他们的专业素养和思辨能力。不开大例会的那一周，各研究方向召开小组例会，落实具体工作，解决研究工作中的具体问题，加深自己研究方向上的知识和实践能力。对于博士生，我每周和他们见一次面，了解工作进展，有事讨论，无事简单说上几句。除了培养方案中的课程之外，我们团队内部结合实际工作需要自主开设专业课，由研究生自己组织，老师、研究生分工、讲授，共同完成一门课的学习。

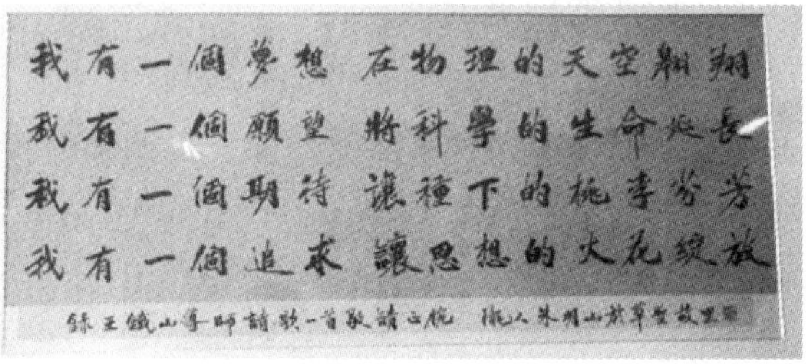

团队之歌

近年来，我们先后开设了“固体物理导论”“射线与物质相互作用”“材料科学基础”等专业课。大家在学到了与研究工作密切相关的专业知识的同时，还锻炼了研究生们的讲课能力。最近我们又开始“科学研究方法”的讲座，由我和其他老师共同讲授科学研究工作的方法、经验和体会。

我们团队的理念是：“以人才培养为目的，以科学研究为载体，以丰富多彩的文化生活为手段，培养社会认同度高的有用之才。”为了弘扬团队精神，记录团队的成长历程，传承团队的科学与文化，我们每年编撰一本《年报》，记录团队成员和已毕业的学生开展科学研究取得的成果、进展，报道实验室国内外合作交流的动态，记录团队的动态变化，同时，还留一部分篇幅，由老师和同学们抒发个人的感想。每期年报的封二印的是我写的一首诗：“我有一个梦想，在物理的天空翱翔；我有一个愿望，将科学的生命延长；我有一个期待，让种下的桃李芬芳；我有一个追求，让思想的火花绽放。”这首诗抒发了我们作为一个物理教师的理想和追求，我请甘肃省的一个书法家写成条幅，挂在我们实验室的墙上作为团队的理想和追求。封三是每年在兰州市国学馆举行毕业纪念后的合影照片。封四是我们在毕业仪式上在孔子像前朗读的《祭先贤辞》。这本年报已成为我们实验室交流的平台和成长历史记录。通过它也构建了特殊的毕业典礼。

往届毕业生和在校师生之间的学缘和学脉关系，对同学们后续发展以及他们之间的合作起到了助推作用。

访：王老师，我看过你们的年报，办得很有特色。记得您还给我们档案馆赠送过一本《文化沙龙文集》。

特殊的毕业仪式

王：是的，在团队建设和研究生培养过程中，我感到现在的学生人文修养不足，表达、沟通能力不够。近些年来，教育越来越功利化，文理分科，使得我们理科的硕士、博士，人文思想、人文修养不足，导致我们的学生文章写不好，认识问题、分析问题、解决问题比较片面、肤浅。做事情比较功利，只是着急发文章，急着找一个程序模拟模拟，出点数据，然后发几篇SCI文章，一区、二区、三区的文章，就觉得自己很了不起了。其实你会发现，人走向社会需要的是综合素养，而综合素养源自于教育。因此，我们在实验室建立了图书资料墙，除了专业书、工具书之外，我们还购置了很多历史、文学、哲学书籍，包括小说、《读者》杂志等，希望同学们在学习之余博览群书。

学生工作室图书墙有大量非核学专业书籍，俨然一个图书室

为了进一步提升研究生的综合修养，我们每两周组织一次文化沙龙，除了不谈政治之外，其他所有的话题都可以讨论。老师、同学自愿参加。自开办以来，已经组织了数十场。前年我讲了“我爱你中国”。后来我又讲了“世界上最后一片净土”，介绍肯尼亚东非大裂谷。2014年我做了第一讲“教育漫谈”，谈教育，什么是教育，我们教什么，育什么，学什么，怎么学，等等。谈一些对教育的思考和理念。还做了一些中外教育的比较。其他老师、同学有的谈音乐，有的谈诗歌，有的谈历史，有的谈经济现象，房地产、世界杯、屏幕病、人生观，谈互联网时代，等等，还有谈访问日本、美国等国以及台湾等地区后的感想。如果一个硕士生在这里待3年，他可以听60个报告，你看看他将有多宽的视野、多宽的思路；如果博士生待上五年、六年，他可以听一百多个报告；如果一个老师在这里待了多年，他自己也做报告、听报告，你看他可以得到什么样的提升。

每年年底，我们将主要报告的PPT讲稿编撰成集。这个就是我们每年文化沙龙的PPT文集。我会给每一集都写一个序，这一集（2014年）的序我写的是“文化构筑灵魂”。我们不仅要有知识，更重要的是要有文化；不仅要有文凭还要有水平；不仅要有学历，更要有能力。在人生中文化发挥着重要作用。所以说我们搞文化沙龙，为理科的学生提升文化修养、开阔视野。现在《文化沙龙文集》已成为实验室文化交流的记载，并作为礼物送给已毕业的学生和来访者，与大家共勉，非常受欢迎。

有人说，你们理科的实验室搞人文讲座，是不是不务正业。我不这么认为。在编撰文集时我写了4句话：“人文构筑灵魂。科技促进发展。艺术提升品位。文化丰富生活。”这就是我们的认识和理念。人文修养是塑造一个人的人生观、世界观、价值观的基础，是指做人的基本理念、思想。而且人文修养决定了人最终是不是一个有才能，并且有贡献、有责任的一个人。所以说，我们实验室在教育理念上，更强调理科学生既要有良好的科学素养，更要有良好的人文修养。作为一个优秀的学者，他应该是上知天文，下知地理，博古通今，懂文学，通艺术，善运动。但是我们现在的差距还很大。

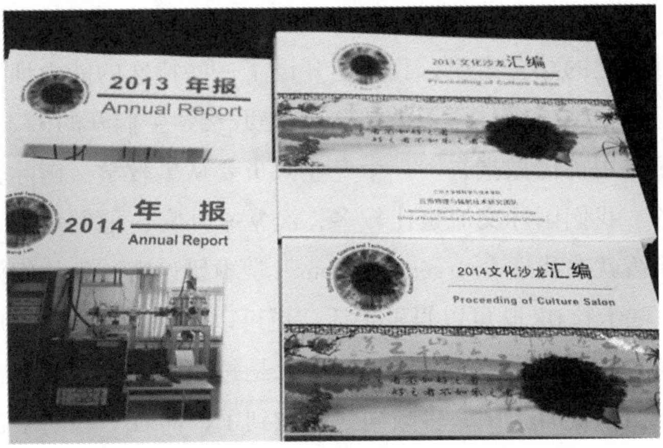

历年的工作年报及文化沙龙汇编

南怀瑾有一句话，我改写了一下，写成了一个对子：道为骨，儒为表，真为本，大度看世界；才在身，技在手，思在脑，从容过生活。横批是“道德文章”。道德指做人，文章指做事。所以说，光会做事不行，更要会做人。做人的关键是有“道”，有了道行的人就会淡泊名利，淡泊了名利，自然就会“大度看世界”。

有才能、才学、技术固然很重要，但更要有思想，这些本领都有了，当然可以“从容过生活”啦！我把这句话印在“文化沙龙文集”的扉页上，作为团队的座右铭。

除了文化沙龙之外，我们团队还经常组织文娱体育和各种集体活动。研究生们自己组织，自愿参加。这样，学生的业余生活是丰富多彩的，而且团队的凝聚力得到了明显提升，形成了团结、和谐、奋进的团队氛围。大家互相帮助，师兄弟之间的关系很融洽。这十几年来，没有一个学生到我这儿说跟谁闹了矛盾、打架了、吵架了。更多的是他们有些困难，偶尔有些烦恼来找我谈谈，内容不局限于专业上的，很多是生活中的问题，或者就业上的问题、爱情婚姻问题，都可以交流。我觉得老师的作用，最重要的不是给学生教会什么东西，更多的是教会他们一种思考的方法，教会他们处理问题、思辨问题的手段，这就是所谓的“授人以渔”，而不是给他灌输了多少知识，手把手教了多少技能。那些是必要的，但不是最根本的。根本的是要教会他们生活，教会他们工作，教会他们学习，教会他们自己完成任务。这样的话这个学生走出社会，走进工作岗位的时候，他就是一个成熟的人、独立的人。

为了提升学生的综合素质，我们还开设了一些特殊的能力训练课。如“用英语做报告”“唱卡拉OK”“学习游泳”，就是我给学生们开的3门附加课。硕士生在二年级时要用英语做报告。一个专业人员要从事教学、国际交流，说英语是非常必要的。我们国际交流也比较多，经常来外宾，他们每个人都要能张嘴说。硕士二年级就在我这个小seminarroom（学术研讨室）由他们做报告，要锻炼他们去讲。唱卡拉OK既可以娱乐生活，更可以锻炼人的心理素质，使他们能够在公众面前自如地表达自己的思想。游泳是每一个人都应该具备的技能。这些课都将在他们毕业时考试，多数同学都做到了，而且一些同学在毕业后从中受益匪浅。

我们实验室对外合作交流比较频繁，正常情况下总有七八人在国外留学、工作。我希望每个博士生都应该有在国外留学、工作的经历，积极推荐他们到国外留学。实际上，我的多数博士生都出过国。因为国内的实验条件有限，我们需要借助国际合作来拓展研究方法和研究手段，同时也想培养我们的人。更重要的是派他们出国之后，都开阔了视野，增长了见识，更新了观念，然后把那些新的文化、研究方法、理念带回来。

访：听说你们每年还举行毕业仪式？

王：是的，每年研究生通过论文答辩后，我们都会在兰州市国学馆为他们搞一个纪念仪式。这里有一个合影，照片中碑文所写——己欲立而立人，己欲达而达人。天行健，君子以自强不息。这些都是很好的国学的精神。在孔子像前，我们要朗诵《祭先贤辞》。其中描述了国学馆的场景，同时也抒发了作为一个学人要继承先贤的遗志，发奋图强，报效祖国的愿望。另外，我还给他们赠送3样毕业礼物，一个就是我写的那本书——《人生悟理》。另外一个就是刚才说过的那个他们朗诵过的、有我签名的《祭先贤辞》，我给加一个红封皮，那是独一无二的。再一个就是这个水晶盘子，这个盘子的图案跟我那本书的封面一样，是一只眼睛，中间印的是地图，站了一圈人，然后蓝色是大气层、宇宙，透过这只眼睛看天地人，看世界，看宇宙。也就是我们要胸怀祖国，放眼全球。我们的眼睛就是我们观察世界、认识世界、揭示自然规律的一个窗口。在底座上印的是我们的队训。这个背面是最重要的，刻上了毕业生的名字、毕业年份、取得的学位，我用刻刀亲手给刻上，这是水晶的，很硬，我刻不好，但是我认认真真给他刻下来。这就是给他的独一无二的礼物。这是老师送给他的一个永久纪念。我希望他们都有一个水晶一样的心，有水晶一样的光明前途。

向毕业生赠送特制纪念品

访：你所做的这些非常让人感动。这些礼物对学生来说非常有纪念意义。您的这些做法有没有想过向核学院或学校推广？

王：无法复制。因为核学院不止我一个教授。对同样的东西不同的人看法也不一样，各有各的理念，各有各的方法，这也是大学特点。大学应该讲究文化的多样性、观念的多样性、思想的多样性、方法的多样性，这就是大学。所以说，我可以在我的团队里去推广，大家也认同。但是我不能在核学院去强行推广，尽管我是核学院主管科研、对外合作交流的副院长，过去也管过研究生培养，但是我只能在我的工作中尽量地去宣传、推动，我不能强制。更不用说在学校层面推广了。多样性和丰富性是未来最需要的，没有丰富性和多样性就不会有创新。其他老师也有很多东西值得我学习。尺有所短，寸有所长，各取所需。但是最重要的是培养合格的人。

访：您最早的学生是哪一年毕业的？现在已经培养了多少研究生？以前培养的学生现在都在哪里工作？

王：我2003年到学校工作，最早的博士是2009年毕业的，硕士2006年就毕业了。我名下培养的博士、硕士（生）加起来已经差不多有70名，包括正在读的，这个年报上有他们的名单。已毕业的学生，在国外有几个，在国内就业的，多数在科研院所、核工业集团公司、高等学校和环保系统工作，遍布全国。

他们整体上表现都挺好，恋爱、婚姻、工作大体上都还顺利，个别的一开始遇到一点困难，后来都解决了，还没有出现大的问题的。所以说，他们都愉快地工作着，幸福地生活着。个别进步快的已经当教授了，当副教授、副研究员的已经有好几位了。这一点我心里还比较满意。

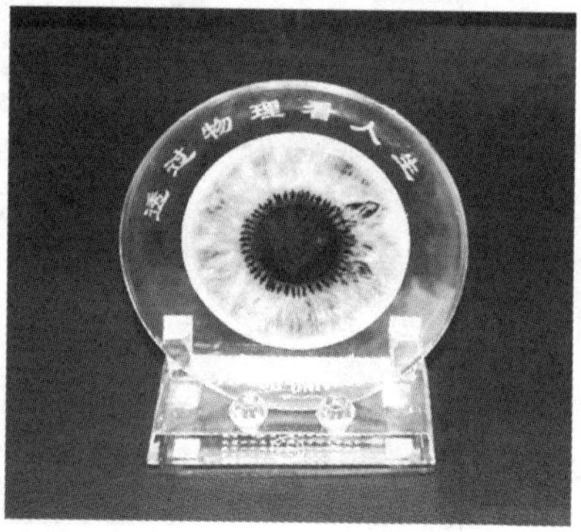

特制毕业纪念品

如果说2003年我来到兰大时种下了一颗小树苗，现在已经长成一棵枝繁叶茂的大树，结出了几十个果，他们又在国内外生根发芽，长成了小树，将来他们再培养更多的人，那么就会形成一片林。这也是我作为一个老师的梦想、期望和骄傲。

前面关于教育和我们的一些实践，已经谈得很多了。最后，还是回到核学院的发展上来吧。我们学院历经风风雨雨，已经走过了一个甲子。经过几代人的不懈努力，取得了我们当下的业绩。我们这一代人应该承前启后，努力开拓、创新。在未来的一个甲子中，把学院办得更具特色，为我国核科学事业培养出更多优秀人才。但那个时候，我们可能都已不在世了，但我们的知识、思想、理念、精神将会得到传承。

访：谢谢您的讲述。也祝核学院和您的团队在未来的教学、科研中取得更大的成绩。

王：也非常谢谢你们的访谈，你们的口述历史访谈做得也非常有特色。

| 人物简介 |

王铁山，男，1962年生于辽宁省沈阳市。现任核学院教授、博士生导师。1979年考入兰大现物系核物理专业，1983年毕业后到中国科学院近代物理研究所工作。2003年从德国回国后，通过兰大“萃英人才计划”回到母校工作，被聘为教授、博士生导师。2006年核科学与技术学院成立，任副院长，主管研究生培养和对外合作交流工作。2008年到2013年在学校外事处任职，负责学校对外学术交流与合作。2013年又回到核学院任副院长，主管科学研究和对外合作交流工作。现任中国核物理学会常务理事，中国核学会辐射物理分会常务理事，中国科学院大学兼职博士生导师，甘肃省第一层次领军人才，甘肃省政协第十一届委员会委员。

在30余年的科研实践中，先后主持完成了国际合作4项，国家重大专项课题2项，国家自然科学基金5项，国防基金4项，中科院各类基金课题4项，教育部基金1项，横向课题10余项。同时，主要参加了多项国家、国防项目。出版专著一部。发表各类学术文章100余篇，参加国际会议30余次，在国内外做邀请报告40余次。累计指导博士、硕士研究生70余名。讲授各类课程7门。

李　燕

我和我的大学

时　间：2015年6月12日
地　点：核学院321会议室
人　物：李　燕
访谈人：王秋林
摄　像：阎　军
文字整理：蒋竺晏

访：李书记，我是兰州大学档案馆王秋林。我们现在正在做一项“萃英记忆工程”，请我们的老先生、老校友，还有兰大的老朋友，回忆在兰大学习、生活、工作的经历，回忆给他们留下印象的人和事。我们通过这种人物采访、录音录像的形式，把老校友们对兰大的回忆留下来，把老校友们的形象留下来，为后来者了解、认识兰大留存一些资料。当然也有一些比较适合现在时代精神、正能量的东西，我们也可以把它撰写出来，征订出来以后，作为对青年学生、教职工的引导。您现在是专家，也是干部，也是这个专业的骨干，在领导岗位上。今天专门请您做一些回忆。您是我们81级核物理的校友？

李：对，81级，那时候还叫现物系。说实在的，来兰州大学也是我误打误撞进来的，当初高考比我考的分数高的都去到南开这些学校去了，我当时是哭着来兰大的，但是现在回过头去，很庆幸兰大选择了我。因为在专业的报考上，也是年轻人的一种冲动，又看有物理系，还有现代物理系，心想加个现代两个字，这更前沿，我就报了现代物理系。结果现代物理系当时是因为涉核，好多人不太愿意报，生源紧张，有人主动进来，一看考得还可以，就赶快往篮子里捡，结果造成的是我们那一年现物系只有核物理专业，招了31个人，就我一个女生。我后来才知道，学校当时还开了个会，说要做调整，说一个女孩子放在那儿不利于她成长。当时有一个我们的教导员姓赵，叫赵忠凯，计算机系的，后来去计算机系了，也是个老一代老师，他就跟王化民老师（王化民老师已经过世了）他们还正儿八经开了个会，就说我们本来生源就紧张，一个女生，她自己要报这个专业的，为什么不让她试一下。当时都已经调好了，让我进物理系，他们坚持，就让我留在了现物系，所以从此这种偶然的因素让我走上了核科学的道路。而且我刚才已经说过了，我一点也不后悔，我觉得核科学是我一生的财富，虽然在学校的时候是比较辛苦一点，因为我们班他们老说，现物系的那个尾巴又出来了，人家三十个男生，三个人一排，排十排就走了，去参加学校活动了，我没处站呐，我就只好远远地跟着这30个光头屁股后，就往学校里来。但是呢，也就是这给了我财富。我刚到上海的时候，他们说你做事的时候有点像男同志。我说这可能真是得益于这个环境，我要跟这30个男同学打交道。有一些女同志可能比较优柔寡断，在我这儿可能就比较干脆利落了，也不怎么喜欢逛街之类的，但是也逛的。所以回过头再去看这些经历，真的人只要踏踏实实一路走过来，再回头看那都是你的财富。假如我没有选择核科学，我也大概走不到今天。当时因为只有我一个女生，跟人家混住，所以我宿舍住的有无线电系的，有气象的，有中文的，还有个外语系的。她们都说，你好可怜啊。我说怎么了，她们都没课上，我一天到晚得踩着点去抢座位，因为我们是跟着物理系上大课，前一年半我们是住在6号楼，就马路边那个。正是那4年就是这么实实在在、踏踏实实过来的，所以学的知识面就比较宽，知识比较扎实，所以在以后的工作中一会儿转这个，一会儿转那个，把书拿出来看看，毕竟是年轻的时候学的，很快就能拎得起来，所以我一直非常感谢兰大比较系统的、扎实的、基础性的教育。所以，我觉得挺好，现在很多人都把我当成兰州人了，实际上我不是，我老家不是兰州的。一听别人说我是兰州的，我就说，噢，第二故乡。

书院式大学生活

李：我觉得我们在学校的时候，兰大的老师真的是个个都有特色的。虽然现在特别流行时髦，叫书院制培养学生，我跟他们开玩笑说，你们现在才想起来书院制，我们现物系30年前就是书院制。因为我们后几年得搬到定西路那个小院（二分部），我们住的宿舍就是一套单元房，同老师一个门进去，所以我们的老师都在那院里住，我们教学楼实验基地都在那，老师、连老师的家属都跟我们一起住，很多老师的孩子我们也很熟，现在上海新办的那些大学也都要求教授们住在学校，要跟同学同吃同住。我回过头一看，我们之所以能像今天这样，无疑得益于当年的这种模式，大家并没有给它起个名字叫书院制，这个书院制是来自牛津剑桥的一种陪伴学生的做法。你想我们系就31个学生，那一年有那么多的老师，他们的家属都在这，所以我们无意中享受了这种书院制。我们还常到老师家里去吃饭，这不仅仅是老师陪伴我们了，而是老师请我们进家门了。而且我们那时候的老师，有清华的、北大的，因为那时候有两弹一星，在西北建立了近物所，然后有很多核科学的老师是从各个地方聚集在这儿的。所以那个软环境和它带来的文化，是多元化的。那些老师，像上海交大、北大的老先生，都把他们自己当时受教的那个环境里的精华部分带到了这儿，汇聚在了一起，我觉得这是非常重要的一件事。因为年轻人接受能力强，那种思维或者意识形态的东西，是多元化的。我现在老是拿那些老师当年说的一些话教育下一代，所以我现在也觉得我老了，但我觉得都挺好。我们对本部是非常有感情的。每次回来，他们拉我去榆中校区，我就说，又去榆中啦。现在大家都有微信，我看最活跃的是兰大的，这些称之为兰大人的有不同专业的微信群。我们跟其他人不同的地方是，在受过西北的洗礼之后，我们不分年级的，比如只要一说起说做核电的，马上一个兰大核电人，这里边有我这最老的81级的，还有这小的们，零几级的，都在这儿。只要你说你到哪了，在那个群里边说我今天到哪儿了，有兰大的吗，那儿地陪就出现了。这个是跟其他学校不太一样的，其他学校可能就是同年级的，在校的时候认识的，可能就相互熟悉一点，接触多一点。但我们不是，我说你们这个是跨度，我有时候不太好意思，他们都要把年级标出来，年级标出来的话，我一看，完了，最老的，老司令没有，除了青头没出现，我就是最老的了。他们就开玩笑说叫师姐，我说你差不多要叫师姑了。那些零几级的，他们说有这称呼吗，我说有，你愿意叫师姐就叫师姐，愿意叫师姑就叫师姑呗，蛮有意思的。我觉得就是这种西北的豪爽跟朴实造就了兰大人，出去之后都是比较务实的，就是干事，一直在干，说得少，你看我们没有抢风头的去新闻媒体里面介绍什么。各行各业，我们称之为中流砥柱的，都有兰大的在，但我们宣传得不多。我们那时现物系招生是一年核物理，一年放化，一年的招生量也就是四五十个人，但我们现在核物理这一个专业已经出了两个院士了，詹文龙、夏佳文都是。看见夏佳文，他叫我师姐，我说别叫我，夏先生，我惭愧，虽然是师姐，没师弟干得好。我出国前一直做业务，在国外也是做业务，回来又做了几年之后，做了新核素。在中国本土新核素发现之后，我们所正好到了一个转变时期，所里让我出任科技处做管理工作，我们叫计划处，那时候叫科研处，我觉得这样也能发挥自己的作用，不过业务工作就慢慢做得少了，目前只带几个学生。除了资产财务，我们所其他的我都涉及过。

我和我的老师

访：您刚才在讲到咱们各个老师都很有特质，这主要给你留下什么具体的印象，就是哪些老师对您后来的学习或者是经历有帮助？

李：很抱歉有些老师的名字都记不清了。我记着的，物理学院有一个叫蔡汉森的老师，个子不高，广东人。那时我们上物理课，蔡老师教普通力学。这老师给我印象很深的是，他的教学方式不是照本宣科，他的课堂丰富多彩，他的考试方式也跟其他老师不一样，把我们这些刚来第一学期的新生都搞蒙了。讲普通力学的时候，他有时给我们在雁滩公园的冰面上讲转动惯量，就是人怎么转得快，伸手或者是在冰面上。他花样滑冰滑得很好，课堂就搬到那去给我们讲转动惯量。讲摆钟原理的时候，他跳到那讲台上，站在凳子上，用他的胳膊当钟摆一样地讲。他就是把很抽象的逻辑性的物理的规律和原理跟事实、现实生活结合起来，我觉得这些东西学起来没那么枯燥，这都是在实际生活中能找到的，所以这个老师对我影响是蛮深的。他考试的时候，不是像现在出几道论述题，几道计算题。我记不清楚是出了多少道填空题，但肯定是大于50道的，就在那两个小时，你必须理解了普通物理的基本概念以后才能够快速地做出来。他很创新的，学校也允许他这样。他这种教学方式是我们后来再带学生的时候，学生反馈回来的。我的学生也说，老师你有时候讲知识很形象。我可以把理论概念比划出来，这个可能就是跟这老师学的，就是受老师的影响。还有一个老师是许伯威，许伯威老师去世了，是我们现物系的一个老师，上海交大毕业的。他是更像行政，我们学校那时候，是徐躬耦时代，就比他年轻一点，这个老师没教过我课，但是因为他是一个人住在我们那儿，家属在上海，他就常年一个人在这儿，所以他有更多的时间跟我们待在一起，真的是书院制。他没教过我们课，但是经常组织年轻人，不是这个课程的学习的那些小聚会，而是课外的。你想讲什么就讲什么，我虽然没有轮得上讲，但是听这个报告给我们很多启迪。我到现在还经常跟学生讲他的两句话，就是鼓励大家交流的，说："你有一个苹果，我有一个苹果，我们两个换一换，你还是一个苹果，我还是一个苹果；但是你有一个思想，我有一个思想，咱俩换一换，你有两思想，我有两思想。"

访：这个例子很生动啊！

李：所以这个老师虽然没教过我课，但是他回到上海的时候，我因为到了上海，还经常逮着机会去看他。但是很遗憾的是他真的是非常有个性的，他生病去世的时候，他特地跟家人交代，第一不要开追悼会，第二不要通知任何人，所以我们都没人跟他告别。这些老师的话有时候会影响你一生，你可能自觉不自觉地都在运用。因为高中生无非就是课本上的那些知识，说大了叫人生观、世界观、价值观还没形成，真正形成是在大学，你对事情有你自己的判断或者是有一些见解，就是属于你自己的观点，是在这个阶段形成。这个阶段的老师的话和老师带给你的那个空间是影响你一生的。我们系上还有一位曾保生，教我们量子力学的。他是一口地道的甘肃话，用带着甘肃口音的话给我们讲课，所以印象很深。我老开玩笑说，大家都不太务正业，像我们搞研究的，本来你踏踏实实做实验，但是现在就必须带学生，成了兼职教师，而我们的老师们呢，又必须做研究，上课的精力就分散了，因为考核的指挥棒在那，不申请项目的话职称就上不了。但是我个人认为你干哪行，哪行就是你的主业，你就应该做好，我觉得我们当年的老师就做到了。曾保生老师普通话不怎么标准，但量子力学都在他脑子里，他从来不要教科书，板书写得整整齐齐的，本来量子力学都是那些符号，很枯燥的，被他一讲还挺有意思。所以现在我觉得大学里就缺少这样的授课老师。现在大家都有点跟着考核指挥棒转，只能这么说。

访：您的毕业论文？

李：啊，指导我毕业论文的老师目前在北京。毕业之后，很庆幸我见过他一次，是开学术会议的时候。如果我没记错的话，是江兴流。我很庆幸当时报了他的实验室。在我们现物系那小院，中间有个花园，他的实验室在那个花园东面的那一排房子里，他刚在德国待了几年回来。那时候没有Internet，他带了很多比较前卫的理念回来了。在他实验室里面做火花放电。火花放电的装置是我搭起来的一个小装置，那个不是太难，但是结构、几何图形、设计，他采用了跟国外接轨的方式。当时我们物理系有两位同学跟着他做毕业论文半年，他采用国外的方式给了题目之后，让我们自己去实验室，只要是注意安全，所以我们就是开了实验室自己进去，整天在那折腾。我记得特别清楚，502胶水刚有，那还是他从德国带回来的，很宝贵的，用一点马上就粘起来了，那时候国内没卖的。总是用502，因为总在粘陶瓷片，一天到晚把手都粘到那个上面拿不下来，没想到那个东西那么强劲有力。年轻人有时怎么想就怎么做，这种方式让我们提前感受到了课堂之外的做研究的教育方式，我觉得这位老师也挺好的。现在扩招了之后，好多实验课学生多设备少，在学校学生接触仪器的时间很少。不像我们那时候，老师把整个实验室交给我们，对我们开放，有事的时候跟我们讨论讨论，没事的时候就自己干吧。当时有一个很好的实验员，在实验室，他给我们直接的帮助，这老师姓什么我想不起来了，是杨亚天老师的夫人。后来我们工作之后她也经常跟我联系，最近不知道人在哪。她是实验员，我们有什么事或者需要什么的话都找她。

丰富多彩的大学生活

李：我们班级活动可丰富多彩了，学核物理的人一个是团结，一个是鬼点子多，我们班的这些人当时是出了名的。因为现物系从81级起是正常年龄了，前几级的平均年龄都比我们大，像詹文龙他们77级有的都有孩子，所以我们班有两个小的，吃饭的时候他们都说哪来的小毛头。我们这一级在学校也是在6号楼也出了名的，只要比赛比如篮球之类的我们都是得奖的。那时候兴隆山还没开发，完全原生态的，国庆要把国旗插在兴隆山顶，想着那时候真是年轻，连路都没有，不知道怎么就爬上去，现在让我爬，一定爬不上去了。我们班经常有这些活动，比如在皋兰山山顶种树。我刚说了我们班只有我一个女生，所以他们觉得我老不跟他们接触，跟其他系的女生玩，后来他们30个人一商量，在改选班干部的时候，全票通过我当生活委员。后来毕业了他们才告诉我让我当生活委员的原因。因为30张粮票每个月都得发一次，这样我每个月必须跟他们接触一次。也许就是他们给我这个机会，锻炼了我的管理能力。那时候要在皋兰山山顶种树种草，我们班的每次组织活动就上山。我后来再没有上皋兰山，找时间要上去看看我们班种的那些树活了没，就在正山顶的东南面有一大片。我们这上山种树也不知道种了多少次，除了种树还要种草。草籽没地方弄，他们说生活委员弄，我说生活委员不会爬树。后来晚上一阵狂风之后，树种子落了一地，就是在现物系的院子里面，我就拿着大扫把，扫了装袋子里，之后就种草去了。男孩毕竟跑得快，那时候山上很荒，一下就没影了，就把我一个人扔在后边。拎着那些树种，谁要来帮忙，他们就起哄。当时是恶作剧，有点捉弄人。我们还组织活动：给七中要高考的学生谈如何应战，如何复习。我觉得当时的活动都蛮多的。我们班还组织去刘家峡玩，那时候刘家峡水库刚建好。我们先种树，种完树去玩。想想那时候胆子真大，在刘家峡水库，一个小破船，没有桨，只有两个破铁锹。我们就划那小船一直划到大坝前，我现在想到都后怕，要是翻了之后，没几个会游泳的。这都是那时我们班组织的活动。现在他们说刘家峡已经满山都是绿的了，有时间去看看。那儿也有我们种的树，一颗一颗的树种在那儿，所以西北、兰大给我们的印象挺好的。

访：现在兰大有“自强不息，独树一帜”的精神，还有一个后来说“兰大现象”，您对这些怎么看？

李：“自强不息，独树一帜”，我想可能这是后来总结的吧？

访：是的，后来校庆总结的。

访谈人王秋林与李燕合影

李：我就觉得当时是没有的。但确实凝练出了我们兰大同学的精神。我们老开玩笑，虽然是地处西北这个落后地区，但我们很自信，就是因为这种自强。我们说得狠的时候就说，怎么样，不行的话把西北狼拉出来看看。我们把西北出来的叫西北狼。也许我们不像清华北大交大那样是英才，但我们最起码都是各个行业的人才，只要这个事情交给他，他就想尽一切办法去做，去进取，他不一定是最优秀的，但他一定是最靠得住的。

访：就是很踏实。

李：对，就是。独树一帜我不知道。自强不息给我印象比较深，独树一帜是为了体现西北。也许独树一帜，跟我刚才说的我们校友不分年级有关系，我是这样理解的。我们上海的校友会是2005年成立的，有大约2 000校友。这里面有很大一部分是兰医的，而兰医在上海当主任医师的还不少，做得还挺不错。比如上海市要评比聚爱心医师的话，校友会一个号召，谁谁是兰大哪一级毕业的，请校友们投票，那校友们就开始投票。

访：今年全国的五四先进工作者4个人里边3个是咱们医学的。

李：对，我就觉得咱们兰医培养出来的挺好的。兰大现象，是什么意思？

访：兰大现象，曾经有过一个考试，多次在全国拿了第一名，有一个是物理的卡斯匹亚考试，这两个都取得非常好的成绩。

李：我们班有一个卡斯匹亚考出去的，到现在还没回来。

访：还有就是，咱们地学，李吉均、秦大河、效存德师徒3人勇登地球三极，就说是兰大人吃的是草，挤的是奶，就把这些都统称为兰大现象。这个因为在你们上学的时候可能还不是那么明显，后来社会上才出来的。

李：这个叫兰大形象，我们在学校的时候，感到非常自豪的是写教科书的老师好多都是我们学校的，像物理系那个教磁学的老师。电磁学，我们学的两本书，就是他的。我们学核物理，徐躬耦老先生的书。还有当时我们在的时候的化学系，也有一个很强的老师。那都是当时学术已经做得非常好的人，学术方面比较领先。后来，徐躬耦因为家庭原因走了，所以我们就说现物系徐躬耦老先生一走，成了胜利大逃亡了，老师都走了，外地的老师走得非常多，教我们的那些老师，有在广州的，也有在福州、上海、北京。

访：就是吴王锁说的那个迷茫期，核学迷茫时期。

李：对对，就是那段时间。您说兰大现象，前几天我们兰大的微信群里面发布了一个排行榜，就是1977年恢复高考以来，各大院校新培养的学生当上院士的，兰大一点也不低，总共7个。您看有些所谓的名校也没我们多，如果说按百分比算的话，可能我们还是高的，兰大成功是老一代老师的贡献。

访：你们一级的同学，现在主要在做什么？

李：大概有不到一半的人还跟核科学有关。朱纪，五〇四厂长，这是我同班的，然后汉中四〇五，西安二六二，同核相关的，也有我们同班同学。

访：有一部分人还是离开了核专业。

李：对，近物所的王志光现在做ADS，杰青获得者，那也是我同班同学。我们开玩笑说，我们班要是再有人能当院士，只有你是我们的希望。因为他现在还是全部都在做科研，而且他有一直坚持的领域，他一直在做材料的辐照损伤之类。像我们虽然一直在做研究，但转得比较多，一开始做比较纯的核结构、核反应这些，包括新核素，但是后来又转核技术应用，研究大气环境，就是PM2.5。我们20世纪末就研究这个，那时候没人理睬我们，还说我们不关心大气，只关心水，现在大家都已经形成共识了，必须治理PM2.5。后来我做得就比较平衡，但他就一直坚持在一个领域积累几十年。我们还有同学在北京四〇一，房山原子能院，最起码是中层了，是室主任；还有一些同学转做公司的，大部分是同核相关的，就是仪器设备公司。我们同学中还有两个老板，很有钱的。学物理的人，尤其是学核物理的，要么团结，要么独树一帜，有自己的想法。说了大家都不相信，我们班31个人里边现在有一位专职牧师，在国外；还有一位出家当和尚的，但是他家产万贯，委托给人继续经营他的公司，自己清修去了。所以就说学核物理的人，比较有些想法，比较奇怪，真的是独树一帜。我们有一个小师弟，真的是很遗憾，在贵州已经做到学校副校长，但英年早逝。他从政比较早，还当过科技副县长。在工物院、绵阳九院，也有我们班的同学。

访：今年是核学建设发展和人才培养60周年，您对核学院有什么期望或者是祝愿？

李：如果说是祝愿的话，我希望不管是叫核学院也好，叫什么学院也好，现物系的非常扎实的基础知识的教育和独立的很自信的动手能力这样的烙印能够永久地传承下去。

访：好好，请您留个言。谢谢。

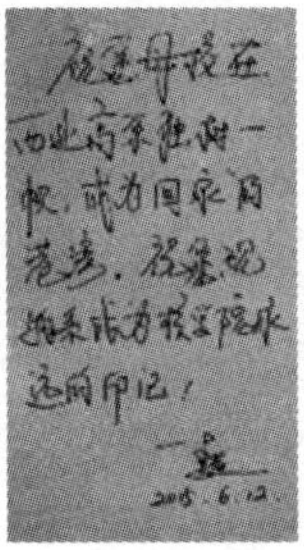

李燕题字：

祝愿母校在西北高原独树一帜，成为国家的港湾，祝愿现物系成为核学院永远的印记。

| 人物简介 |

李燕，系我校1981级校友，现任中国科学院上海应用物理研究所党委副书记，纪委书记，研究员。

吴维学

不越沙丘，怎见绿洲[1]

时　间：2017年12月11日
地　点：海口市国商大酒店
人　物：吴维学
访谈人：阎　军
摄　像：阎　军
文字整理：曾小迦　段小平

我曾在沙漠里跋涉，饥渴扼住了我的咽喉，我没有绝望地向死神低头，而是勇敢地走出了那荒无人烟的地方。生活告诉我，翻过前面的沙丘，那里就有一片如茵的绿洲，那里有一股潺潺的溪流。

——吴维学

访：吴总您好，兰州大学档案馆开展了一项工作叫“萃英记忆工程”，请校友回顾上大学的情景。今天请您谈一谈母校的师德师风以及学校教育对您的影响。

①转引自兰州大学新闻网吴维学http：//news.lzu.edu.cn/c/201803/47971.html

敬业的老师和融洽的师生关系

吴：谢谢阎老师！

我于1981年考入兰大现物系原子核物理专业。在兰大学习期间，我觉得收获有几个方面：一个就是兰大老师严谨治学的态度。那时候我觉得不管是老师也好，学风也好，给我的感觉就是非常正，用现在的话说就叫正能量。我觉得主要就是八个字：团结起来，振兴中华。当时就感觉兰大学风很浓。那个时候为什么要考兰大呢？小时候，我说我要搞原子弹，一直有这么一个想法。后来听说兰大核物理比较厉害，我就报考了。还有一个就是到了学校以后，感觉到了学校学术氛围的浓郁。我们的老师都很敬业。基础课是在学校（注：校本部，又称城关校区西区）上的，后来现物系专门有个小院，叫二分部，上专业课。我记得基础课有几个老师给我们的印象非常美好。一位物理系的老师叫蔡汉森。他讲课就像一个演员，幽默诙谐，学生想走神都很难。研究真空镀膜的宋长安老师，非常敬业，还会武术。我们师生关系非常融洽。到了专业课的时候，系小人少，老师和学生的关系更好。

访：这么多年你还记得，说明你当时是个好学生啊。

吴：也谈不上好学生。我当时比较调皮，每天在现物系的果园跟小孩们练武术。这些老师呢，一是敬业。教授、科研员，都很敬业，很认真，把知识传授给我们。二是和学生的关系很好。像苏桐龄老师、宋长安老师，我经常去他们家吃饭，他们一做好吃的就喊我过去。我们当时和老师的宿舍就是一个直角，楼与楼挨着的，下楼就去他们家吃饭去了，人家把好吃的也留给我们。这种关系啊，非常的纯洁，非常的亲密。老师们的善良和他们对学生的爱护影响了我后来的为人处世，比如对下属非常友善。这是大学里印象最深刻的。还有，我记得中国足球打败科威特了，我们很激动，连夜出来游行。总体来说是正能量，整体向上。

难忘的丝路骑行之旅

吴：最最深刻的记忆就是1983年参加了兰州大学的兰天丝绸之路考察队。

访：兰州大学的兰天丝绸之路考察队，当时在社会上影响很大。

吴：对，影响很大。这是改革开放以后第一支大学生兰天丝绸之路考察队。当时尧茂书（注：西南交通大学职工，“长江漂流第一人”）还没漂流长江，余纯顺（注：上海人，徒步穿越罗布泊时遇难）也没有走到沙漠里去。我记得那时在一食堂贴了布告，让大家报名。规定了8个条件：思想品德好的、没受过处分的、没有补考的，等等。我就报名了，很荣幸，现物系只有我一个人被选上了。当时我还不到18岁，17岁左右。我考上兰大还不到16岁，是比较小的。历时43天，差不多1万里路，横穿腾格里沙漠，翻过祁连山和阿尔金山的交界处，就是当金山山口，一直到青海德令哈、茶卡盐湖，然后返回。这次活动对我人生的影响可以说一直持续到现在，真正体会到了“读万卷书、行万里路”。

访：那很苦的啊！

吴：那时候骑着那个天津自行车二厂的加重自行车，平均每天100多公里。当时也没觉得怎么苦，到现在也觉得当时好多事也没有那么苦，坚持一下就过来了。

访：那里海拔挺高的。

吴：是啊！当金山山口是4 500米，我们在山下穿短袖，到山顶穿羽绒服。1984年第10期的《中国画报》还登了我们，那期封面就是彭丽媛唱《希望的田野》照片。《中国青年报》《人民日报》都登了，当时这个事很轰动的。很苦，但始终有一片沙漠一片绿洲这样过去。所以回来的时候我还写了个感想："我曾在困境的沙漠里跋涉，饥渴扼住了我的咽喉，我们没有绝望地向他低头，而是骑自行车勇敢地走出了。生活告诉我，翻过前面的山丘，那里有一片如茵的绿洲，那里有一股潺潺的溪流。"我们有个队员叫张虎才，现在是云南师范大学的教授，他来开会，我见他，回忆起来那些事情。他说："你还记得山丹军马场吗？下雨了地上形成小疙瘩路，骑不了就推着走，还饿，那种肚皮贴到后背上的感觉，我到现在还记得。"就这么推着自行车走。走一会儿又下了雨，很冷，又累又饿。快到军马场的时候雨过天晴了，漫山遍野盛开的油菜花扑面而来，心旷神怡。那时候山丹军马场还没有改革，还属于军队，一下来了很多很多的马，从珊和朱时茂主演的电影《牧马人》就是在那儿拍的。看见一股洪流似的马群过来，我们很激动。后来部队招待我们吃饭，快饿坏了，细节我忘了，反正是大吃了一顿。张虎才问我："吴维学你吃了多少？"他说他吃了4碗面条3个馒头，我说我吃了4碗面条4个馒头。这次印象很深刻，吃了很多苦，但收获很大，影响了后来我的事业，包括被分到北京从事原子核的测试，研究核爆炸对生物体的损害等。中国宣布不进行地面核试验以后，我又进行原子能和平利用，如辐射育种、辐射的低剂量刺激生长方面的研究，后来到海南又转向了养殖业，还投资一些别的行业。兰天骑行这件事给我最大的收获是：大学毕业后不一定从事所学专业，但是大学教会了我思考问题的方式。很多搞房地产的老板，不是学工民建的，往往是军人。很多企业家往往也是军人。为什么？做企业，商场和战场几乎是一样的。最主要的是思维方式和观念。很多学经济管理、学财务的，很可能都担任顾问啊、总工之类（技术职务）。我是学理科的，但那时候文科很活跃，我就加入文学社、武术队、演讲协会，等等。核物理跟我后来搞的这些东西几乎没有什么关系，但是，我觉得兰大使我有纵向的、横向的甚至T形的综合发展，这是我最大的收获，对以后的人生有很大的益处。

兰大精神对我人生的浸润

访：你现在经营企业，精神动力也是来自于兰大的教育？

吴：正是，那时候很苦，但最后都坚持下来了。当然在海南也遇上了低潮，我来的时候是1995年，那时候啥都没有，非常困难，最难的时候我坚持下来了。

访：当时是怎么做的？

吴：当时我觉得在北京的生活太平淡了，但我身体里考察队的那种激情还在。我觉得再待下去可能就像温水煮青蛙似的，可能就坏了，反正衣食无忧，就很平平淡淡地做事，后来我说我要去闯一闯，迈出这一步是不容易的。

访：那你怎么决定迈出来的？为什么没有迈向广东，而是迈向海南来了？

吴：当时海南是大特区啊，但是到了海南以后才觉得非常艰苦，非常落后，满目疮痍啊，烂尾楼一片一片的。但想到海南的热带条件，在全国不是唯一吧，也是很少的，搞热带农业还是有前途的。

访：一开始是搞农业？

吴：对啊，是农管委下属一个经济作物开发总公司，最早在三亚崖城的一个农贸商品批发市场，到那儿去当总经理，接触热带农业，现在叫热带高效农业。现在看来有它的弱点，也谈不上多高效，但很多东西是当时大陆不具备的。有些菜大棚里种不出来，种出来也不是那个味道，叫反季节蔬菜。还有一些特殊的，比如说海南的香蕉，比广东的香蕉品质要好，又比如荔枝早熟，可以提前上市，有它的特点。后来又从农业慢慢转向其他行业。专业是次要的，主要还是思维方式，还是大学形成的一种考虑问题的方式。

访：那你怎么后来又不搞蔬菜了，思维方式又变了？

吴：这是一个很特殊的原因，遇到了一个兰大的校友，他要搞类似这么一个东西，后来有点困难，让我帮助他，后来他不做了，我就捡起来了。但是现在看来是很冒险的，完全不认识这个行业，也不认识这个行业里任何一个人。

访：什么行业？

吴：就是我现在从事的电子行业，滤波器，还有网络无线充电器。无线充电方面，我们在国内是比较早的了。现在三星手机、苹果手机上的很多东西都是我的工厂在生产。还有一些配件，量也比较大。当时就是很偶然地进入这么一个行业。如果现在让我选择，我可能不会做这个事情，那时候稀里糊涂地闯进来了，也走了很多弯路，但后来坚持下来了。

访：坚持就是胜利。

吴：我当时完全不懂这个行业，没有人脉资源。但是我觉得要干就把它干好，就坚持下来。我觉得做事最终的根本还是做人，厚德才能载物，绝对是正确的。“德不配位必有灾殃”，讲的也是这个问题。很多人暴富了，但没有品德，最后还是跌得很惨。这世界没有白来的东西，你付出了多少辛苦，才有可能会有一定的收获。如果你不付出，得到的也会失去，轻易得来的也会轻易失去。你付出了很多可能什么也没有，但你不付出你肯定是没有的。你干了好事自己都忘了，但是可能这个地方已经长出一片东西，已经结了果了。你不去撒种子，永远不可能有收获的，撒到石头里，可能一场雨后石头缝中就长出东西来了。这是我的感觉。你干什么都要把人做好，然后要努力和有脑子。兰大教会了我思考，而且我要“自强不息，独树一帜”。一所被称为“最孤独的大学”，能生存下去，能持续发展，还能有那么多的成果，一定有他顽强生命力的基因。兰大的这个基因传承给了我，对我影响很大。比较其他学校，比如北京一些学校，也很优秀，他们有他们的境界，但我觉得兰大更踏实一些。

访：您现在还在做什么事业?

吴：还有一些投资，医药和传媒方面的。医疗器械方面有几个专利，模拟医药的发酵过程，包括纳米粒度的在线测量。现在大多是隔段时间取样，我们是在线测量。还有三维照相，媒体微直播，无人机监控、航拍，等等，做得还可以。现在年纪大了，觉得还是让年轻人多干一点。还要相信年轻人比我们做得好，长征、解放战争时的人多年轻啊，老打胜仗。知识的更新是非常快的。就拿编程来说，我们就算一直从事专业编程的，也不如新学编程的学生做得好，他们思想的活跃程度和年轻的活力不承认是不行的。

访：大家都说你只讲奉献，不讲索取。现在又当兰州大学海南校友会的会长，怎么想的?

吴：这个会长我觉得不太称职。因为海南的接待任务比较重，来的人比较多，总得有人出头接待，我有这个财力保证。校友会会长首先是一种奉献。千万不要利用它来做一些自己的事情。我也是海南山东商会的副会长。我就说了，千万不要用它的名气为自己谋一分钱的私利，就是一种贡献，大家活动一下，热闹一下。大家信赖你，你就是一个付出的、奉献的，你还有这么点小能力，就是要为大家奉献的，而不是为自己。说实话我的企业不大，但也犯不着为这些事损失了人格，占点小便宜，也没有意义。人走的时候张开手什么也带不走。

访：您用您的热心和财力奉献给海南校友会，使其成为一个兰大校友之家，大家很团结，很热闹。

吴：海南校友会还是比较热闹的。具体工作基本上都是校友会秘书长周大卫他们在做，我比较忙，到处飞，到处跑。我是很感激他们的。大家很团结，都是在奉献。还有很多海南大学的老师，一些新毕业的学生、公务员，他们都是在奉献，所以说众人拾柴火焰高。

访：您的企业和兰大核学院怎样对接呢?

吴：我还没考虑好。我现在还是想自己先轻松一点，我还是想把企业交给年轻人。做实业是非常累的，做工厂是非常累的，干了十几年，我觉得非常累，还是觉得投资好一点，让别人去做。现在这个工厂是我自己的，还是很操心。像一些股权投资，你就投，去控股，或者参一点点股份，让他们去做，我们还是进入一个保重身体的阶段。我就是健康、快乐、照顾好自己的家人，三大目标。

寄语母校

访：毕业这么多年了，您对学校有什么建议?

吴：现在不是建设“双一流”吗？首先要肯定现在的兰大。我最近见了兰大的几位校领导，觉得他们都很有紧迫感。我也体会到他们对校友的重视，对校友资源的挖掘，也激起了很多校友对母校的热情。现在很多校友就想回学校看看，为学校做点事。学校要有一流的校领导，要有对教授、对大师的尊重，才能培养出好学生来。从计划经济走向市场经济，兰大是经历过一些痛苦和波折的，但我现在看到她在上升，这是可喜的。兰大招生分数比不上北大和清华，比人家低很多，但经过4年培养，脱胎换骨，就成了一流的学生，这是我们兰大的伟大之处。

访：谢谢您的母校情怀！今天就谈到这里，希望您常回学校看看。

【人物简介】

吴维学，男，1965年10月出生。1981—1985年，在兰州大学现代物理系原子核物理专业学习。1985—1995年，在北京某原子能利用研究所工作。1995年去海南工作，曾任海南崖州农副产品综合批发市场总经理，现任海南荣深电子有限公司董事长，江西万安椿林焱电子有限公司董事长，东莞市科深电子有限公司董事长。

朱　纪

不忘母校培养情

时　间：2015年5月13日
地　点：中核兰州铀浓缩有限责任公司
人　物：朱　纪
访谈人：王秋林
摄　像：梁振林　陈闻歌

访：朱总，您好，档案馆正在开展一项工作叫“萃英记忆工程”，就是请我们的老先生、老校友、老朋友讲述一下曾经在兰大学习、生活的情况。

朱：哈哈，我这不算老啊。

访：您是我们的老校友嘛，请您回忆一下学校学习生活的情况。当时在学校学习的时候，哪些人或者事给您留下印象的，对您后来的工作、学习、成长有什么帮助，在这些方面做一下回忆。还有，今年是核学科人才培养60周年，核学院也准备搞一个纪念活动，所以他们也希望我们对校友，核学院的校友，做个访谈，谈谈对核学的60周年的纪念活动有什么建议，对核学将来的发展建设有些什么意见和建议，还有合作的前景等内容。请您先介绍一下自己。

朱：行，我叫朱纪，我是兰州大学现物系核物理81级的。

访：81级的？

朱：嗯，81级的。当时我是从白银公司一中考到咱们兰州大学现物系的，当时我们家在白银公司。后来1985年毕业就分到五〇四厂，一直在这个厂里，初期从事技术工作，后来慢慢地从事管理工作，现在任五〇四厂厂长。

访：咱们这个厂子现在名字叫啥？

朱：现在叫作中核兰州铀浓缩有限公司，最早我们叫国营五〇四厂，当时军工企业都有一个代号，后来经过改制，按照公司法注册以后就改成目前这个中核兰州铀浓缩有限公司这个名字。

我是西北人，老家在甘肃平凉，但我是在白银公司生白银公司长的，从小就是在白银公司长大的，父母是白银公司的第一代的创业者，1958年的时候就到了白银公司，实际上白银公司的性质跟我们现在五〇四厂的性质都是一样，是当时苏联援建156项项目之一，也都是国有的大型企业，小学我也是在白银公司第七小学念书，后来到中学的时候就在白银公司一中。当时我们小学的时候是上5年，初中是两年半，因为到初二有半年刚好是由春季招生改秋季招生啊，多上半年，高中的时候是两年，这样1981年毕业我就考到了兰州大学现物系。当时报兰州大学核物理，在我们那个年代，应该说兰大名气还是比较大的，特别在西北地区属于非常好的学校。学核物理嘛，当时也是对核物理的总体印象，觉得是一种尖端的高科技的这样一个领域，所以一直有一种憧憬向往。当时学生的就业选择或者学校选择观念跟现在不太一样，对于高精尖的这种学科大家还是非常向往的，所以当时就选择了核物理，毕业之后，我也一直从事着这个核工业领域里面的工作，应该说，对当初的选择是没有后悔的，自己在这个行业里应该说也发挥了比较好的作用，成就了今天的我。所以说对核专业也好，目前对核工业也好，一直充满着很深的感情。1981年到兰大以后，进入一个新的领域，我的人生到了第二个阶段。刚入校的时候，就听到了一个消息，说当时我们有一个学长，考卡斯匹亚（CUSPEA）取得全国第一的好成绩。当时刚进校就听到这个消息，感到非常的荣幸，一个是对兰大感到非常骄傲，一个是对我们现物系感到非常骄傲，因为当时中美之间学生的交流，也是刚刚开始，时间不长。兰州大学作为一个西北的高等学府，在全国优秀学生选拔中，一直都是第一第二的成绩，觉得非常骄傲，特别是我们物理、核物理的，出来这种尖端的人才，全国的这种优秀人才，真的是非常骄傲。所以刚入学，就觉得能到现物系就非常的自豪。在学校几年，从1981年到1985年，也是我们国家改革开放初期的阶段，接触大量的外来信息也是刚刚开始，那么中美之间，中日之间可能也处于一种蜜月期，外来的信息也逐步地传到大学。刚入校时，我印象比较深的一件事就是，我记得当时是1981年，咱们国家足球队在世界杯预选赛中，有一场小组赛是中国对科威特，踢了3∶0，那时全国上下都非常高兴。我记得我们刚入校大概时间不长，10月份左右，我们是9月份入校的，全校上下，我们拿着脸盆出去敲锣游行，气氛非常好，所以到了大学感觉自发的一些活动或者这种爱国的情结，非常浓厚，也充分感觉到大学的校园里这种自由的环境，积极向上的气氛非常浓厚。从四年的大学生活来讲，我学到了很多东西，大概我讲3个方面。一个就是科学知识的学习，这些扎实的科学知识的学习，包括基础知识的学习，后来专业知识的学习，给我今后工作奠定了非常好的基础，这些在学校学得的知识，给我今后在五〇四厂这么多年的工作提供了非常好的帮助，为我的个人的成长奠定了非常好的基础。因为我是学核物理的，分配到五〇四厂也从事这个行业，所以这种专业知识和工作的紧密结合度是非常大的，所以说知识的利用率是比较高的。第二个方面，大学的4年，学校对我做人方面的培养，起了很大的作用，培养了我自立、自信的精神，因为到了大学，离开了中学那种父母一直陪伴的环境，基本上靠自己独立地安排自己的生活、学习，当时在学校的条件你们也知道，跟现在比差得很远，无论生活条件还是学习条件，都差得非常远，在那个年代学生养成的自立的精神、自强的精神、不屈不挠的精神，遇到困难能自我克服，这个应该说对我后期的成长都奠定了比较好的基础。再有就是，团队的精神、合作的精神，也是在这个时候养成的。因为现物系也是一个小系，核物理当时是一年一个班，也就是30个人左右，我们班31个人，一个女同学，这种集体比较小，大家之间这种团队的精神，这种合作的精神，这种亲情应该说非常好，毕业后这么多年，我们经常还在联系。

访：联系？

朱：嗯，联系，昨天下午有几个同学还在打电话给我说些事情，问些事情。这种团队精神、合作精神的培养，在学校里是非常重要的，对一个年轻人今后走向社会或者在今后的社会中能自强自立、立住脚跟，是非常重要的。可能后期这些年代，独生子较多，学生自我意识可能都比较强，到了社会上可能未必好，但是我们那个年代，大家一直很珍惜。当时大家来自五湖四海，有东部的，有中部的，有西部的，大家相处得都非常融洽。从老师也好，从西北学校也好，对这种氛围的培养，对学生团体精神、合作精神的灌输、引导非常重要，我想这种精神，对一个人今后在社会上能独立、能取得成绩非常重要。第三个方面，我想就是爱党爱国精神的培养，毕竟我们那个年代，“文化大革命”刚过时间不长，各种思潮也逐步地在国内涌现，但是从兰大这种，学校整个的教育环境、教育理念方面来讲，仅仅培养学生爱国爱党的教学的宗旨理念方面，一直贯穿在我们学习的每一个环节中，虽然我没有在学校里入党，但是班上好多同学积极地要求进步，要求入党，这种氛围是比较好的。总之，在整个学校的4年里，收获是非常大的。一个突出的感觉就是，整个4年非常愉快，4年之后，走向社会的时候，感觉到很自信。在学校的几年，有一些老师对我们个人的帮助、关心，对我们个人的成长影响也比较深。一个是我的班主任王醒谦老师，这是个女老师，对我们非常关心，像母亲一样的。按说大学里的班主任、辅导员管理班级都比较松散，但王老师对我们这种刚出家门的学生，非常关心，无微不至地照顾，所以我们在大学4年里，都对王老师怀着一种感恩的心理，感情非常好。再一个印象比较深的就是我毕业的指导老师，袁老师。他是教核电子学的，整个毕业论文做了大半年时间，一直对我进行指导、辅导，最后我的论文还获得了优秀。再一个印象比较深的老师，就是我记得当时我们大一来了一个力学老师，叫蔡汉森，课讲得非常好，很透彻，至今我想起我们力学里边的力学相对性原理的时候，都记得很深。当时蔡老师把力学相对性原理讲得非常透彻，就是物质保持着它原有这种状况的能力，这就叫力学相对性原理，整个课讲得非常好。再一个印象比较深的就是蔡老师很精神，很精干，当时四五十岁了，当时学滑冰，就到雁滩那儿的冰场，蔡老师冰滑得非常好，经常滑冰，姿势非常优美。学生嘛，当时可能对比较精神的一些老师印象就比较深。再一个老师就是我们到了现物系以后，有个叫曹文强的老师，当时教理论力学，人很幽默，很亲和，给我们印象最深的是经常跟我们在一起踢球。当时年纪也不小了，我们跟外面的学校约比赛，跟医学院的比赛他都跟我们一块去，踢前锋呢，当时比我们大好多。在大学4年里，这些老师一方面给我们传授了宝贵的知识，另一方面，跟我们在生活中建立起了很深的友情。对这些老师印象比较深，不仅仅是纯做学问，纯老师，在生活方面都树立了很好的典范，交了很好的朋友。在学校期间，整个学习的环境也是非常好，经常晚上我们到学校自习，节假日也自习。除了正常的刻苦学习，由于中日、中美之间的关系处于一种蜜月期，一些电视剧对我们影响非常大。当时也可能是文化生活比较单调，我们现物系整个系里只有一台电视，晚上吃完饭以后，就放到办公室门口，大家一起看。我记得当时看《血疑》，就是山口百惠的电视，后来还看《加里森敢死队》，都是在学习生活中一些很有乐趣的事情。整个大学4年除了学习以外，想想有这些活动啊，赶着看这些电视啊，整个学习生活充满了快乐。另外，那几年也是改革开放初期的几年，深圳的一些开发如火如荼，大家议论最多的，就是今后改革开放的前景以及大家毕业之后的事儿，有很多同学也向往着深圳的创业，大家这种创业的精神也是刚萌发了一些，更多可能还是想到研究院从事科研工作。可是还是有些同学能有这种超前的思路、初期的思路，想着能下海创业，对深圳这些发展的前景，发展状况非常的关注。总之，那个时候大家还是以这种扎扎实实地学习为主，以学习这些专业知识、科学知识为主，对今后国家的发展前景、改革开放步伐、逐步的市场化的认识，也渐渐在启蒙。兰大作为西北的这么一所名校，前面我说了，我们在最初选择的时候，应该说名气都比较大，后来也出现了兰大现象、兰大精神的提法，这种兰大现象它肯定不是在一年两年或者一个阶段两个阶段的，应该说是在兰大百年的建设过程中，逐步积累起来的。我们上学的时候，也能感觉到这种状况，在后续的这几十年的发展中，兰大一直传承着这种现象或者这种精神。这种现象，我理解就是在一个西北偏远地区能建设出这么一所国内一流的名校，实际上那些年，我们在的那些年，兰大的名气比现在大得多，在全国名气大得多，在全国排名也比现在要高。主要还是在这西北地区，可能逐步培养了兰大的艰苦奋斗、自强不息、争创一流的精神，这种精神也是多年的各任校长通过自身的努力、文化的积淀所产生的，这种现象的产生也是这种精神发扬光大的结果。兰大作为一所西北的名校，应该说在全国的招生，生源情况和东部这些学校比可能不是很好，国家财政的投入、地方政府的支持，可能也没有东部发达省份那么大。但是为什么我们在整个的技术科研方面，在人才的培养等方面，特别是在成果的发表方面都在全国名列前茅？我想这是因为几代兰大人地处偏远、条件艰苦，所以大家更加珍惜学习的机会，更加能够培养同学们自强不息、直面困难，也是咱们甘肃精神，“人一之，我十之”的具体体现，我想这都是一脉相承的。作为西北的学校，可能西北的生源相对多一些，可能很多同学的家庭条件也比较艰苦，从小就培养了这种艰苦奋斗的精神。到了学校以后，这些良好的精神状况始终保留下来，学生自身有这种要求和精神，再加上学校多年培养出的这么一种好的文化的氛围，所以我觉得咱们百年兰大取得的成绩，应该说是非常不容易，我们也感到非常的自豪。从现物系来讲，我们一直也感到非常自豪，当时我们刚入校的时候啊，有好多名家，刚才我也提到了，这第一个要介绍的，就是徐躬耦先生，我们刚入校的时候徐先生的名气就非常大，后来还有像刘兆远，当时现物系有很多国内知名的大家，比现在可能要多很多。支撑一个学校，支撑一个专业，一定要有一些名家、大的科学家、名师。学校能出这些名师，就体现了学校整个的教学质量、教学水平、科研质量、科研水平，所以这些名师名家一直是我们多少年来引以为自傲的精神的财富。兰大走过了百年，我们五〇四厂这些年也吸收了很多兰大的毕业生，企业也相信、认可兰大的毕业生在企业的作用；另外，企业逐步地发展也吸引了咱们兰大的毕业生到五〇四厂来发展，我现在的领导班子里面就有好几个兰大的毕业生。所以说五〇四厂，跟兰大，跟现物系，现在叫核学院，一直有着不解的渊源。现物系最初的成立就跟五〇四厂的成立是相关联的，因为现物系的成立也是五〇四厂的成立相配套的专业或者一种支撑的学业。所以兰大走过了百年之后，我想在第二个百年，希望兰大能更加繁荣昌盛，把兰大精神、兰大现象更好地发扬光大，建设国际一流的大学。另外，核学院这些年也是越建越大，越办越好，我们也感到非常欣慰。我们在校的时候，现物系就两个专业，一个是核物理，核物理是年年招，一年一个班；再一个就是放射化学，但是放射化学是隔年招一个班。现在随着整个核电的发展，应该是核工业，也迎来了第二个春天。最初我们上学的时候，现物系整个专业的性质就是在基础理论、基础核物理方面，我想面临着市场的需求，面临核工业发展的现状，所以我也希望核学院今后在核的基础研究方面继续保持优势；同时在核军工、核动力、核技术应用方面逐步拓宽自己的领域。一个专业有没有生命力，就看这个专业跟国家发展、跟市场的需求是不是紧密结合。同时，我想学院、学校在基础方面，基础研究、基础教育千万不能丢，这是我们整个国家创新的基础，创新的活力的源泉，也是我们核学院的老本。我们在校的时候，当时一些加速器、中子发生器的水平，都是比较高的。所以我想在基础研究方面，要保持这种传统优势，不断产出新的成果、新的技术。在整个的应用方面，要更多地拓宽领域，培养出国家需要、市场需要的人才，祝核学院越办越好！也希望，兰州大学核学院跟五〇四厂今后建立更加紧密的联系，我们校企之间的合作，也要不断拓宽一些领域，我们企业的发展也需要学校科研方面的支持，同时在人才的培养、人才的再培养或者人才的输出方面，挖掘更大的合作空间。哈哈，我就说这么多。

访：谢谢，您讲得很好。您把过去的老师、学习，还有一些生活的情趣都记着呢，哈哈。

朱：是，有的确实印象比较深。因为这是走出家门第一次的集体生活，后来可能培训、挂职之类的集体生活也有，但是这种第一次的集体生活大家印象就非常深，感情也很深，再加上那个年代大家都思想都比较单纯，所以大家的合作精神、集体精神，都非常强。

访：对对，非常好啊，您今天给我们讲的，让我们听了也是挺受感动的，我们把这个相关的资料，会以录像的形式留下来，将来作为咱们核学院建设发展历史上的资料，在档案馆里永久保存。我们可能从中摘取一些片段，做成文字材料，作为核学院60周年庆祝活动的一个部分。给学院也增添一些历史的氛围，喜庆的氛围，还有就是把这些资料全都收集下来，咱们校友讲的、老先生讲的，作为核学院建设发展的历程，让它在历史上留下一些记忆，再过50年、100年，翻出来一看，这还有这么一些校友，讲过这么一些故事，也是挺有意义。

朱：你们这个活动很有意义。

| 人物简介 |

朱纪，男，汉族，甘肃平凉人，生于1964年12月，中国共产党党员，毕业于兰州大学核物理专业，大学本科学历，理学学士学位。现任中核四川红华实业有限责任公司（原八一四厂）董事长，曾任中核兰州铀浓缩有限公司高级工程师，中核兰州铀浓缩有限公司总经理，中核四〇四有限公司总经理，甘肃矿区办事处主任（兼）。第十二届、十三届全国人民代表大会代表，甘肃省第十一届人民代表大会代表。

冯治库

立志于道，见贤思齐

时　间：2016年8月17日
地　点：甘肃省科技投资发展有限责任公司
人　物：冯治库
访谈人：王秋林
摄　像：红　叶
文字整理：王嘉文

访：冯先生，您好！我是兰州大学档案馆王秋林。我们开展的一项工作，叫“萃英记忆工程”。请兰大的老先生、老校友对自己所经历过的兰大学习、生活、工作做一个回忆，我们以录音录像的形式在档案馆里长期留存。今天很高兴请您给我们回忆一下您在兰大学习生活的情形。

冯：好，谢谢。

我所从事的工作和事业

访：先请您简单介绍一下自己和现在的工作情况。

冯：我是兰大1982级放射化学专业的学生，实际上是现物系的学生。我们在化学系上三年（基础）课，在放化学习半年专业课然后做半年的毕业论文，硕士是材料化学专业。我是兰大的本科生和硕士生，毕业之后在研究所工作，逐渐走上管理岗位，从事创新创业工作。

现在的工作主要是培养企业家，培养科技型企业。在兰州、白银、兰州新区有3个科技园，总计达30多万平方米，有300多家在孵企业，从事企业孵化和抚育工作。还有更大的一部分工作是管理投资公司，对中小科技型企业进行债权和股权融资，帮助它们从小企业成长为大企业。因此我的工作可以看成是，培养一个知识分子或者具备专业技术而创业的人，通过前期的项目筛选，到企业初创孵化抚育其成长，再到融资投资，最后帮助它做大。我本人是全国火炬创业导师，先后孵化抚育了500多家科技中小企业，其中就有不少咱们兰大毕业生的企业。

访：您是如何看待如今大学科技园的这种形式？

冯：大学科技园是我工作的一个板块，也就是孵化器。我与我们兰大科技园就有很深的合作关系。我们一起举办大学生创业大赛和企业大赛，合作孵化一些科技型中小企业。在我们的孵化企业中，兰大学生做得好的企业就有10余家。这些企业家有本科、硕士学历，博士学历的也有。每个公司都从几万元开始，现在做到了几千万到上亿的规模。在国家层面上，双创工作也被提到了一个新的高度，因此培养知识分子成为企业家，也是一个重要的工作方向。

目前，我和咱们兰州大学合作，共同建立兰州大学白银产业技术研究院，以兰大化工学院为依托，将我们学校的优势学科、先进技术、能产业化的科技成果进行转化。之前我们兰大化学在科研方面数一数二，名列前茅，现在将在产业化方面显现出它的作用和能量。

我也希望以这种方式回报母校，愿母校越来越好。

兰大全方位地培养了我

访：您1982年进入兰大，能否给我们回顾一下当时的学习生活？

冯：兰大给我留下了深刻而又美好的印象。我在那里学习生活了7年，度过了人生最美好的青春时期，兰大全方位地培养了我。我一上学，从迎新、报到到上课都感觉非常振奋。那时候大学生比较少，是“天之骄子”，而且兰大对学生十分重视，老师对同学们都非常关爱。

在校期间，兰大给我最深刻的印象主要有五点：一、教学扎实。给我们上四大化学基础课和结构化学的老师个个都是顶尖的，各有特长，每个人讲课都有自己的特色。比如：无机化学的张淑民，分析化学的王怀公，有机化学的王清廉，物理化学的路宝田，还有我的硕士导师杨宏秀，等等。二、注重实验。比如，有机合成实验中原料的添加次序、温度高低都具有决定性的影响，因此，练就了我们细心、大胆、守规的特性，这对我这一生都具有深远的影响。三、公共课很精彩。我们那年开了一门“大学语文”公共课。我在中学阶段不喜欢语文和英语。就像当时的一句口号：“学好数理化，走遍天下都不怕。”但我学了大学语文才知道，语文非常优美，非常重要。大学课程中对语文科目的重视，让我在现在的岗位上能说能写，让我在总结自己的工作时得心应手。还有比较深刻记忆的是，“普通物理”课上，一些我们化学不太重点讲授的内容，在“普通物理”课上给予了补充和强化，这让我对整个学科的知识体系有了更深的认识。四、讲座丰富。我从中学到大学感受最深的变化就是有各种讲座。大学有多样的学术讲座，不同学科的讲座。当时学校也鼓励不同学科的人去听。我觉得听讲座的过程，也是一个很好的提升知识面和素质的途径，见到各种顶级学者，学习不同学科的知识，观摩他们如何界定问题、描述问题、解决问题。五、重视体育。兰大的体育课丰富多彩，有各种球类、田径、体操课，冬有滑冰，夏有游泳。这为我们全面发展提供了重要的保障。除了体育课之外，学校还要求学生跑早操，鼓励大家走出宿舍。下午5点，老师也会要求同学们不要自习，而是到操场上进行锻炼、运动。当时的口号是：健康工作30年。所以，整个兰大生活让我觉得非常美好。在校的生活完全可以用“团结、紧张、严肃、活泼”四词来诠释，严肃的课堂之下，繁重的学习之余，各类活动也是相当丰富，整个学校氛围相当和谐美好。

访：您认为兰大的哪些教育，对您现在成功的事业有较大的影响？兰大教育还有哪些缺憾的地方？

冯：一是勤奋，二是扎实，三是独立思考，四是诚实。兰大学生在学习和培养的过程中，功底厚、勤奋、诚实，另外，更重要的是培养了我们独立思考、解决问题的能力。做事方面，学生整体也非常踏实、肯干。如果说有哪些缺憾，我觉得我们兰大学生的眼界还不够大，视野还不够广阔。我们可以把一件具体的事情做得很好。如果要放大，提升到更高一个层面来说的话，那便是我们的学生存在的短板。这些短板包括在灵活度上，因为踏实也变得略微死板一些。如果能改变这些，我们的学生还能走得更远一些，成就更大一些。

访：您对兰大未来的发展有些什么建议？

冯：首先，还是要鼓励学生踏实学习，不要虚度年华。很多人说学习不重要，我觉得这是一种误解。现在恰恰是能力发挥的年代，我生在农村，没有任何背景，如今全靠的是工作和努力。谈及工作，那就是两个方面：第一，工作是知识的应用。一流的人才是对知识的创造，为人类思考问题、解决问题提供思维范式。二流的人才是对知识的应用，用已有的知识范式去解决实际的问题。但是如果不学习，就谈不上如何去应用，工作就更无从谈起。大学期间，学习的本质恰恰是学习将自己所学转变为自己一生赖以生存的能力。第二，工作是对社会做贡献。随着社会的进步、文明的进步，越来越看重一个人的能力。有能力的人才能获得成功。兰大要注重发挥毕业生的作用。但前提是要有很好的教师。在此我也很敬佩和尊重兰大的老师们，愿意留在欠发达的兰州开展教学工作。

其次，一流的大学是由一流的教师构成的，在教师的工作方面，既要招聘到一流的教师，又要考虑如何调动现有教师的积极性，也要充分发挥校友的作用。还有比较重要的一点就是吸引从兰大毕业的企业家对母校做贡献，进行一些必要的捐赠。我了解到麻省理工大学毕业的很多企业家，将自己收入的10%捐给学校，学校的许多成功人士都会回馈母校。母校培养了企业家，企业家也应回馈母校。大手拉小手，资助更多的困难学子，或者资助母校举办更多有意义的活动。活动的举办是有形的传承，而无形的传承是建立在有形的传承之上的。兰大应该发挥校友的积极性，多关注校友，让校友的来访有一种归属感，有一种回家的感觉。最后，也希望兰大继续保持对学生的关爱，传承关爱学生的传统。像我当时，我的导师经常叫我们几个学生到他家吃饭，还教我们做饭。我想这份师生情谊是一辈子都忘不了的，也是所有兰大人对兰大的最美记忆。

见贤思齐

访：这么多年，您对人生有什么感悟？

冯：感悟可以用先贤孔子的几句话来总结吧：志于道，据于德，依于仁，游于艺。

志于道。心中要有一个高远的目标。在我上学的时候，立志于成为一个科学家或一个好工程师，立志于做一流的学问。这样能让自己的内心平静下来。

据于德。做人诚实，做事宽容，心怀慈悲。做人要宽容大度，去宽容别人。严于律己，宽以待人。我虽然管理着9个公司，我也会批评同事，但从内心深处都是宽容别人。对他人严格，对于自己就要更加严格。要求别人做到的事情，自己先要做到。人要学会“厚德载物”，要有担当。

依于仁。也就是说仁者爱人，就会使整个团队团结一心。聪明只是做事的先决条件，更重要的是个人的道德修养。公平对待每一个人，也是公平地对待自己。

游于艺。就是说，做人还要学会“玩”。庄子讲：“技也，进乎道也。”就我而言，喜欢太极拳和书法。通过技艺，通过玩，人可以有一个释放，可以有一股正能量。学习的时候，我坚持体育运动，现在养成了有空打打太极拳的习惯。通过这些活动，放松自我的同时，我会吸取玩乐中的生活经验，并运用到工作上。这样我能更好地体会如何将一件事做好，甚至做到玄妙的层次，不断超越自己。

孔子在《易经·系辞上传》中讲，“自天佑之，吉无不利……天之所助者顺也；人之所助者信也，履信思乎顺，又以尚贤也。”就是说想要做成功一件事情，要靠上天帮助你，这不是迷信的说法，而是告诉我们要有所成就，就一定要顺应时代的潮流，并且一定要讲信用，才能得到上天和其他人的帮助。并且在顺应潮流的同时，一定要见贤思齐，学习他人之长。现在就是创新创业的时代，是实现中国梦、人尽其才的时代，是有知识能发挥的时代。在明白时代的发展同时还要尊重知识，尊重人才。向更优秀的人学习，杜绝嫉妒这类不健康的心理。一个人的能力越大，心态也越大。心态越大，人越开放。人越开放，正能量越多。正能量越多，也就更有可能成就一番事业。

访：今天讲的内容非常丰富，非常感谢！

冯：您客气了，仅是一家之言，仅供参考，也衷心希望兰大越办越好！

| 人物简介 |

冯治库，男，汉族，1965年12月出生于甘肃省靖远县。1986年兰州大学放射化学专业本科毕业，无机化学硕士，西安交通大学应用经济学博士。现任甘肃省科技投资发展有限责任公司董事长、甘肃省高科技创业服务中心主任、兰白技术驱动基金管理公司董事长、甘肃省科技风险投资有限公司董事长、白银科技企业孵化器有限公司董事长、甘肃省科技创业孵化协会理事长；兼任全国创业中心专业委员会副主任委员，全国创业中心专业委员会行业自律与评价分会会长、中国高新技术产业开发区协会理事、甘肃省高层次人才科技创新创业扶持行动第一届专家委员会委员、国家火炬计划项目评审专家、国家火炬创业导师，西安交通大学经济与金融学院、兰州大学管理学院、兰州理工大学管理学院兼职教授。

冯治库先后发表学术论文30余篇，出版《中国人的第一哲学——对〈庄子〉重要篇章的再解读》《无之基本问题——中西哲学对无的辨析》专著2部。承担国家级项目10项，省部级项目8项。

2008年，被国家科技部授予“国家科技计划（火炬计划）实施二十周年”先进个人，2012年被中国创业技术协会授予“中国创业技术协会科技创业贡献奖——优秀创业辅导师奖”，2013年被白银市委市政府授予“白银市科技创新市长奖”，2015年被甘肃省委省政府评选为“甘肃省先进工作者”，被白银市委市政府授予“白银科技企业孵化器建设发展特殊贡献奖”。

李公平

朝花夕拾，我的教学科研工作

时　间：2015年3月9日
地　点：核学院李公平办公室
人　物：李公平
访谈人：王秋林
摄　像：杨振林
文字整理：齐　冀

求学，我与强流中子发生器的故事

李：我是1982年到咱们这个现代物理系的原子核物理专业学习的，1987年6月毕业以后就留在了这里。当时有个加速器教研室，我就在那边工作。刚开始的时候，我们系加速器教研室正在从事中子发生器的研制工作。我正好赶上，那时候我们那个教研室里，老先生比较多，年轻人很少。

访：当时老师是谁啊？

李：当时苏桐龄老师是我们教研室的主任，还有孙别和老师、朴禹伯老师、杨保太老师、水永清老师，等等，一共十几个人，大家都围绕在中子发生器的相关研制工作上。当时，这个中子发生器研制分几个部分：离子源是一部分，离子的加速包括传输是一部分，真空是一部分，旋转靶是一部分，高压供电是一部分，整个系统的控制是一部分，另外呢，因为这个其中涉及氚，尤其氘氚反应会牵扯到氚靶，所以还涉及氚的净化，这也是一个部分。总体来说，当时工作的开展是比较完整的，因为中子发生器也是咱们学校，特别是当时咱们学院的一个比较有特色的工作。

访：20世纪80年代初的时候？

李：嗯，中子发生器的研制是从20世纪70年代10^{10}开始的，后来是10^{11}，再到10^{12}。这个指的是每秒中子产额。我来的时候正好参加了10^{12}的后续工作。研制结束以后，中子发生器得到了鉴定，当时在国家教委获得了一等奖、获国家科技进步三等奖，在国内这方面还是很有影响的。当时里面都是老先生，因为我年轻嘛，所以参与了这项工作感到非常荣幸。而且，由于当时年轻人少，所以那些老师在调试以及后续整个工作过程中，都是手把手地教，也因此我从他们身上学到了很多东西，这也为我后来从事的研究打下了很好的基础。当时我在团队里面，具体是跟着杨保太、朴禹伯老师。先是在杨老师那边搞中频供电，就是把市电转化成中频，经过倍压，然后给加速器高压供电；后来跟着朴老师做束流传输，包括束流传输的计算还有一些实验性以及加速器调试的工作，所以说在那边学了很多东西。

为师，我与团队的科研之路

访：您现在也自己组建了一个团队？

李：我从那边过来之后，1995年到1998年，又上了硕士研究生，硕士研究生跟的是孔老师。做的工作是低本底中子活化截面测量，同时结合中子发生器，当时那也是咱们系比较有特色的一个工作。所以我就跟着孔老师，一起做中子活化截面测量以及一系列相关的研究，由孔老师带头。然后我们也申请了甘肃省的相关奖项，获得了甘肃省的科技进步奖。

访：您说的孔老师是？

李：孔祥忠老师。

访：咱们这个工作实际上做得也挺不错的，获得了省上的奖。

李：对，后来呢，这个工作一直都在坚持，不断有新的年轻人加入其中。

访：现在还在继续做？

李公平与现代物理系
原主任刘正民（左）合影

李：嗯，还在做。然后因为系上的教师队伍建设，我从1998年到2003年，又跟着我们的老系主任刘正民老师，读他的博士研究生，现在老先生已经退休了。

访：刘正民的博士？

李：嗯，后来我结合自身的工作经历和积累，最终形成了自己职业的方向。目前我这边主要从事以下几个方向：一个是吴王锁院长申请的国家重大仪器专项，在咱们原来的强流中子发生器的基础上，进行6×10^{12}强流中子发生器的研制以及中子测量系统的建立。这个方向申请到了国家自然科学基金委的重大仪器专项，它是从2014年1月到2018年12月，研制期总共5年。因为我有从事中子发生器相关工作的背景，所以吴院长就邀请我主要从事专项中离子源和离子束前分析这两方面的工作。我带着一个年轻的老师，就是潘小东博士，还有两个研究生，一起进行这方面的工作。

访：榆中校区的那个设备？

李：对，榆中校区的设备，将来要安装在那里。这个6×10^{12}强流中子发生器是崭新的一代，它的产额更高，因为以前咱们的强流中子发生器就代表了国内的水平，如果这个专项研制成功的话，也能够继续代表咱们国内的水平，同时也是国际上的先进水平。

访：国际上的先进？

李：对，也是国际上先进水平。另外一个课题相当于是我读博士期间所做工作的一个延续，目前也得到了一个横向的支持，就是原子分子团簇源及其团簇源的应用这方面的工作。我们想结合先前的积累和我个人的工作背景，把团簇源装置研制成功，作为咱们将来科研用的仪器装置，便于开展这方面技术性的研究工作。这是很重要的一种研究手段，将来研制出来以后，可以将其作为这方面的一个重要仪器来用。

访：我看你们做的这些工作都是很尖端的。

李：对，基本上这些工作都是瞄准咱们国家的需求，有些工作是和国际前沿研究结合在一起的。还有一个方向一直得到了各方面经费的支持，就是X射线、工业CT这方面的研究。主要是用射线技术进行无损检测，在某些领域这项技术非常关键，特别是航空航天、核电等领域，当然还有国防方面的应用，因为有些材料或者用这些材料加工成部件的时候，都要进行检测。我们一方面做这个，另一方面，原来X射线成像是基于吸收衬度，我们还想在此基础上将X射线所携带检测对象的相位信息提取出来，然后结合现在新兴的纳米技术继续发展下去。比如纳米材料以及用纳米材料制作的机器人的内部结构是怎样的？是不是预设的结构？这都需要检测，所以我们其中的一个方向瞄准的就是这个，相关工作也在进行中。另外还有关于一些共用的材料，比如说半导体材料，特别是新型的单晶二氧化钛、单晶氧化锌，等等。当特定的粒子入射进去以后，或者用中子辐照以后，它的微结构会发生变化。微结构的变化就会引起材料性质的变化，我们研究的就是微结构变化以后引起的一些特殊的磁光电性质的变化。我们找到了非常有效的应用，为新一代信息的储存或加工做相关基础性的工作。

访：这些都是新的。

李：嗯。另外还有一个方向，启动时间不长，是针对咱们国家核电的发展、核能的利用这方面。这方面咱们国家发展很快，其中的设备需要相应的涂料。而这些设备上用的涂料，主要还是依赖于国外，比如说美国、法国。这样不行，这样从战略安全上是不行的。所以我们还从事耐核辐射材料的研发工作，同时和西北化工，也就是以前的西北油漆厂合作，因为他们本身就是做涂料的，有传统涂料的工艺，所以我们在此基础上与他们结合。在相关经费的支持下，想为咱们国家耐核辐射材料的研发做一些事情，我这边的团队目前的工作主要是围绕这些方面。

访：5个还是6个方向？

李：4个方向，它们之间都有一定的关联性。

访：中间也有一定的关联性？

李：对，它都是射线与物质的相互作用和射线测量方面的。现在这几个课题都有相应的经费支持，而且会长期地坚持下去。

前瞻，我寄期望于核学

访： 您的团队现在有多少人？

李： 我现在的团队有两个年轻的老师，我牵头，两个年轻老师都是博士毕业的，另外还有一名实验员。

访： 4个？

李： 另外还有7个博士生，11个硕士生。加起来总共20来个人从事这方面的研究工作。我就希望我这边再留一些或者引进一些年轻的老师，将来根据团队的需要再引进2到3名年轻的老师，同时在这样的基础上，我还考虑配合吴院长以后的规划，我这边主要是核技术及应用方向，我们准备把其他团队中和我们做相近研究的老师集中在一起，根据学科的发展，成立一个核能与核技术研究所。核能与核技术研究所的成立，一个作用是支撑。以前叫现代物理系，现在叫核科学与技术学院。作为核科学与技术学院的一级学科的话，要有相应的研究所来支撑。以前的那些研究所，比如说原子核研究所、中子所，等等，研究所的个数太少，不足以支撑起这样一个一级学科。所以根据发展，需要成立核能与核技术研究所来支撑。同时也可以对接本科专业，因为我们本科专业在原来老专业的基础上又增加了核技术专业，而且研究生还有一个核能工程专业方向，所以我们这个研究所成立之后就能够支撑本科生和研究生的培养。

访： 这听起来前景挺好的。

李： 这是我们的一个规划，打算一步步实现。

访： 这个叫核能与核技术研究所？

李： 嗯，核能与核技术研究所。最后具体的名字怎么定，还要学院同意。

我们准备围绕这个，再积极配合院里做准备。从原来的现代物理系到现在成立兰州大学核科学与技术学院，这是一个很大的发展，尤其是前面学院领导在这方面的努力，得到学校领导的重视和支持。学院这几年应该说进步很快，特别值得一提的是，这些年我们留了很多年轻人，有些是联合培养的博士或者从其他学校引进来的。这样的话这些年轻人经过几年的锻炼，慢慢就会活跃在国内和国际的学术舞台上。当他们这些人成长起来，我们的学院将会迎来又一个辉煌。当然也希望学校从国家的角度，给核科学与技术学院更多的经费支持，把研究平台建设得更好，适应形势的发展。因为核科学与技术一个是国家战略需求：一个是核能的大发展；再一个是国防建设，国家要强大，国防要跟上，这都是相关的。所以说，学校对平台的建设要更加重视，使我们的平台更完善，我也坚信我们学院的前景会越来越好，一年比一年好。平台越好，学院的发展越好，就能在相应的领域为国家培养更多更好的核科学与技术方面的人才，也能成为国家核能与核技术方面创新团队里的重要一员。

访：嗯，您讲得真好，讲这么多，谢谢您。

| 人物简介 |

李公平，1964年2月生，河南济源人，理学博士，教授，博士生导师。兰州大学核科学与技术学院核能与核技术研究所所长。兼任民革兰州大学委员会主委，民革甘肃省委常委，甘肃省政协委员。本科、硕士研究生、博士研究生分别于1982年、1995年、1999年就读于兰州大学粒子物理与原子核物理专业。新加坡国立大学访问学者。1987年以来一直在兰州大学核物理与核技术专业从事教学科研工作。主要研究方向：射线与物质相互作用；射线探测成像及其应用；新型核电池。主持国家自然科学基金，中央军委科技委、装备发展部，其他省部级及横向课题20余项，发表论文120余篇，获国家发明专利7件，省部级奖及荣誉6项，获兰州大学师德标兵称号。

胡碧涛

探微索隐，桃李满天下
落叶归根，春晖遍四方

时　间：2015年3月16日
地　点：核学院胡碧涛办公室
人　物：胡碧涛
访谈人：王秋林
摄　像：红　叶

访：胡老师，您好。我们现在搞的这个工作叫“萃英记忆工程”，就是请各位校友对在兰大的工作、生活、学习做一下回忆。恰好核学院今年有一个60周年纪念活动，那么我们就是请咱们核学院的教授，一方面，把自己介绍一下；另一方面，对核学院60年建设发展有什么意见或者建议，有些什么期望，这些都可以说一下。

求学经历

访：您是什么时候到的兰大呢？

胡：我是1983年，本科，进入我们的学院学习，1987年本科毕业，然后就留校了，并去陇南支教了一年。1991年到俄罗斯攻读博士学位，1996年回国。

然后1999年到美国从事高能核物理的博士后研究工作。2002年从美国回来，然后一直待到现在。从个人的角度来说的话，从2002年到现在，这十几年，是我在兰州大学待的最长的一段时间，可能也就继续待下去了。

访：那时候是现物系。

胡：对，那时候叫现物系，就是现在我们的原子核物理专业。

胡碧涛（左）与俄罗斯导师（中）

感谢学院

我们学院的话就是今年是60周年，怎么说呢，我作为学院的学生，我首先想到的，就是感谢。第一个是本科培养了我，更重要的是，在我毕业之后，给了我一个到俄罗斯攻读博士学位的机会，那时候出国机会非常难得，我毕业之后很快就过去了，1991年过去的。后来回国之后，学院也允许我去美国从事博士后的研究工作。正因为有学院的培养，才有我的今天。今天我能够在自己的岗位工作，跟学院对我的培养是分不开的，是密切相关的。所以我说，首先要说的，就是感谢。

胡碧涛（右一）在俄罗斯学习期间

从事核物理与飞秒技术相关工作

胡：就目前来说的话，我从事的工作有两个方面，一个是核物理方面的研究工作，另外一个是飞秒强激光与物质相互作用的研究工作。

核物理，是我一直在做的工作。在俄罗斯攻读博士学位的时候，就做低能核反应方面的研究工作，然后在美国做中高能核反应方面的研究工作。我回国之后呢，也一直在做这方面的工作。我总共两次回国，一次是1996年回国，当时我进到我们那个小串列实验室的时候，我觉得黑洞洞的，破破烂烂的，感觉非常不好，心一下子特别寒。第二次是2002年回国的时候，感觉依旧，没有变化。因为有211、985相应的资助，当时就想我们学院做一点什么工作，寻找一个新的学科的增长点，我们该从哪些地方开始做起。当时想到的就是做高电荷粒子源。但是，后来跟俄罗斯弄来弄去没弄成，于是就把飞秒强激光核物理实验室建起来了。团队的话，相对来说比较弱，尤其是核物理方面的，中高能核物理这一块儿，这可能跟国家大气候有关系，就是说，从国家的层面上，中高能核物理这方面人才就很缺乏，这也是我们核物理本科生、研究生毕业之后就业非常好的原因。另外这几年我们在间接地进行建设，跟美国的国家实验室CEBAF合作，目前也培养出来了几个人，如果后续还能引进几个人才的话，这个规模就起来了。但是目前还是有点显小，就几个人。

另外一个就是飞秒强激光核物理方面的研究工作。这方面是2007年以来才开始的，所以目前还在一个起步的阶段。但是，这个学科比较新，相应的研究成果会显得更突出，我是特别看好这个研究方向的。

胡碧涛（右一）与美国部分学生的合影

访：这个研究方向有什么意义？

胡：因为我们涉及飞秒，飞秒是十的负十五次方秒，所以说这个研究可以瞄准一些超快的物理过程，可以从事相应的研究工作。那么以飞秒为基础，还可以把研究时间尺度进一步地往下延，到阿秒，十的负十八次方秒，在这个层面就是能做更多的工作。在这个尺度下，我们可以产生高电荷态离子源，然后还可以从事激光加速、激光核反应、激光高温等离子体以及天体环境的模拟等一系列的跟核物理相关的工作。

访：这个工作就是研究在一个很短时间内发生的变化？

胡：对，就是说，时间尺度特别短，我们日常生活一般都是到秒的尺度，但是超快技术可能涉及十的负十五次方秒，十的负十八次方秒，甚至更短。所以我们希望在这个尺度下看这个世界是什么样子的。前不久美国的一个实验室在Science上发表了一篇文章，他们就在利用超快X射线测量化学键的形成过程，这个工作就很好。我们如果能够，比如说，测量核外的电子，把它的电子的分布实时地再现出来，这就是非常了不起的工作。另外，我们普通的加速器占地面积特别大，加速到一定能量之后，受空间的限制，能量就会达到极值，就是说能量再往上就不好做了。那么这时就要寻找一个新的突破点，我们改变思路，对离子进行加速，以便它达到更高的能量。激光加速，就是一个非常好的选择。

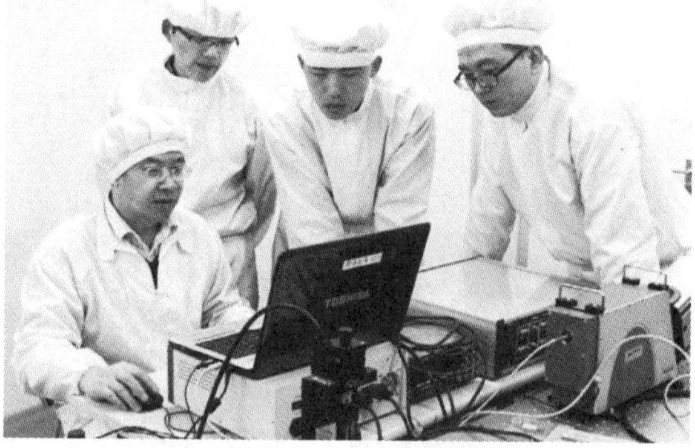

胡碧涛（左一）指导学生实验

访：看来这个做出来还是很有意义的。我们现在这个地方有几个学生啊？

胡：学生比较多，一方面是做核物理的学生，另外一方面是做飞秒强激光与物质相互作用的学生。具体的我没统计，总共加起来可能有差不多十几个吧。研究的方向不一样，博士硕士加起来十几个这个样子。

立足国家需求与学科前沿

访：您看核学院建设发展60年了，您在核学院这么长时间，您感觉核学院应该在哪些方面还有一些发展？

胡：具体的说，因为国家需求在变，学科前沿在变。我觉得学院的话，永远立足于两点，它就处于不败之地。一个是国家，重大的国家需求，另外一个是重大的学科前沿。实际上学院的话，它的科学研究啊，它的人才培养啊，始终要根据这两者来进行适当的调节。否则的话，一成不变，就会被淘汰。

访：好，您这讲得很好。那您看您还有什么要表达的？

胡：哎呀，我觉得，好像再没什么了吧。

访：那您想起来之后咱们再联系，随时都可以。我们这个还有一个意义，就是把您现在讲的这个工作，还有您的形象，都留下来，也是作为档案馆的这个资料永久保存的，那么再过50年，再过100年，我们可以回过头来看，我们还有这样一些资料，还有一些这样留存的信息，可以让后人了解、认识我们的发展。

胡：对，对。

访：我相信您所从事的这个事业还会向前推进，还会向前发展的。

胡：谢谢。

胡碧涛在美工作期间

|人物简介|

胡碧涛，男，1966年9月生，湖北天门人。理学博士，二级教授，博士生导师，原子核研究所所长，甘肃省教学名师、领军人才，教育部新世纪优秀人才。曾留学俄罗斯、美国8年，精通英语、俄语。主要从事核物理、超快物理等教学与科研工作。先后主持、参与国家基金重点项目、科技部国际合作项目等。发表论文200余篇，多项研究成果发表在*Physical Review Letters*等顶级期刊，论文他引2 000余次，单篇最高他引200余次。负责组织国际国内学术会议多次，其中一次有诺贝尔奖获得者参加，规模达600余人。所讲授的原子核物理入选国家双语示范课程和甘肃省精品课程。主持完成了飞秒强激光核物理实验室、学院三个新增本科专业、教育部两个特色专业、甘肃省核科学本科专业教学团队以及实验室的建设，获甘肃省教学成果一等奖，宝钢优秀教师奖。

夏佳文

一生做好一件事①

时 间：2015年2月4日
地 点：中科院兰州近物所办公室
人 物：夏佳文
访谈人：王秋林
摄 像：梁振林
文字整理：陈闻歌 贾天聪

难忘的大学时光

在兰州大学读本科期间，现物系的老师对我的教育，对我后来的科研起了决定性作用。当时我们上基础课“高等数学”，最开始没有辅导老师。记得我们系的副系主任杨亚天老师，是现物系我认为非常优秀的一位老师，那时亲自担任我们的辅导员，辅导“高等数学”。因为当时“高等数学”课是一个大课，几百人一起上课，没办法跟授课老师做具体交流，主要还是跟辅导老师做交流。当时杨亚天老师给我们的启示就是：非常细致，不会漏掉每一个细节。

我的本科毕业论文是孙别和老师指导的。他给我的印象让我触动很大，至

①转引自兰州大学新闻网夏佳文 http://news.lzu.edu.cn/c/201509/36287.html

今难忘，也可以说影响到我这一生的科研工作。他在坐标纸上画图，没有用直尺，随手画了一条线，跟我用直尺画的基本是一样的，画得特别工整、整齐，包括图的标注，非常清楚、干净。这给我留下一个印象：作为科研工作者，干什么事情都要把它搞得很清楚，不要那么凌乱。并且感觉孙老师的专业功底很深。这是他给我的一个很深的印象。

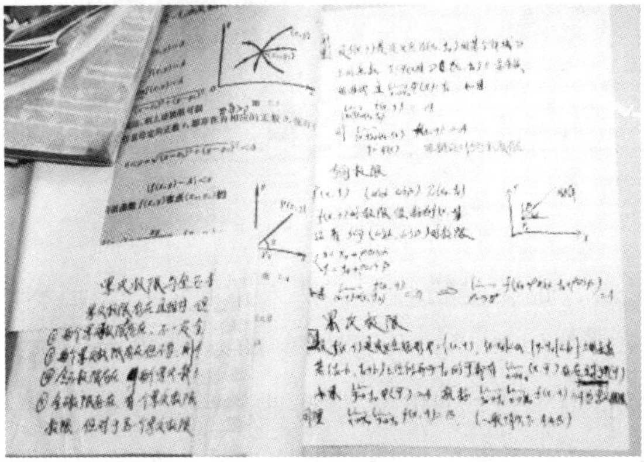

大学期间的学习笔记

我觉得，当时现物系的教育方法，是很适合于核物理或者核技术应用方面的人才培养。设置的课程和教学方法都适合培养这方面的人才，它的课程和教育方法，不管是毕业以后继续从事核物理基础研究，还是到核电站，从事核技术应用，或者到医院从事放疗工作，我认为都是非常合适的。

记得当时我们在现物系上实验课，做实验之前要写预习报告，实验的时候要做记录，实验之后要写实验报告。这三个步骤是绝不可少的，并且是非常认真的。可是现在有些高校的本科生教育，我看这些方面非常缺乏。学生面试的时候，我问，你在大学里面做过哪些实验？实验的名称是什么？他刚刚大学毕业，就记不得了，名字说不出来。我说，你说不出实验的名字，那么总共做过多少次实验？他也说不清楚。咱们现在每次做实验，运行、调试加速器，做笔记，他记不下来，他没有这个习惯。这也是我现在担忧的问题。所以说，我现在不管到哪儿，都会把我当年的调束笔记，做研究生时候的笔记或者写论文时候的那些手稿，找出来让他们看。我说当时我怎么做的，你们照此做就行了。

大学期间与羽毛球队队友合影

我们那个时候，也就是粉碎了“四人帮”之后，追求的社会价值跟现在不一样。那个时候追求的是“60分万岁”。在大学里面，也没有去追求什么学习成绩，从来都没有追求过。所以大学毕业之后，没有几个人上研究生。在我们班，除了班上3个学生是推荐上研究生的之外，另外只有一两个考上研究生的，大部分都是直接去工作了。对我们来说，就有一个自由发展阶段。那个时候，在学习上我倒觉得自己不怎么样，但羽毛球水平还比较高（笑）。我们在班上组了一个队，拿了学校羽毛球比赛的冠军。现物系作为一个小系，体育项目在全校拿冠军很不容易。

当初很注重基础教育，还有基本实验技能的训练。我感觉近年来很多高校对学生科研实验方面的基础训练不够。为什么呢？本科生教育，问题出在就业。就业的一个价值观以及它的追求分数、学习成绩这么一个价值观。他们没有注重基本的一个训练，尤其是创造力的训练，只注重学习知识，不注重创造力训练或基本实验技能的训练。

我现在从事的科研工作和兰大现物系的专业学习基本上是属于同一个专业。因为重离子加速器是为原子核实验服务的，是原子核实验研究的一个平台。我还是在原子核领域这个大范畴里工作。当时在学校学的那些课程基本上都能用得上，比如说四大力学，除了量子力学之外，理论力学，里面的分析力学、相空间、哈密顿量等一些概念性的知识，是加速器必须用的。当年学的线性代数、数理方法、热力学也是必须要用的，原子物理知识、核物理知识，也是搞加速器必须要用的。尤其是电动力学，是非常重要的。我的一个学生马力祯，也是教授，他也带了一批学生。他说在他的学生中流传着我在兰大上学时用过的一本书：《电动力学》。我说你赶紧把那本书给我找回来。他不说我还不知道到哪儿去了。他那些学生也在看那本书，那上面肯定还有我写写画画的一些东西。

我的关于重离子加速器的第一本笔记也找到了。当时的一些思路、发展过程、基础知识、理论的储备，都在那上面记得清清楚楚。好像找出来之后就被咱们所办（注：中国科学院近物所）发现，就拿去复制了一本，然后把原件也拿走保留起来。将来如果要了解这个大科学工程，它是一个最原始的历史资料。

严谨细致的科研风格源自老师们的影响

我1987年从兰大现物系毕业后，被保送到中科院近物所攻读加速器专业研究生学位。研究生阶段第一年到北大上基础课，遇到了两位老师，他们改变了我，奠定了我这一生的科研基础。

第一位是陈佳洱老师。陈老师给我们讲加速器物理，他当时已经是北大副校长，虽然很忙，但仍坚持每周给我们上两节课。教学方法可以说与众不同。他上课的方式是：让每个学生自己讲一节课，可以任意发挥。因为当时没有现成的课本，只是给一个题目，然后自己查资料，这样无形中就培养了学生的科研能力，就是调研、总结、任意创造，激发了我们的创新力。也就在那个时候我得到了一个科研的基本训练。

当时集中起来上课的有中科院近物所、北大、清华、原子能科学所、21基地等一些与核物理加速器相关专业的学生。我的加速器这门课陈先生给了我95分，是所有学生中最高的，他认为我的那节课做得很好。他给我们上课，我有时就想知道他对专业的一些细节了解得怎么样，有一次我还给他发难，然后他给我一讲，让我觉得非常心服口服。后来发现，他把非常细节的东西非常工整地记在本子上，写得密密麻麻的，很多、很仔细。所以，从那时候开始，我就跟着他学会了非常详细地做笔记的习惯。当时用铅笔写，直到现在我的笔记基本也都是用铅笔写的。按道理来说，做实验用铅笔写，不合规范。但用铅笔写便于修正，写错了可以改。所以我就养成了这样一个习惯。

另一位老师是我的博士生导师、原子能科学院的谢羲老师。谢羲老师当时受聘于北大给我们讲电动力学。说来奇怪，我从小学到大学从来没有哪门课得过100分，但是读研究生的时候，我的电动力学考试得了100分。有这么多学生，各个单位的学生集中在一块儿上课。可能谢羲老师想，怎么这么多学生就你得100分呢？为此他还专门到近物所来讲学，来了两次，专门来考察我。这些是我后来知道的。考察了以后，他非要收我当他的博士生。当时近物所还没有博士点，既没有博士点也没有博士生导师，而他当时已经是教育部第一批博士生导师了。从那之后我就成了他的学生。我从他那儿学到的是严谨细致。我写第一篇学术论文，他给我改了十几遍。跟写作文一样，一个方格写一个字，一个逗号要占一个方格。一句话一句话地改，一个词语一个词语地改，不能多一个字也不能少一个字。改完以后他跟我说，我给你改了这么多遍，你以后就知道怎么写论文了。先写中文，再写英文，也是这么改。所以我后来带学生也是这样。比如我的学生何源，现在是一个大工程ADS的负责人，他的第一篇论文我给他改了25遍。我对他说，你以后带学生也就以此类推。

谢羲老师对我的科研风格形成的影响还有一点，他教导我无论是写科技论文还是做科技报告，必须要给人以美的感觉。不能写了让人家看不懂或让人家看了很头疼，做报告也不能让人家觉得不舒服，听起来很厌烦，否则说得不好听点就是谋财害命。他的定义就是这样的。他说中国人有句古话，一寸光阴一寸金。你如果浪费了人家的时间，你是不是谋财害命呢？所以从此以后，我也是这样教学生：文章通篇一定要干干净净，写出来要漂亮，要通俗易懂。再深奥的理论，只要是上过大学的或者是高中毕业的人都应该能听懂，才能算数；否则人家听不懂，是不是就是谋财害命。现在我带学生也是这样一个风格。这是我读博士研究生时的一个主要印象。

重离子加速器的成功研制与应用前景

1992年，博士论文做完了。我的博士生导师是两位，一位是魏宝文老师，他是我们研究所加速器专业的老师，另一位就是谢羲老师。我是他们两位合带的。魏老师当时是中国科学院兰州分院的院长。有一天他把我叫到办公室对我说，你看，我的老师杨澄中先生（注：中科院近物所的创始人，核科技界尊称“英杨”，以区别于“法杨”杨承宗）做了第一代大工程，就是在“一五”计划期间，那个小的回旋加速器（SFC），这代回旋加速器为我国氢弹、原子弹的爆炸是做出贡献的，因为当时有些基本的数据，是在这个加速器上测的。我（魏老师）这一代建立了一台非常大的分离扇回旋加速器（SSC），那是在“七五”

计划期间，这个加速器的规模在全世界也不多，只有5至6台，在亚洲也只有2台，一个是日本理化所的一台，另一个就是我们这一台。当时这台加速器是在1988年建成，这就奠定了近代物理研究所开展重离子核物理的一个基础。这么一个工程让一个研究所的科研领域在一个方向上持续了20年。他说，到你们这一代，你们想想近物所的未来是什么？我就花了几个月时间去调研，然后提出了一个建议，在这两台回旋加速器，这两代大工程的基础之上，增建重离子冷却储存环的计划。重离子冷却储存环，就是“兰州冷却储存环”的概念，从1992年就开始提出来了。也就是在1992年之后的整整20年，我也就干了这么一件事，就建了这个兰州冷却储存环。从1992年开始概念性设计、研究，一直到2000年开工，做了将近8年的科研工作。到2008年建成，8年的建造时间。直到2012年，又进行性能改进、提高，做了很多物理工作，然后才通过了发改委的评估。2012年也获得了国家科技进步二等奖。整整20年，这是一个周期。这三代大科学工程，每隔20年，将我国的重离子加速器加速的重离子的能量提高一个量级。也就是从“一五”时期的小回旋加速器，可以将碳离子加速到每核子10兆电子伏；到我的老师那辈建立的大回旋加速器，可以将碳离子加速到每核子100兆电子伏；到我这辈建立的冷却储存环，可以将碳离子加速到每核子1 000兆电子伏。以此类推下去的话，我就跟我的学生说，看看你们20年后能不能把重离子再提高一个量级。

1992年我在做概念性设计的时候，有个梦想，就是造一台重离子加速器，在世界上要占有一席之地。因为当时国家财力有限，做不到世界第一，至少要在亚洲做个第一。20年后这个愿望实现了。我们现在重离子加速器在全亚洲超过了日本，成为最高能量的重离子加速器，排名第一，在世界上排名第四。2002年之后到现在，积累了一定经验，为我国未来重离子加速器的发展进行了一些谋划、布局。我们现在得到国家科技领导小组批准了，国务院批准了一个“十二五”的大科学工程，耗资15个亿，但是兰州现在这个园区已经放不下了，我们准备放到别处。这个加速器将把重离子在原来冷却储存环的基础上再提高一个量级，建成后，从流强上将会是世界第一。从这几代大科学工程来看，在这个领域，“一五”时期我们是求拥有；“七五”时期我老师这一辈，是紧跟世界科技前沿；到“九五”时期我这一辈，冷却储存环这辈，基本上跟世界上能达到同步，并驾齐驱，至少是位于前五。然后再过20年，就是我的下一辈，应该做到引领世界。差不多是按照这么一个步伐来发展。

除此之外，我指的是在科学的前沿上，最近几年，咱们重离子加速器服务于社会，这也是非常有意义的。第一个是做重离子治癌，就是将重离子加速器小型化、专用化，在医院推广。重离子治癌有它独特的优势，将是造福于癌症病人的一个非常好的手段。

重离子在生物、材料、农业、核科学、核能等方面的应用很广泛。所以要发展小型化重离子加速器，为国计民生服务，这是我的下一个目标。两个极端，一个是大型加速器，服务于科学的前沿；一个是小型化，服务于社会，这就是我的又一个梦想。过几天有单位要来找我，他们也是在国家“十二五”立了项目，也批准了。他们想建一个小型的重离子加速器，比我们那个治癌的还小，可以说是微型的。因为我们那个治癌的要56米，而他们这个只要30米，主要是为空间研究服务。我就想造更小型的，把他们这个当作第一台，我们帮他做。这些就是我从兰州大学毕业后科研工作的一个过程。

我从1987年大学毕业到现在已经28年了。概括起来，我这一生基本上就做了一件事。接下来我想再做一两件事。一个是重离子加速器小型化；另一个就是带领我的团队做一个更大型的加速器。当然我的机会很好，一生当中可以做两三件事确实也不容易。我也跟我的学生说，一生当中做好一件事就足够了。

创造力是最重要的

兰大培养出来的学生比较实在，容易去干具体的事情，能够坐得下来，能够脚踏实地。我们兰大的传统还保持着，这是值得欣慰的地方。但是要培养更杰出的人才，我觉得还是要注重两点：一个是要培养基本的技能，科研实验的基本技能；另一个就是训练、培养学生的创造力。就要让他们自己去想问题，去解决问题。因为知识是学不够的，永远也学不够。习总书记在去年两院院士大会上有一个讲话，引用法国作家雨果的一个名言，大意是：你学习别人的东西、前人的东西是很容易的，创造发明要比学习难上百倍、千倍。创造力是最重要的，要培养学生的创造力。这也算是我对我们核学院的一个建议吧。

对兰大核学院的建议还有两点：第一，核学院办学还是要以加强科研为导向，以科研的实验、实践活动来培养学生。首先要做的是把中子发生器建成，出束，让它做实验，在这些科研活动中培养学生，不管是培养本科生还是研究生。中子发生器如果做好了在全国也是很有特色的，它是一个很好的科研平台。第二，随着现在社会的需求，我希望在兰大核学院，以核学院为主、联合医学院设立一个核医学专业。这是一个非常有前景的发展方向。但学医学的不懂得核物理，核医学专业大部分的知识需要核科学而不是医学，所以我认为应以核学院为主设立这个专业。如果兰大核学院设立了这个专业，将来也是一个新的发展阶段。

要会做、能做小事情，做具体事情

对学弟学妹们的建议是：在学校学习知识，学习前人的知识不是最重要的；学会创造才是第一重要的；要有做实际具体工作的基本技能，才是最重要的。对研究生、本科生和职工的教育，我都说要能够做具体的事情。我对人才的定义很简单。什么叫人才？要会、要能做小事情，做具体事情的人才是人才。并不是说你是研究生、博士生、教授、研究员甚至院士就是人才。不是的，因为你是研究生、博士生，只能说你具备做一些科研工作的能力，并不代表你就会做。教授、研究员、院士，那也只能说是对你过去工作的一个肯定而已，并不能代表你以后就能有新的创造发明。为什么说要能做小事情，做具体事情很重要呢？因为，在这个世界上，再伟大的计划，再伟大的科学工程，它都要分解成一个一个具体的小事情来做。小事情集合起来才是大事情。所以说如果你小事情都不会做，你说你会做大事情，那是谁也不会相信的。所以我现在对每个学生、青年职工就是这样训练、教育的。至少要在本科生阶段进行这方面的教育，要学会干小事情。

另外，在本科生阶段还要进行挫折教育。这个挫折教育不知道怎么做。因为现在来的这些年轻人普遍性的有一个问题，我认为就是心理上出了问题，很多很多。所以，不管是职工、学生还是一些下属，还有周围的同事，我会经常跟他们谈心，做一些心理疏导工作。

我们这个加速器是24小时运行，长年累月都是一直开着的。它有这么一个便利条件。我现在的学生，我都安排到中控室，待上3个月。待上3个月我就知道他有没有这方面的前途。菁英班的学生来实习，我也是让他们待在中控室，先熏陶一下。他要调试加速器，运行加速器，做物理试验。对搞加速器物理的人，它就是一个实验过程。中控室是一个各类人群、老师汇聚的地方，也是学术讨论的地方。你在那里待久了，人也熟悉了，事情也就熟悉了。否则你待在办公室半年见不着人，跟你坐在宿舍、图书馆看书没有区别。实习的学生，如果待在宿舍里，跟待在学校没什么区别。我还有个要求，比如，如果实习一个月，至少要求他值一个大夜班（晚上12点到早晨8点），体会一下。

有一个大学校长讲得很好，我特别同意他的观点。他说现在的大学毕业生找工作难。为什么难呢？实际上是想找一个安逸的、收入又高的工作，当然难！又想收入高，又不想干活，又想安逸，当然这样的工作难找。实际上社会需要的岗位多的是，只是不愿意去而已。都想挤在北京、上海等大城市；西藏等边远地区和基层不愿意去。现在有一个很大的问题，就我们国家来说，制造业是一个国家的基础，但是年轻人都不愿意去干。所以我认为是价值取向出了问题。基础都没有，何谈工业强盛，实业兴国更不可能。必须是要靠农民去种粮食，工人去搞加工，搞一线的工作才行。

访：请您在留言簿上留言。

夏：我写的字不好看。（写：）“要学会做小事，做具体事。夏佳文
2015.2.4”

访：谢谢夏院士。

| 人物简介 |

夏佳文，生于1964年7月，重庆涪陵人，研究员，博士生导师，中国工程院院士。

1987年毕业于兰州大学现代物理系原子核物理专业，获学士学位；1990年获中科院近代物理研究所加速器物理及技术专业硕士学位；1993年获中科院高能物理研究所加速器物理及技术专业博士学位。1990年至今，在中科院近代物理研究所从事加速器物理及工程工作。其中，作为访问学者多次赴日本理化学研究所（RIKEN）、德国重离子研究中心（GSI）、美国布鲁克海文国家实验室（BNL）进行合作研究。1998年入选中科院百人计划，1999年获国务院政府特殊津贴，2002年被评为中科院百人计划优秀入选者，2003获国家杰出青年科学基金。1998年至2008年任国家“九五”重大科学工程“兰州重离子加

速器冷却储存环（HIRFL-CSR）”总工程师。2013年当选中国工程院院士。现担任中科院近代物理研究所副所长，兰州重离子加速器国家实验室副主任，中国首台国产化“重离子肿瘤治疗专用装置”工程总工程师。

曹本红

兰大培养了我的韧性

时　间：2017年7月13日
地　点：上海应用物理研究所
人　物：曹本红
访谈人：张　奥
文字整理：耿亚楠　张　奥

对兰大四年的简短回忆

访：曹师兄，您好。兰州大学档案馆正在开展“萃英记忆工程”，请校友对兰大历史做一些回顾，主要用作对历史资料的收集和保存。您1984年进入兰州大学现代物理系学习，到现在已有30多年，今天我以师弟的身份过来听您讲讲那过去的事情。

曹：小张，你好。我是1984年在湖南参加高考到的兰州大学，非常自豪能够进入兰州大学学习和生活。20世纪80年代考大学，我认为还是一件蛮难的事情，当时湖南有21万考生，而全国的高校数量少，所以高考前需要预考，仅预考就会淘汰2/3的考生，只有其中的7万人能够去参加正式的高考。这是一件很残酷的事情，读了十几年书，连参加正式高考的机会都没有。

我在兰州大学就读的专业是放射化学，当时一个班才18个人。整个学校的学生也很少，后来国家提的口号叫“万人大校”，这样学校的招生数量才逐渐提起来的。当时兰大在全国来说，师资力量都很强，特别是化学和物理。但招生的生源受到限制，因为西北的地域原因，导致很多人对其不了解甚至中学教师也是。我记得有个老师问我怎么去学校，是不是骑马过去？我说是啊，得骑一个多月呢。他还说在兰州都是吃玉米和面，是不是没有米饭吃啊？事实上，我们在学校吃饭分细粮和粗粮，会发饭票，可以自己选择去吃。

访：那您当年刚到学校报到的时候，在吃饭上面有没有什么不习惯？

曹：这个完全没有。相反，我刚到兰州的时候，吃的诱惑对我来说还是很大的。兰州的羊肉串很好吃，还有牛肉面，那个时候一大碗牛肉面只要两毛五，非常好吃。在学校外面天水路那边，城市建设较差，牛肉面店都是那种低矮的房子，一排人蹲在那里哗啦哗啦吃面，只有几张桌子，座位少。当时兰州给我的第一印象在吃的方面我是很满意的。

访：当时的环境那么艰苦，时间是不是基本都花在书本学习上，没有什么娱乐时间？

曹：这你就想错了，当时在兰大的校园生活很丰富。20世纪80年代聂卫平围棋风靡全国，我们也会办一些活动。我记得很清楚，当时现物系只有两个专业，4个年级合起来总共8个班。而我们班下围棋的水平不错，当时让我去组织。我说没问题啊，我们一个班对他们7个班，做擂主欢迎来打擂台。当时系里对这个活动很支持，还专门拨了点钱买了些围棋和棋盘，响应国内的流行做法。我们一个班出5个人，很有意思的是最后7个班都被我们干掉了，因为到后面我是擂主，其他人都不是我的对手。我学围棋比较晚，属于野战派，习惯大砍大杀，看书不多，但是在学校更多的人喜欢看棋谱，研究那些东西，这样很容易变成书房棋。我这种乱战型，不按套路出牌，土匪下法很多人不习惯，想想那时候挺好玩的。当时系里面也有很多其他活动，比如和其他系联谊举办舞会、篮球赛、英语角啊，都挺多的。

访：2006年，成立了核科学与技术学院，增加了3个本科专业。

曹：那现在就是有5个本科专业，另外的3个是什么，学生人数是不是也增加了很多？

访：核工程与核技术，也就是我所在的专业，还有辐射防护和核化工。我这一级当时的招生人数有140多人，现在学院和近物所有密切合作，联合培养本科生，陆续还在扩招。

另外，我想知道您在兰大求学4年，有没有老师或者什么课程让您印象很深？

曹：当时我们的老师都很敬业，兰大在管理上不是很严格，但是自学的严谨态度很好，老师上课很多细节会讲得很清楚，也会留给学生足够的时间去看书、去思考。我当时的辅导员叫岳肃俊，他原来也是母校毕业的，对我们很上心，也很照顾，我前两年去兰州还探望过他，现在他调到学校后勤集团去工作了。

印象最深的课程还是放射化学的课程，我记得当时有一门实验课，会接触到放射源，需要将放射源转移到测量室进行测量，大家比较害怕，一下子都跑开了。然后老师过去做示范，怎样把放射源取出来，怎样测量，这才消除大家的顾虑。

毕业参加工作

访：您当时毕业以后，就直接到了上海应物所参加工作吗？

曹：我1988年毕业，就直接分配到了上海应物所。那时候分配进来的学生还是外地人很多，上海人不大愿意留在这研究所，因为科研院所待遇比较低。我1988年刚到所里时，国家对科研这块的投入比较少，毕竟国内也比较穷嘛。所以所里的人很多都是搞开发，叫作人员下岗分流。后来，我们所里面还成立了挺多公司，然后很多人也辞职了，出去干自己的事，下海，那时候下海的人特别多。改革开放嘛！包括到深圳、广东的，从所里出去的人很多。我们毕业的那一届，分配来大约有三十七八个人，最后留在应物所的只有10个人。后来还走了一点，剩下来也就七八个人这样子，其他的都走掉了。那时候可能觉得，确实环境不一样。到后来慢慢所里面条件好了，科研任务也多了，接的国家的重点项目也多了，然后人员才慢慢积累起来。

访：兰大和应物所在科研上有一些合作，所以基本每年都会有兰大的毕业生过来深造或者就业，有些已经成为应物所的骨干。

曹：嗯嗯，兰大的学生还是不错的，现在国内的核电站比较多，在建的也很多。兰大核学的毕业生除了几个比较大的科研院所很多都到核电站去了，也包括我们的放药企业，因为放射性药物这块，跟放射化学是密切相关的，也涉及加速器，所以离不开核物理。

1988年班级毕业合影

访：您给我介绍一下放射性药物，您的工作这块。

曹：放射性药物可以分好几类。按照生产设备来分，可以分为加速器的药物和反应堆的药物；从治疗效果来分，可以分为诊断药物和治疗药物。由于受到生产条件的限制，国内做放射性药物的企业只有3家，一家就是我们上海原子科兴药业有限公司隶属于上海应用物理研究所，还有两家分别隶属于北京的原子能科学研究院和四川的核动力研究设计院。

后来我们和GE公司进行了合作，GE进中国的时候收购了我们公司70%的股份，然后做了5年他们就退出去了，因为觉得中国的放药比较难做。还有一个法规不是很健全，跟国外相比中国的放射性药物还在发展，因此一些政策的反馈跟不上，管理的反馈也跟不上，这种情况使得他们觉得有风险，在国外的公司，像GE这种全球排名都是前三前四的公司，它肯定是害怕的，所以就退出去了。退出去之后呢，那70%的股份转而被四〇一收购。现在有一些民营企业也逐步做起来了，慢慢这个行业也在做大。对于将来，放药的前景是很好的，我相信10多年后，它都还是朝阳产业，因为国外现在的发展是比中国最起码是领先20年。

访：国内外放药的差距主要体现在哪些方面？

曹：首先差距在设备上，比如PET药物，需要PET-CT来做。按照去年的统计来说中国现在只有74台，加上一些民用的我估计大概有300来台，但是在美国有3 000多台，再加上中国人口数量大，因此在这方面较为落后；其次国内在医药方面都是盯着国外这一块的，国内的企业大多做仿制药，因为做个原创药太难做，而且投入经费高、周期长。仿制药相对来说容易一点，而且投入会比较少。

访： 您现在公司供应较多的放药有哪些？

曹： 我们现在主要是做的是短寿命的核素像^{18}F正电子药物，我们标记脱氧葡萄糖，全国用得最多的叫作FDG，就是氟标记的脱氧葡萄糖。这个药目前做到PET的应用，在全国来说是用量最大的，也基本就是全国所有的PET都要用这个药，但是因为它的半衰期只有109分钟，因此不能运到非常远的地方，所以我们公司的供药半径基本是在江浙沪，再远就无法供应。

所以在这种情况下，国家为了促进行业的发展，就出台了相关文件——正电子药物的ED授权管理办法。即我们在外地也可以去设置工厂，不需要再批准文号，只需用我们的批准文号授权给他去生产。将来，在国内大概会设置30多个点，就是每个省份都会有，大城市或者好一点的二级城市都要设置这样一个生产点，现在大概十几个城市已经设置了，这样在全国都会形成一个网络，实现全国供给。

访： 目前在医院用放药进行PET-CT主要是哪些人群？

曹： 放药是从分子水平来做显像方面的应用，可以从分子水平来说进行肿瘤的筛选，即使很小的肿瘤，都可以通过这种方法找到，那么就可以提前进行一些手术治疗。目前做PET检查会比较贵，上海比较便宜的也要7 000多块钱，一般做一次大概需要八九千块钱。我们的药实际上是很便宜的，只占到十分之一的价格，但是医院需要购买个设备，所以导致收费比较高。现在都是自费，等进了医保以后可能它会降下来。不过现在国内有钱的人比较多，一些民营的老板会自费去检查。还有为国家做出过突出贡献的老同志，会由国家拨钱，让他们定期进行这样的高端体检，可以尽早发现一些问题，包括中央领导都是定期地也会进行这样的一些检查。

访： 那您认为国内放射性药物的发展主要遇到了哪些问题？

曹： 首先，能够使用放射性药物的医院十分有限。对于核医学科，国家管理很规范，为防止放射性药物的乱用，必须取得辐射安全许可证以及放射性药物使用许可证，因此只有在设备先进的三甲医院才能使用，国内仅有1 000家左右的医院具有使用资质。

其次，我们做的药物生产面对的主要问题是，放射性药物的新药发展太慢，它与普通的药物不同，对于放射性药物，做的企业少，生产周期太长，投入经费过高，国家的审批流程慢，大家不愿意去投入，限制了它的发展。但是国家现在在进行改革，从今年的形式来看，放药的发展有个明显加快的过程。

再者，对于药物需要做安全性评价，即临床前的动物实验数据，但是这些数据我们十分缺乏。因为放射性药物实验必须要带有放射性的GLP实验室才能去做，GLP是个规范。国家有法规，企业或者科研机构做的新药必须在取得GLP规范的第三方机构来取得动物数据，但是国内没有这样的GLP实验室。虽然全国有很多GLP实验室，但是没有一家是做放射性药物的，一是没有资格，二是带了放射性给处理带来很多麻烦。现在上海应物所、嘉定区政府和原子兴科药物有限公司一起在做放射性药物研发平台，也就是全国第一家带有放射性的GLP实验室平台，最近在选址，所以我认为在这块国内会有突破性的进展。

最后，是观念问题。对临床医生来说，放射性药物的使用需要有专门的病房进行防护，他们不愿意去接触；对于大多数病人，对核的认识比较浅，甚至“谈核色变”，认为放射性会对他们的身体造成其他危害。这样的观点很难扭过来，事实上我们生活的环境中充满了放射性，像大气、装修材料、香蕉等水果都会有放射性，甚至强度会高于我们所使用的放射性药物，只不过大家对这方面不了解。

虽已离校，心未走远

访：您如何看待大学4年和老师、同学的感情？

曹：4年的校园生活还是很值得回忆的，和老师、同学有着很纯洁的情谊，这和后来工作中的关系就不一样了。当时和同学之间没有什么利益上的关系，一起谈论的事情往大了是理想和未来，往小了说是什么行业发展前景好啊，能够多挣点钱。因为20世纪80年代挣钱很少，一个月就80多块钱，到月底除开吃穿，基本没有多少剩余。这么多年，让我感受的最愉快的日子也就是大学4年，因为它真的是丰富多彩。

访：您毕业以后，有回过母校吗？

曹：毕业以后，每过几年我都会回一趟兰州，到兰大附近看一看，有时会找老师聊一聊，但是更多的是一个人默默地围着校园外走一圈。看着那几个字，那是我曾经生活过4年的地方，然后就忙着其他事情回上海了。兰州那边气候很不错，经常有关于核医学的会议在那边召开，然后我就借开会的名义嘛，过去看看，一举两得。其实毕业20年后，即2008年，我们还专门在兰州举办过同学聚会。

访：您认为兰大对您4年的培养在您今后的工作中起到了什么样的帮助？

曹：我觉得大学对人一生的影响是最大的，不是说它教会了你多少理论知识，而是使得一个人的性格或者说多方面的综合素质有了提升。从1988年分配到原子核所（现上海应用物理研究所）至今，我做放药已经快30年，走掉的人非常多，甚至在1991年的时候，我也有过离开，到深圳、广州一些地方发展。当时觉得做基础科研太难，没有经费的支持，甚至连生活都不易。后来我们逐步地把成果转化到企业，就开始做企业。开始做企业的前10年也是非常困难，因为放射性药物很难去推广。在这样的情况下，我认为兰大对我影响最大的是做一件事情的韧性，坚持不是一句话的事情，真的要十年如一日地坚持去做这件事情，它才会成功。正是因为这份坚持，我才成为整个行业里面较为资深的人物，现在可以给别人讲放药的发展历史，讲将来我们可能碰到的问题，讲引进国外新药以后国内放药行业整体将遇到的机遇和挑战。

访：据您所说，应该有兰大的学生到您这边实习或者工作过，您认为他们身上有哪些比较可贵的精神？

曹：在我们这边实习以及上海这边大学和研究所的兰大毕业的学生，在他们身上可以看到一个共性，就是做事认真。有些比兰大更好的学校，他们的毕业生有些浮躁，或者说好高骛远，自己认为从名校毕业，刚出来就想着拿很多的钱，但是他们缺乏经验，不知道在后面工作的积累才是最重要的，需要两到三年甚至五年才能形成自己独立思考和工作的能力，才有能力去带团队，否则是不能够独当一面的。但是兰大的学生不会这样，会比较踏实，肯做实事，也就是先把事情做好再说，这是我最喜欢的一点。

在兰大毓秀湖边与同学的合影

访：您有没有想对母校或者师弟师妹说的话？

曹：我毕业参加工作已经快30年了，对兰大的感情还是很深，很多人问我是从哪里毕业的，我说我是从兰大毕业的，这是我认为很自豪的一件事。兰大治学严谨，培养的学生动手能力很强，所以这么多年我都很感谢母校培养了我。对于师弟师妹，从学校毕业刚参加工作，有个知识积累的过程，而且现在社会上浮躁的人太多了，要扎扎实实去做点事，积累几年后，是金子总会发光的。

访：好的，作为师弟，谨听您的教诲！那此次访谈就到此结束，十分感谢您！愿我们的母校更好！

| 人物简介 |

曹本红，男，汉族，1965年生，湖南人。1988年毕业于兰州大学现代物理系放射化学专业，现任上海原子科兴药业有限公司总经理。历任上海科兴药业公司车间主任、销售部经理、副总经理；GE中国医疗集团旗下安盛科兴药业有限公司副总经理；中科院上海日环仪器厂副厂长；宁波君安药业有限公司副总经理。曾参与国家863课题、国家攀登B项目，主要从事放射性药物的开发和研制工作，如“无载体Ge-68的研制”“制备Ga-67的工艺改进”“^{89}Sr新产品的前期开发”“临床规模的^{188}W-^{188}Re发生器”等。

姚泽恩

践行理想信念，坚守科研事业

时　间：2015年3月9日
地　点：核学院办公室
人　物：姚泽恩
访谈人：王秋林
摄　像：杨振林
文字整理：李英帼

持之以恒，三十年岁月娓娓道来

访：先请姚老师您介绍一下自己。

姚：我叫姚泽恩，现任兰州大学教师，主要从事中子与中子应用技术方面的相关研究。目前关于中子学科点有一个相关研究所，是中子物理及中子应用技术研究所。这个研究所是以原来的加速器教研室为基础建立的，原来的加速器教研室到现在已经有很长一段时间了，大约于20世纪70年代就开始从事中子发生器以及快中子物理方面的工作，曾经成功研发了强度为10^{10}n/s、10^{11}n/s、10^{12}n/s三个量级快中子发生器。其中10^{12}的这台加速器，是目前为止，我国唯一一台强度可达到10^{12}的中子发生器。这台中子发生器，获得了国家科技进步三等奖和国家教委科技进步一等奖，是一个标志性的成果，到目前为止，这台仪器已经运行了20余年，接近退役。在1988年，我们使用这台仪器进行相关实验，但现在仪器已经老旧，因此，我们目前正在研发一台新的强流中子发生器，这个项目是由国家自然基金、科学仪器基础项目研究以及国家自然基金重大仪器科研项目的支持下进行的。第一台样机，目前已经进入安装阶段，争取于今年年底能够出束流并开展相关工作。另外一台中子发生器也正在研制中，目前处于设计阶段，目的是做出国内最强的中子源，为重大科研工作提供一个强度足够的中子源保证。此外，还承担了由科技部国家重大科学仪器开发项目，目的是研究中子源强度相对低、紧凑型并且可用于各种工业现场的中子源，这个项目由多家单位联合完成，我们的主要任务是研制小型中子源，而其他单位的任务是完成相关应用，还有相关产业化部门参与，从而达到产业化。目前，这台仪器的设计工作已经完成，正处于加工阶段，将在兰州大学榆中校区的中子楼完成调试工作；尺寸长约1米，直径约为30厘米，有非常好的灵活性，是一台移动式仪器，其成本和价格相对于大型中子发生器低很多。这台小型中子发生器可用于中子照相、中子辐照育种等方面的相关工作。

访：简单介绍一下现在从事这方面工作的人员。

姚：目前中子所的工作人员有8人，大部分是年轻人，人员太少，队伍的建设是十分重要的，因此我们希望能培养出更多人才，并且留住他们，使研究所达到15人的合理结构。今年我们计划选留一位硕士毕业生继续留校工作，主要从事设备的维护和管理。明年我们预计有一位选留博士能够留校继续工作。至于相关的研究生，大约有20人，主要由两位导师带领。这是目前的基本人员结构情况。

访：请再详细介绍一下高水平的中子发生器。

姚：这个中子源是一个相对有特色的中子源，因为其发生原理是氘氚或氘氚聚变产生中子，其单能性相对较好，是作为聚变型中最强的中子发生器。国家有许多大型项目所研制的中子源是比我们这台中子源要强得多，比如散裂中子源，它产生的中子谱是连续谱。而我们所研制的小型化，单能性的中子源在科学领域或者在大型项目的基础研究方向是非常有用的，比如聚变堆相关的单能性工作就可以在这台仪器上开展。

访：请问姚老师在核学院工作多久了？

姚：本科毕业后我已经开始在核学院参与相关工作了，也就是1988年，20

来年了。

访：那您对于核学的发展是比较了解的，对于这台中子发生器是第几代的产品。

姚：我从年轻时就从事中子发生器技术及相关工作一直到现在，对于核学的发展还是相对了解的。这是第四代的中子发生器。强度为10^{10}n/s是第一代，10^{11}n/s是第二代，20世纪研发的10^{12}n/s是第三代，现在设计的这台虽然强度依然是10^{12}n/s，但其他很多指标都是过去的一倍，是第四代。我们尽力将其指标做到全国最强。

长风破浪，助兰大核学砥砺前行

访：请问姚老师对核学院工作有什么建议或者期望？

姚：经过近些年的建设，核学院有了很大的发展，但是学院的研究方向偏多，比较分散，没有凝聚起来，缺少特色的亮点，希望未来能够凝聚目标，做出一些国内特色型的研究方向，做到国内一流水平，才能在国内有一席之地。

访：非常感谢姚老师。

| 人物简介 |

姚泽恩，男，生于1966年8月。粒子物理与原子核物理专业理学博士，兰州大学核科学与技术学院教授，博士研究生导师。兼任兰州大学中子物理与应用技术研究所所长、兰州大学教育部中子应用技术工程研究中心主任、兰州大学核科学与技术学院副院长。中国核学会理事；中国粒子加速器学会理事；中国计算物理学会蒙特卡罗方法以及应用专业委员会委员；中国工程物理研究院中子物理学重点实验室学术委员会委员；《原子核物理评论》编委会编委。

研究方向为中子物理与中子应用技术。主要从事D-D/D-T加速器中子源技术、快中子物理及中子技术应用等方面的研究工作。主持国家自然科学基金科学仪器基础研究项目1项；国家自然科学基金面上项目3项；国家重大科学仪器设备开发专项（科学技术部）子项目1项；横向协作项目16项。参加国家自然科学基项目1项；国家自然科学重大科学仪器研制项目1项。发表学术论文120余篇，其中，SCI和EI论文70余篇。

边　海

回忆兰大教育，期望学院发展

时　间：2015年5月19日
地　点：中核兰州铀浓缩有限责任公司
人　物：边　海
访谈人：王秋林　陈文歌
摄　像：梁振林

访：我们现在正在做一项“萃英记忆工程”，请我们的老先生、老校友，还有兰大的老朋友，回忆在兰大学习、生活、工作的经历，回忆给他们留下印象的人和事。我们通过这种人物采访、录音录像的形式，把老校友们对兰大的回忆留下来，把老校友们的形象留下来，为后来者了解、认识兰大留存一些资料。今天请您回忆一下当时大学生活的情景。

边：我是1985年入学的。当时在现物系，我们住的地方就在七中那边老式的俄式的建筑里，刚开始系办公室就在那栋楼里，那时候徐躬耦先生还在兰大呢。应该讲在兰大学习的那几年，一是学了很多自然科学的知识，二是对人的整个思想、整个人生观价值观的影响非常大。我觉得很多这种思想都是在大学里形成的。中学刚到大学的时候有一个新鲜感，觉得自己从家里出来了，好像就掌握了自己的世界；在学校里，我觉得大学老师对学生的引导还是非常重要的。老师的引导教育，能够使人的思想稳定下来。我感觉就是从高中生到大学生后，人的思想有一个非常大的跳跃，就感觉好像是有了自由，好多事没有家长在那给你把持，其实自己做好多事情的时候也有一些胆怯，得自己拿主意。其实当时很多事是通过学校的老师、同学商量来做出一些决定的，我觉得这对我人生的影响非常大。兰大的校风我就觉得是朴实，当然我们兰大有校训，但是我觉得这么多年来对我影响比较大的可能就是朴实的校风。比如做任何事情，你踏踏实实地，脚踏实地地先干起来，把事先干好，你先别说你要出什么风头，要达到什么样的一个高度。只有你把事做好了，你才可能一步一步地往前走。人要朴实一些，踏踏实实的，不要好高骛远，不要一开始事还没做呢，就想着要怎么怎么样。

然后就说在学校生活那几年，老师们还非常关心我们，我们班主任朱老师对我们管得非常细，我们有事就找他。在学校的时候，我觉得老师们，一方面在课堂上跟他们学知识，另一方面也从他们身上学做人。那时候咱们食堂在系上，不像学校那边吃饭的人那么多，相对来说学校的食堂比系上办得好一点。其实毕业了自己干工作了以后回头再想，当时食堂的那些老师、师傅们，他们还是想了很多办法，努力把饭菜做得好一点。但是那时候我们觉得跟学校的大食堂相比，不满意，我们就罢餐。我们就联合我们84、85级的一起，前一天晚上大家商量，第二天中午不去食堂吃饭，然后到门口吃牛肉面。现在想想那也是一种对人的生活的历练，毕竟这边的食堂小，吃的人少，调节的余地小。那时候我们课余活动也比较多，比如去雁滩划船，到皋兰山去爬山。当时84级的住在三楼，我们在二楼，这一半是核物理，那一半是放化的，我们住在一个楼上。所以那两年现物系的学生比较熟悉。两个专业的女生也是住在一起的。从86级开始，他们都住到学校的宿舍楼去了，所以相对来说，我们对86级的就没有像84、85级这么熟悉了。

边海题字

边： 工作这么多年以后，想再读点书，我就2004年回去读了博士，跟着刘正民老师。刚到厂里那几年，由于国家整个军工企业大的方针的调整，应该讲那时候厂里不是太好。应该说在1992年、1993年的时候，大家都在讨论这个厂是不是要关门了，因为限产，生产被限制得很厉害。到1996年、1997年的时候，国家对军工行业还是有一定的考虑，就引进了俄罗斯的生产线，现在离心的这套生产线就是从俄罗斯引进的。我2004年回去读博，跟着刘老师做了一阵子吸氢材料，是2009年毕业的。毕业后就回来一直干技术活。我来到厂里以后，最初在安防处做环境辐射监测，后来到分析室，也还是做辐射监测。后来到质量处，在质量处待的时间比较长，2008年到了主车间一号车间就一直在那，去年到现在这。我觉得咱们学校朴实的学风对我的影响还是比较大的，做事就要踏踏实实做。读本科时，有一次我们到皋兰山植树，种完树以后，我们就从山上往下跑，一口气跑到宿舍楼，腿都跑软了。我们当时在现物系住，在现物系和学校都上课，就得两边跑。如果前两节课在现物系这边，后面两节课在学校那边，就得从现物系这往学校那边跑。所以我记得南门口的一个保安说，现物系的学生他都能认出来。因为现物系的学生走得特别快。

访：今年核学院60周年了，您对核学院的建设发展有什么建议或者有什么期望？

边：核学院是我们的老基地了，我觉得兰大的核学院这么多年走下来，起码在我们核行业，应该还是有非常不错的声誉。就说在核工业系统，兰大核专业的学生还是非常受欢迎的。我觉得我们核学院还是要坚持我们的传统，理论功底要扎实，因为有了基础的理论功底，到社会上以后再从事具体的应用性的领域，转起来我觉得非常快。如果你学的是那种比较实用性的专业，可能反而面比较窄。而且实用性专业可能这两年热，过两年它不行了。这么多年看下来，就是这几年这个专业热，过几年那个专业又热，但是我觉得就是这些老的专业，一直保存下来的这些专业，还是有它存下来的原因。我觉得咱们核学院应该加强同社会上的一些单位，包括中核、广核，包括政府的核应用领域的环保，包括生物监测，咱们都可以去开发。我觉得国家现在对生物安全这块提得也比较多，那么咱们核学院其实可以早早地把手伸出去了。

访：核生物？

边：就是生物安全，其实国家在提生物安全，那它肯定有监测、分析等的一系列活动。

访：与核有关的？

边：我觉得都可以联系上。因为我们班也有好多同学最后转行，像近物所的吴和宇，他后来出去以后其实就是做和生物学的交叉学科。国家现在对生物安全提得挺高，我觉得咱们学院可以做一下。等到国家真正大批量需要人的时候，咱们的人可能就培养出来了，这样对咱们学院的建设也是挺好的。当然，现在咱们核学院办的专业已经比较多了，有关于堆、燃料、核电和辐射的。我觉得在后处理这方面咱们核学院也可以多介入一些，因为我记得我们上学那时候，放化跟四〇四其实有很多合作的项目，当时其实都和后处理有关系的。咱们现在把这块再加强一下，因为咱们国家整个核产业，下一步后处理肯定是一个很大的产业群。

访：您感觉像咱们五〇四厂和学院有没有可以合作的方面？

边：我觉得有挺广的而且具体的合作项目。最近我们在筹划一个事，就是说准备跟咱们学校，还有其他几所学校从技术人才、高端技术人才的培养，以及校企合作这方面建立一些平台，扎扎实实做一些事，加强校企合作，联合申报一些项目。企业适当投入一点跟学校合作，比如建立联合实验室，我们准备今年启动这个事，想着首先跟咱们学校这边看能不能先推动起来。一是地域原因，离得近；再一个咱们这好多都是咱们学校的学生，可能好多事谈起来、找起人来也方便，好多都是同学啊老师啊什么的。

访：您说这是人员培训？

边：嗯，包括一些科研的合作，就是想着建立一个比较紧密的而且确实能够见到真东西的这样的校企之间合作的平台，推动高端技术人才的培养，这是一个方面；再一个就是开展一些项目的合作。例如，一方面来跟学校合作，解决一些实际的生产运行中的技术上的难题；再一个，我们也在想能不能双方合作去帮助别人解决问题。因为学校有学校的优势，企业有企业的优势。学校不仅在理论方面，而且在解决问题资源的广度方面比企业要强得多。但是有时候需要在内部建立一些试验性的东西来把咱们研究出来的东西试验一下，看看能不能够实行，企业可能在这方面会比学校强些。我们现在也是有这个想法，而且厂里基本上已经达成共识了。我就想着强力地把这个事推动起来。我还想不仅仅是跟核学院，包括同其他的学院，如管理学院等在有可能的一些领域开展一些合作。我们同核学院合作比较多，包括去年中核集团新入职职工的培训，燃料系统的点就放在咱们兰大了。一个月时间，就是住在咱们学生宿舍，然后在逸夫馆上课培训，就是新入职大学生的培训。之前每个厂、每个企业的新入职大学生的培训都是在企业内部自己做，去年中核集团组织整个集团的分板块，包括核电、燃料和矿业等，燃料板块就在兰大。具体就是咱们核学院承办，学校对这个事也非常支持，集团也很满意。总之，我们就是想依托企业和学校，咱们共同来做一些科研项目，国家现在也提倡校企合作和院企合作，我们想要做这个。再一个也想学校和企业一起合作来解决一些问题，一方面解决咱们企业自身的问题，另一方面解决一些产业领域的前端后端的技术上的问题，咱们如果合作起来解决这些问题，对整个产业都是有好处的。

访：应该是有很好的前景。

边：对，这样的话对咱们学院的发展，我觉得也非常好。

访：给咱们这个资料留个言吧。

边：好。

访谈人王秋林同边海合影

| 人物简介 |

边海，1968年1月出生，中共党员，博士，高级工程师（研究员级）。1985年9月进入兰州大学现代物理系学习。现任中核兰州铀浓缩有限公司（中核五〇四厂）副总经理。

陈熙萌

团结一心，更上一层楼

时　间：2015年3月9日
地　点：核学院409室
人　物：陈熙萌
访谈人：王秋林
摄　像：梁振林
文字整理：朱朝阳

访： 陈老师您现在研究的领域是什么，在国内及国际有什么样的作用和地位。还有您对咱们核学院的发展有什么意见和建议，对以后发展趋向有什么样的预测以及希望。今天想请您就以上各方面谈一谈。

陈： 那我简单说一下。

访： 您先把自己介绍一下。

陈： 我1985年来到兰州大学，然后1992年研究生毕业并留校，1994—2002年担任原子核物理研究室主任，2002年担任物理科学与技术学院副院长，主管研究生工作。4年后，也就是2006年，核学院成立，我就到核学院了，我的个人情况大概就是这样。我们团队做的工作主要是射线与物质相互作用这个方向，稍微具体一点就是研究原子、离子、电子和分子表面相互作用。我们团队现在有9个人，有4位教授，3个副教授，还有年轻人，大的方向是射线与物质相互作用，但稍微分细，有做基础研究的和应用研究的。基础研究我们传统上做的是离子原子碰撞，现在做离子和分子与表面相互作用，这是我们的基础研究方面，主要从最基本的物理过程研究它的物理机制。另外一方面应用研究，我们现在做的是射线与物质相互作用在航天上的应用，并且我们刚完成一个项目，就是嫦娥探月工程，其中我们做了着陆器的有关工作。

访：着陆器？

陈：嫦娥三号需要稳定着月，我们参与了其中的一部分工作。从这方面往下拓展，我们正在做嫦娥五号方面的工作，由于嫦娥三号要落月，而嫦娥五号要返回来，针对这一特点，我们进行相应的应用研究。还有另外的应用研究，核医学成像。

访：什么成像？

陈：核医学成像。现在做诊断的就是X光、CT，我们就是在CT基础上再加上我们的有些技术，将空间分辨率提高。我们的核医学成像物理实验室已经建起来了，有几个研究生做，做得也挺好的。这些是我们目前做的方向。承担课题方面，从基础研究的角度承担的主要是国家自然基金课题，前后我们承担的国家基金课题有十几项，我们团队目前在研的国家基金课题就有9项。

访：经费应该也不少吧？

陈：经费还可以，军用方面，嫦娥三号，有400万，然后嫦娥五号我们也正在做。大体上目前我们课题组有基础研究，有应用研究，应该说经费也算是比较充足。主要工作还是年轻人做，不是我做，我只是出出主意，跟他们讨论，具体事情都是年轻人来。

访：那您做的东西跟近物所夏佳文做的有什么不同之处吗？

陈：夏佳文做的是加速器物理及技术，他主要做加速器，给其他学科研究提供一个平台。

访：设备小型化的吗？

陈：他们做的就是大科学装置，重离子加速器还有CSR，冷却储存环，从大科学工程来讲，是一个综合装置。他现在就是在那个基础上，要做一个医学应用的，相当于小型化的加速器，专门针对医学用的。操作起来更简单，主要针对重离子治癌。这方面工作的应用前景是很大的，我们国家实际唯有他们在做，相对上海从西门子买的装置，我们国家自己做的话造价就便宜得多。

访：就在他那儿做？

陈：嗯，就在他那儿做，我们这边实际上有些工作也跟他们有一定的合作。从学院角度来讲，从1955年建这个核专业到现在也是风风雨雨的，有辉煌的时候，也有低潮的时候，但现在应该说是已经走上正轨。好处就是我们现在学院年轻人已经成熟起来了，现在的工作都是靠他们在做。另外核学院最大的一个特点，也是很多学院较为羡慕的是核学院气氛比较好，就是大家比较团结，能够拧成一股绳来做事。同时我们也一直给我们的年轻人，包括给跟我年龄相仿的一些老师说，千万不要造成内讧，不然学院大好局面就毁了，只要大家团结起来做这个事，将来就会发展越来越好。从学院发展来讲，现在研究的方向也比较多，有应用的、有基础的，但是总的目标是学科前沿以及国家战略，现在我们学院大多数人围绕着国家战略目标做事，所以我们学院这几年较大项目经费还是很好的，虽说总经费在学校不靠前，但人均经费在学校较为靠前，所以形势上还是挺好的，我相信我们学院会发展得越来越好。

访：您在核学院做院长做了多长时间？

陈：从2006年做到2013年。

访：这7年时间您主要做了哪些工作？

陈：我们2006年开始成立核学院的时候，当时确实人员比较少，条件也比较艰辛。我们的硬件条件不好，像原来在二分部那个黑乎乎的教学楼，还有中子楼也没建好。成立学院以后，首先是整合力量，然后引进人，那时总人数40几个人，教师只有20几个。当时的好多老师现在已经退休了，所以现在的人员，大多数都是成立学院以后，引进来的人。我们现在年轻人百分之八九十都是从国外回来的，或者是有国外经历，这就比以前好很多了。原来我们刚成立学院的时候，有很多研究方向，大家各干各的，形成不了合力，现在经过整合成为几个大的方向，稳步往前走。我们以前对于国家的需求关注较少，加上那时候核工业不太景气，造成申请课题也不容易，但这几年国家重视起来了，我们所面对的机遇已经好转，加之我们现在年轻骨干力量也成长起来了，很多事情我们就可以做了。原来2006年成立学院的时候，有两个本科专业，核物理和放化专业，而现在是五个专业，从专业结构来讲，也更加合理了。现在的研究生人数，比刚成立学院的时候多了很多，整个团队梯队也形成了，是非常好的状况。

访：您对学院的发展怎么看？

陈：我相信不要搞内讧就会越来越好。

访：你现在是在科研处？

陈：是在研究生院工作。

访：研究生院的工作比学院的工作更忙吗？

陈：相对学院来说要忙得多。

访：那研究生院现在的主要工作内容都有哪些？

陈：研究生院下设有综合管理处，办公室和招生办在综合管理处，有培养处，学位与学科建设处以及研工部，共有4个部门，每个部门都有人分管，我没有具体主管哪一个部门，李院长主管学位与学科建设处，罗院长分管招生办，曹校长现在还任研工部部长和研究生院副院长。

访：曹校长还在兼任呢？

陈：是的，她兼任研工部部长和研究生院副院长，分管的是培养处还有研工部，但是我们遇到大的事情还是在一块讨论。我们每个人都有具体的分工，并且研究生院的年轻人员都很能干，但研究生院的事情确实比核学院事情多。

访：事情多？

陈：相对来说，责任还是更大一些。

访：涉及的面比较宽。

陈：一方面是涉及整个全校的事情，另一方面，现在研究生有12 000多人，人比较多，不像学院，人数毕竟有限。

访：那请您为核学院的建设发展送上一句话。

陈：好，那就是团结一心，更上一层楼。

| 人物简介 |

陈熙萌，教授，博士生导师，兰州大学研究生院执行院长。现为兰州重离子加速器国家实验室学术委员会委员、甘肃省学位与研究生教育学会理事长、甘肃省物理学会副理事长、甘肃省核学会常务理事、甘肃省核应急专家、甘肃省反恐专家、甘肃省领军人才、甘肃省师德标兵、兰州大学隆基教学名师、《核技术》《原子能科学技术》《原子核物理评论》《兰州大学学报》编委、享受国务院政府特殊津贴专家。曾获原国家教委科技进步奖、教育部科技进步奖、中科院自然科学奖、甘肃省教学成果一等奖、宝钢优秀教师奖、国华杰出领军人才奖、甘肃省高校青年教师成才奖、兰州市优秀科技工作者、兰州大学首届十佳教师、兰州大学首届教学新秀特等奖、兰州大学首届教书育人奖、兰州大学首届十大导学团队。主要从事射线与物质相互作用研究。主持航天探月工程项目、军委装备发展部项目、军委科技委项目、973预研项目、国家自然科学基金项目等科研项目30余项，以及国家级双万专业建设项目、省级精品课程项目、兰州大学精品在线视频课项目等教改项目5项，发表学术论文近180篇，其中被Nature Index认定的论文17篇。

李卫东

回忆兰大教育，期望核学发展

时　间：2015年5月19日
地　点：中核兰州铀浓缩有限责任公司
人　物：李卫东
访谈人：王秋林　陈闻歌
摄　像：梁振林

回忆兰大教育

访：李先生您好，我们现在正在开展一项工作，叫“萃英记忆工程”，通过请我们的老先生、老校友，还有兰大的老朋友，回忆在兰大学习、生活、工作的经历，回忆给他们留下印象的人和事，谈谈这些经历对后来的成长和进步有什么帮助。这样我们可以为后来的人留一些资料，让他们认识、了解兰大。

今天我们想请您聊聊您在兰大学习生活的情况，还有给您留下印象的老师或者事。请您先介绍一下自己。

李：我是1985年考到咱们兰大的，我觉得咱们兰大是一个非常著名的学府，又在咱们甘肃省。我们企业是中华人民共和国的第一座铀浓缩基地，和我们兰大的核学院一样，当时都是为原子能事业而建设的。我们为第一颗原子弹，第一颗氢弹，第一艘核潜艇，第一座核电站提供了合格的装料，这就是我们厂的4个第一吧。我之前了解过，从我们企业建立起一直到现在，在企业里边兰大的学子总共应该有一百六七十人，现在还有六七十人，应该说都是我们企业的各个方面的骨干，在管理、科研、生产、技改方面，兰大学子都是主力军。所以说，这也是我们值得自豪的哦。我从毕业就一直在这，有26年了。这26年呢，也见证了咱们国家的繁荣与发展，也见证了我们企业的一些大的变化吧，从军工企业生产到保军转民，到二次创业，我应该是全程参加了，目前我们企业正在建设世界一流核燃料基地。所以，我觉得在这个过程中，咱们兰大的学子应该说是我们企业现在的生产精英、管理的主力，也是我们建设世界一流核燃料基地的主力军。我高考的时候选择咱们兰大的核学院，是我觉得它比较神秘，因为我记得20世纪80年代的时候，有一部很有名的日本电视剧，剧中杏子受到放射性的照射，得了白血病，然后她的父亲挽救她，但是最终也没有成功。所以那时候，我就感觉到放射性摸不着看不见，比较神秘。我就想看看，研究研究这个东西。咱们兰大当时是非常有名的大学，在全国都是前几名，并且我也是甘肃人，对咱们学校知道得比较多，所以当时我就选择了兰大现物系，专业是放射化学。说实在的，作为兰大的校友，我挺自豪的，由于我现在工作的性质，经常到全国各地，特别是在军工企业、军工行业里面，我能接触很多咱们兰大的校友。咱们兰大的校友应该说还是非常优秀的，这是大家公认的评价，最多的评价是踏实、朴实、肯干。我觉得这与兰大的校风学风有很大关系。咱们的毕业生，到各个地方去，我觉得咱不能说出类拔萃吧，起码也都是中坚力量、骨干力量。这是我对咱们学校的一个理解吧。我入学的时候，正是咱们学校非常辉煌的时候。特别是我们现物系的两个专业，放射化学和原子核物理，在全国都是数一数二的。所以那时，我们觉得非常自豪，我觉得这种自豪就来源于学校校风影响下的学生的踏实肯干努力。那时老师教学水平很高，也非常敬业，学术氛围也很浓，这对我们产生了非常大的影响。那时候的老师都非常好，我有两个班主任，一个是刚入学时的班主任陈景仁，另一个是后期的辛文达老师，还有陈励权老师，他们都是非常朴实、专业、努力的。当然给我印象深的还有放射化学家邱陵，虽然我入校的时候，他已经调走了，但是还是有这儿的兼职，我们也听过他的讲座。还有我们的系主任陶祖贻教授，我的毕业论文就是他指导的。陶老师无论是业余时间还是研究时间，给我的指导都非常多，特别是我那篇毕业论文。在我刚工作以后，陶老师给我说我的毕业论文在放射化学杂志上发表了，所以那时候我就觉得咱们的教学和科研结合得很好。虽然我们处于偏远地方，但学术前沿掌握也抓得好，特别像我们陶老师，那时候年龄也比较大了，但是给我指导文章的时候确实很细心，很专业。应该说从那时候我就形成了比较严谨的思维和作风，这为我后来的成长打下了很好的基础，我也获得了一些荣誉。

上学期间我印象比较深的是咱们兰大的学术水平很高，应该说当时咱们参加的物理竞赛、化学竞赛，咱们兰大的学子在全国都是前面的，我们很骄傲。兰大那时候的学术科研水平、教学水平，那是非常一流的。咱们的业余活动也非常多。20世纪80年代物质文化也不丰富，那时候大家都学跳交谊舞，各个系、各个社团都在办各种活动。有各种兴趣班，比如书法、绘画、乐器等。我觉得一方面我们学习了知识，另一方面也丰富了生活。那时候我总觉得我有忙不完的事情，总觉得都需要学习。有件印象比较深刻的事，是1986年由百名歌星组织了一个让世界充满爱的演唱会，当时咱们学校也组织了活动——歌唱比赛。我们在这个比赛前不断地练，经常练到晚上九十点，所以唱的时候我们都觉得好像嗓子不好了。按照现在的说法，我们那时候正能量的东西很多的。前些年，在全国好像也掀起了一个讨论，就说兰大现象。我觉得兰大现象，最主要说的就是我们兰大地处偏远，处于欠发达的地区，各方面的投入、对我们的支持比较少，但是咱们的学术科研水平却在全国高校里名列前茅，咱们发表的文章在世界的几大著名刊物如《自然》《科学》等上面都名列前茅。在我入校的时候大师很多，比如刘有成、段一士，等等。可能在中间有一段时间，咱们老师流失得比较多。有一段时间在讨论，说我们兰大被评为最受委屈的大学之一，我觉得确实也是在这种环境下受到了一些影响。咱们自强不息、争创一流的校风我觉得还一直在传承，这是大家坚守下来的。在这个强手如林的高校里面，我们还是有重要的一席之地。我觉得这与咱们兰大100多年来形成的精神是分不开的，我们的学生毕业后也是秉承了艰苦奋斗、自强不息、争创一流的精神。所以说我们兰大的学子出去都能够得到大家的认可，而且也能干出一些事情，我觉得这与咱们学校多年来形成的这种精神是分不开的。兰大100周年校庆时我们也回去参加了，这些年包括我们中核集团也和咱们兰大签订了一些战略合作框架协议。我们中核集团的兰大的学生有很多，在我们学校、研究院和100

多家企业的成员单位里面，到处都能见到我们兰大校友的身影。近几年我们中核集团招毕业生都选著名的高校，一般是北京的比较多，也有四川的、西安的、武汉的，但是集团把兰州也作为一个点，主要就是冲着我们兰大来的。从我们中核集团来讲，作为咱们中华人民共和国的战略核威慑力量的重要组成部分，我们对兰大也是非常关注的，而且也签署了战略合作协议。作为兰大的学子，我也感到非常的骄傲和自豪。作为一个兰大人，我觉得我们要把兰大的这种艰苦创业、自强不息的精神发扬光大。在我们的工作生活中，都一直遵循这种精神。所以，我觉得我们现在有的一些成就，都是源于20多年前在学校形成的严谨作风和敬业、拼搏的精神，我觉得这是让我们受益终身的。

期望核学发展

访：今年是核学建设发展和人才培养60周年，您对核学院有什么期望或者是祝愿？

李：希望咱们核学院能够继承和发扬我们兰大的精神，在强手如林的环境下保持住自我。核事业又遇到了一个比较好的、大的发展期，应该说有很宽广的舞台，希望学弟学妹们能够投身到核行业来，成为核行业里面的骨干。希望咱们兰大能够有更大的繁荣和发展，也希望我们核学院能够把这条路走得更好，走得更加宽广，做我们核科学与技术的领头羊、排头兵。

访：好的，今天访谈就到此结束，谢谢。

| 人物简介 |

李卫东，1989年毕业于兰州大学现代物理系放射化学专业。现任中核北方核燃料元件有限公司（二〇二厂）常委书记、董事长，曾任中核兰州铀浓缩有限公司（五〇四厂）副总经理、主品分公司经理。他先后参加、承担了几十项科研和技改工作，参加了国家重点工程的建设。曾获厂级科技奖20多项，部科技进步三等奖、国防科工委技术进步二等奖等。李卫东是五〇四厂劳动模范，中核集团公司劳动模范，全国国防科技工业系统劳动模范，2002年甘肃省“555创新人才工程”人选，2005年入选中核集团公司“111”高级技术人才，2006年入选国防科工委“511”高级技术人才。

张生栋

我从兰大出发

时　间：2015年4月24日
地　点：兰大核学院
人　物：张生栋
访谈人：王秋林
摄　像：红　叶

在兰大的学习和生活

访： 张先生您好，我们现在正在开展一项工作，叫“萃英记忆工程”，请我们的老校友讲述他在学校学习生活的经历，这样我们可以为后来的人留一些资料，让他们了解、认识兰大。今天我们想请您聊聊您在兰大学习生活的情况，还有给您留下印象的老师或者事情。

张： 说实话，在兰大的学习经历对我的一生起了很大的启迪作用，我是1985年9月入校，到1989年的6月离开兰州大学，当时我的整个学习生活都是在兰州大学二分部，入学的第一个月系领导给我们开了座谈会，当时是邱陵先生。我上学的时候也了解到邱陵先生是咱们国家著名的放射化学家，他给我们讲放射化学如何重要，这实际上对我后续的影响是非常大的，因为我报志愿的时候并没有报放射化学这个专业。当时对放射化学还有一种抵触的情绪，但是通过邱陵先生的报告，对我后面的学习、科研以及从事相关的工作起到很大的帮助。应该说4年的大学生活是非常快乐、非常开心的，也留下了很多很多的记忆，尤其是二分部。第一是我们所有的同学之间的感情，跟校本部的生活不一样，我们吃住完全在一起，所以同学之间建立了很深厚的感情。第二是我们从教室到实验室的距离又非常短，所以我们学习之后经常能见面，不像在本部，有时候老师一上完课就看不着了，在我们生活的小圈子里每天都能见到老师，老师会经常问我们学习的情况，所以我们跟放化的陶祖贻老师、陈励权老师、辛文达老师、陈景仁老师，还有凌达仁老师、方胜强老师建立了很深厚的感情。邱陵先生对于放射化学跟我们的交流也很多，所以我每年暑假都不回家，都是帮着老师在实验室做实验。刚开始做实验觉得挺好奇的，到后面做实验我们发现了很多问题，通过做实验把问题都弄明白了，然后跟老师交流，老师就会说你这个做得好，那时候是非常非常开心的。所以那时候我们培养了搞科研的兴趣，锻炼了我们搞科研的能力，感触也的确非常深。还有我们每天学习完，二分部有篮球场，我们几个同学就会打打篮球、跑跑步，锻炼身体。在兰大还有严谨的秩序，目前在核口这一带，不管是原子能院，还是中核的其他相关单位，以及我们九院、二十一所，只要是兰州大学核物理或放化的学生，从工作各方面，都是非常非常不错的，也得到了大家的认可，我认为这都是在兰大培养锻炼出来的。

核学发展现状

访：今年正好是核学建设发展和人才培养60周年，您觉得咱们兰大的核科学在国际上的发展和地位是怎么样的？

张：我觉得兰州大学的核科学，从我们国家发展一直到现在，起到了非常重要的作用。为什么我会这么说呢？因为从我们扩招，一直到后续，只有两所大学把核学的专业完整地保留了下来，一个是兰州大学，另一个是四川大学，那么其他大学，像北大、天大、南开、复旦基本上慢慢就退出了。在目前这种形势下，党中央提出了要高效、安全、快速地发展核电，兰州大学对核能的整体推动作用是非常大的。同时从核科学技术的应用方面来看，也就是为民造福；从国际整体发展来说，也有很大的拓展市场。另外我国从核军工建设到发展核电，从环境友好的角度来说，我们面临着很多问题，比如放射性废物的处理和处置，所以核科学的发展还有很大的上升空间。兰州大学的核科学在中子发生器、放射性核素分离的研究在国内外的影响是非常好的。但是根据国内国际形势的发展需求，为了自身更好的发展，我们还有很多的工作要做。第一，我希望在放射化学和核物理学科能够建立完整的基础性的研究，这是很有必要的。在开展相关工作的同时，跟行内的院所能够建立很好的关系，也就是院、校共同来培养和发展。第二，我们兰州大学核学院这几年从治学严谨这方面讲还是非常不错的，但是我也希望今后在核技术领域，从广度、宽度来说，学生能够再提高一下。除了教学之外，核相关的资助获得渠道也比较多，这几年的资助力度也比较大，兰州大学可以加大申请力度，通过搞科研来提高师资力量和学生科研能力。

给学弟学妹的寄语

访：那您对学弟学妹们有什么期望或者是祝福的话呢?

张：我是从兰州大学核学院毕业的，我非常自豪，我希望学弟学妹们能够珍惜这4年的生活，你们可能在学校感受不到兰州大学核学院厚重的文化底蕴，但是你们一旦离开学院进入工作以后，你们就会深深地感受到，兰州大学核学院的确是一个培养人才的好地方，希望你们能够学业有成，谢谢!

访：这是您的学习成绩单，您的相关档案资料在档案馆里，正好就给您整理出来了，您看一下。头一年的成绩相对低一些。

张：哈哈，我记起来了，由于刚开始没报这个专业，所以抵触情绪比较大的。

从高中到大学有个适应过程，第一年成绩非常不好，我记得我当时第一年成绩已经占到中等了。第二年尤其邱陵先生和我们讲完以后，后面当时好像是系主任还是副主任的赵爱民老师，找我们谈过一次话，所以我记得第一年30个同学我占了14名15名左右，我没有拿到奖学金，第二年呢，我基本拿到了三等奖学金，到第三年呢，我基本拿到的是二等奖学金，到最后一年，我拿到一等奖学金。这真的非常珍贵。谢谢。

访：这是一个兰州大学的纪念品。

张：非常感谢。

| 人物简介 |

张生栋，男，1966年出生，甘肃景泰人。1989年毕业于兰州大学，2004年获中国原子能科学研究院核燃料循环与材料专业博士学位。现任中国原子能科学研究院副总工程师兼放射化学研究所所长，研究员，中国核学会核化学与放射化学分会主任委员。主要在核燃料循环领域从事核化学（裂变产额测量、长寿命核素数据测量、裂变产物分析等）研究、核设施退役与放射性废物治理研究和技术指导、后处理工艺技术的管理等方面工作。曾获国防科学技术进步一等奖1项、二等奖1项、三等奖2项，中核集团公司科学技术奖一等奖1项、二等奖3项，专利6项，在国内外公开刊物上发表论文60余篇。

杨永平

坚守风雨核学路，不忘追梦赤子心

时　间：2015年4月24日
地　点：核学院办公室
人　物：张生栋
访谈人：王秋林
摄　像：红　叶

访：杨先生，您好。兰州大学档案馆正在开展“萃英记忆工程”工作。请我们的老先生、老校友，还有兰大的老朋友，回忆在兰大学习、生活、工作的经历，回忆给他们留下印象的人和事。我们通过这种人物采访、录音录像的形式，把老校友们对兰大的回忆留下来，把老校友们的形象留下来，为后来者了解、认识兰大留存一些资料。另外，还请您谈谈母校的培养和教育对您在工作中的帮助，以及兰大精神对您的启发。最后，恰逢核学院发展60年，请您就核事业发展，给兰大以及核学院的建设发展方面提一些建议。

杨：好的，感谢您于百忙之中前来采访我，我都有些诚惶诚恐。

如数家珍，忆往昔漫漫求学岁月

访：先请杨先生您介绍一下自己。

杨：我叫杨永平，1991年从兰州大学毕业，之后被分配到中核五〇四厂工作，主要从事环境监测与辐射防护工作。1994年，在清华大学攻读核工程在职双学位，1996年7月份毕业后重新回到五〇四厂，正好赶上国家一项重点技术改造工程，并有幸参与该工程的设计、建造、调试和运行的全过程，直到2001年，该工程竣工之后，去中核集团公司挂职。一年后，再次回到五〇四厂，从最基层的值班主任做起，一路担任技术科科长、车间主任、生产处副处长、处长、计划处处长和五〇四厂厂长助理，直到最后任五〇四厂副厂长。2014年6月，根据组织安排，到中核集团八二一厂，也叫中核四川环保工程有限责任公司担任总经理职务，由原来从事核燃料转向核设施退役和“三废”治理行业工作。这就是我个人的一个简单发展经历。

访：您这是从基层一路走来啊。

杨：对啊，我在五〇四厂工作23年，从最基本的现场取样分析，到技术改造时配合设计、组织建造、调试，从基层值班主任到总经理的管理工作，真的是从基层一路走来。

访：接下来请您回忆一下在兰大读书时的一些经历。

杨：兰大是我的母校，我对兰大怀有很深的感情。首先，考取兰州大学对我来说就很不容易，我是天水秦安人，来自农村，在高中付出了极大的努力，才有机会报考我喜欢的兰大放射化学专业。在兰大4年，有以下几件事我印象特别深刻。

首先是入学。第一次离开农村到城市读书，心里十分激动，然后正好赶上那年新生军训在部队进行，自9月7日坐车去甘肃平凉的部队参加军训开始，一个月之中，我的人生经历了几个重要的转折，第一是高中生到大学生，第二是从一个普通人到军人，第三个是最重要的，也是我离开家乡，离开父母，独立生活的新起点。期间，辅导员和副校长还来慰问我们，建议我要有兴趣爱好，言语间充满了亲切，军训时走正步、打靶等项目特别有趣，有的女同学还被枪声吓哭了。之后回到学校，正因为上大学的来之不易，我对课业的学习一点都不敢放松，总评成绩排在班级第十一二名左右，不过对于来自农村的我而言，英语课的学习实在困难，即使付出巨大的努力，也很难取得优异的成绩。

其次，我这个人，喜欢接触更多的人和更多的新鲜事。在大一第一学期，我有幸加入到兰州大学广播站，成为当时现物系唯一的业余记者，随便写点通讯报告，或者采访一些人，下午下课后，兰州大学广播有时会播到现物系的一些内容，然后大家就知道是我杨永平写的，感觉特别有意思，这段经历，特别锻炼我。在二年级7月份的时候，还参加了一个军事科学夏令营，这是由甘肃省科协在东方红广场老科技馆主办的，主要是把一些军队的武器，如机枪、地雷以及一些防护用品给大家展览，我通过做志愿服务工作，也受到了很好的锻炼。

另外，在大三我开始带家教，一来挣点零花钱，虽然每节课就四五块钱，二来可以好好锻炼我的口头表达能力，我从农村来，刚开始说普通话，别人都听不懂，通过这些长期锻炼，现在虽然说得不好，但至少别人能听懂。

最后，还有个记忆深刻的事就是做毕业论文。我在班里不是拔尖的，但是也不落后，我的导师陶祖贻教授，给我定的题目是“黏土中放射性物质吸附作用的研究”，在3年努力学习的基础上，我在图书馆、库房等地查阅了大量资料，毕业论文做得比较好，陶老师给了我很大的肯定，最后还获得了优秀毕业论文，这对我鼓舞很大。当时，我在毕业论文里提出的关于黏土的吸附方面的一个新的思路，在当今核工业生产中依然用得着。

像这样的兰大记忆其实还有很多，比如去图书馆占座，去能容纳几百人的大教室上课时往前抢座位这些事，到如今我都记得特别清楚，今天，在这里跟你们说，如数家珍一样。

款款深情，谢母校谆谆教诲之恩

访：感谢您的分享，我们听着也是充满了画面感，意犹未尽。您能不能跟我们分享一下，这4年在兰大的学习，对您在日后工作中的帮助。

杨：我学的是核专业，毕业以后，也从事了核事业，在这4年的学习中，兰大首先教会了我做人，咱们兰大精神，我觉得主要是踏实肯干，能吃苦，这是咱们兰大人最好的品质。因为咱们地处西北，环境不如人家东南沿海及南方地区，但是咱们的人很朴实，干事很踏实，特别能吃苦，能受罪，也能受气，这一点在以后的工作中是很有用的，因为进入到社会以后，人跟人的差距不大，关键就是看你能否发挥吃苦耐劳和受罪受气的精神，吃得苦中苦，方为人上人。

另一方面就是专业知识的学习。我们班近30个同学都是学核专业的，但是，毕业后从事核事业的没几个，只有我们3个人，加上3个定向的也就6个人，目前在从事纯粹的核工业，而且我们6个都是核工业的骨干。此外，很多兰州大学现代物理系毕业的学生，都是各个企业的主力军，像研究院所，一些大企业，还有一些管理机关，都有很多兰大毕业的学生。我举个例子，原来在五〇四厂工作时，我们班子成员总共7个人，其中4个是从兰州大学毕业的。

访：你们4个都是领导班子吗？

杨：是的，我们分别担任厂长、副厂长以及工会主席。据我了解，四〇一里也有很多是兰州大学毕业生，其实在核工业，兰州大学毕业的学生有很多，并且都发挥着重要的作用。这其中一个重要的原因是咱兰州大学核科学的坚守，兰州大学是我国第一批设立核学科的学校，最难能可贵的是60年来，兰州大学是唯一一所中间没有中断招生的学校，甚至在“文化大革命”的时候，都不曾间断。我们的核工业发展，可是经历了几个波折，从二十世纪五六十年代的蓬勃发展，做出突出贡献，到20世纪80年代末90年代初，核工业走下坡路，在艰辛转型的时候，大部分大学都停办了核专业，但兰州大学仍在坚守，虽然后来核物理专业和放射化学专业，都转到了别的系，一个转到物理系，一个转到化学系，直到2006年才重新回来，但是从没断过，像别的学校，包括北大、清华和川大都停办过，到20世纪90年代末，核工业第二次起步发展的时候，兰州大学就占了优势，到2000年以后核电蓬勃发展，人才大量需求，兰州大学核学院的学生都很抢手，当然在2011年，福岛核电事故以后，可能受到一点影响，但是这两年，特别是从去年开始又恢复了，所以兰大的这一点坚守，也使中国的核工业有更多兰大人。在工作中，我也一直在坚守，不论在核工业发展好的时候，还是差的时候，风里雨里都坚守不动，所以走到今天这一步，我觉得也是兰大培养的结果。

访：这个“坚守”讲得好啊，这个对学生是很有教育意义的。

杨：嗯嗯，坚守和奋斗，让我走到了今天。

殷殷希冀，愿核学健康持续发展

访：在兰州大学核科学发展60周年之际，您对兰大以及核学院的发展建设方面有哪些期望呢？

杨：在全球来说，核工业发展是不平衡的，但是在中国是一个大发展趋势，是蓬勃向上的，会带动相关核产业链的发展，核专业一定会越办越好。所以我认为，咱们核专业课程的设置，要适应中国核电的健康持续发展，要适合整个核循环体系，做到课程更全面、更安全、更合理。另外，对咱们学生的一个建议是，紧跟全球核工业，尤其是中国的核工业发展动态，努力提高专业知识技能，因为核工业的发展具有很大的市场潜力，学核专业是非常有前途的，像我从事的核设施退役与治理行业，是一个朝阳产业，是一块很大的蛋糕，从目前的预测来说，在10年～15年内，其市场份额大概会达到2 000多亿美元。

访：2 000多亿美元？这么多吗？

杨：是，2 000多亿美元，具有如此大的市场份额，主要是我国能源结构造成的，化石能源产生的环境污染非常严重，比如雾霾这些，我们必须要控制，而核能是一种清洁、安全的新型能源，是我国作为一种战略国策来发展的能源，所以未来必然会蓬勃发展的。

访：您这个讲得太好了，将来对学生很有帮助，对咱们核学院建设发展也很有帮助。

杨：就是随便讲讲，兰大培养了我，给了我很大帮助，我也希望给兰大做一点贡献，反过来呢，也希望兰大给咱们的核事业，能够做更大更杰出的贡献，培养更多的优秀的人才。

访：最后，请您来写几句对兰大、对核学院的寄语吧。

杨：好，那就愿兰大为核事业培养更多人才，助推核事业健康持续发展。

访：好的，非常感谢您。

| 人物简介 |

杨永平，甘肃省天水市秦安县人，1991年毕业于兰州大学，之后被分配到中核五〇四厂工作，主要从事环境监测与辐射防护工作。1994年，在清华大学获得核工程双学位，毕业后重新回到五〇四厂工作，期间担任值班主任、技术科科长、车间主任、生产处副处长、处长、计划处处长、厂长助理、副厂长等职务。2014年6月，调到中核集团八二一厂，即中核四川环保工程有限责任公司担任总经理职务。2017年1月调任中核集团核环保工程事业部主任；2017年11月任中核环保有限公司总经理、党委副书记。

张　锦

在团队中成长

时　间：2020年7月26日
地　点：北京大学
人　物：张　锦
访谈人：周子钧
文字整理：周子钧

访： 张老师，您好。感谢您百忙之中抽出时间接受我们的采访。作为咱们兰大的杰出校友，您在纳米碳材料领域成就斐然。作为本次采访的开始，能否请您简单回顾一下您是怎样与化学结缘、与兰大结缘的呢？

张： 我老家是宁夏南部山区的，从小长辈们就教育我们晚辈要勤奋、要努力，确实，在那里想要改变命运只能靠读书这一条路。跟我们这辈很多普通人一样，我在村里上了小学，在县城完成了中学学业，最后通过高考考上了大学。中学时候有北京来的教师支教，这极大地开阔了我们的眼界。在那时我就有一个关于科学的梦，立志要学科学，做一名科研工作者。最终我报考了兰州大学，并被录取到现代物理系放射化学专业学习。

刚到兰大的时候，觉得环境非常好。从山里到大城市觉得一切都很新鲜。有几件小事我印象格外深刻：其实，我们放射化学专业很多新生根本没了解过放射性，对于这门专业我们第一感觉是觉得非常危险。吴王锁老师在当时新生入学教育的一席话打消了我们的顾虑，他说放射性其实跟日常生活中用电一样，只要你认识他就不会害怕，后来随着学习的深入，我们发现确实如此，只要操作规范就不会有危险。

其实我在兰大遇到的第一个麻烦还不是那些放射性核素，我们都知道，适应中学到大学的学习方式方法的转变是大一新生首先要面临的问题。我那时候刚从县城考出来，对大学课程的学习很不得要领。我们专业除了专业课外还需要学习无机化学、有机化学、分析化学、结构化学等许多化学类课程，还包括大学英语、大学英语、高数这样的通识课，课业压力还是不小的。我到现在都记得非常清楚，我第一学期就有3门课程不及格，分别是英语、无机化学和无机化学实验。光化学就“挂了”两门，我中学时候化学学得就一般，并不如数学物理好，第一学期一上来化学就挂了两科，当时感觉要“完蛋”了。所幸，寒假回家努力学习，终于把这几门课补考过了。有了自己的前车之鉴，后来我从教大一新生的“普通化学”课的时候，也特别注重引导他们适应大学的学习。

我们专业前两年跟化学系一起上课，其实跟现代物理系接触比较少。到大三春季学期，我们开始接触专业课。我们的课就开设在二分部的一栋小楼里，虽然是小楼，但其实比别的院系的楼都高很多，第一次踏进的时候，我们感觉还是很震撼的。有些实验还需要穿铅衣，搬铅砖，非常严肃。那时候我们可以接触到很多老先生，如陶祖贻老师、陈励权老师，等等。那些老师都非常淳朴，遇到问题所有老师都会手把手地教。我们向他们请教，聆听教诲，获益匪浅。我的本科毕业设计是陈励权老师指导完成的，我们当时做的课题是放射性核素分离。我的硕士研究生工作也是他指导的，主要进行的是离子交换树脂方面的研究。读硕士以后，陶老师也帮助指导我。值得敬佩的是，陶老师当时就已经非常注重学科交叉了。当时还有杨更亮老师，杨老师取得了放射化学和核物理的双硕士。当时陶老师、杨老师、陈老师我们一起做放射性核素扩散系数的研究工作。这个工作成果也是我硕士期间发的第一篇文章。研究生的经历让我有幸接触到了放射化学这一非常大的团队，在这样庞大的团队中，大家都有自己的研究方向，但大家会团结一心，一起做事，这是这个团队非常显著的特征。

硕士毕业之后，我选择继续深造，报考了兰大的化学系，跟随力虎林老师继续学习。力老师1993年回国，他做的是非常前沿的工作。那时候刚兴起单分子膜，他就转入了纳米技术的研究领域，是国内率先开始搞这方面研究的老师之一。后来，我被派到北大联合培养，在北大刘忠范老师的指导下完成博士研究。从那以后，我的工作更前沿化，博士毕业后，我在英国完成了博士后的工作，经过这番历练，我决定回到北大，加入刘忠范老师的团队，至今已经在北大20年了。我们先后组建了纳米化学研究中心、北京石墨烯研究院，团队也越来越庞大。

我的经历其实非常简单，可以说，我一直处在一个朝气蓬勃又团结一致的大团队中，在团队中成长，在团队中实现自己的人生价值。诸位先生们的言传身教培养了我的团结精神，我认为这是非常宝贵的。正所谓，一个人可以跑得很快，一群人会跑得更远。一个人的水平高低跟团队是有非常密切的关系的。另外，在团队中也要坚持自我，认准一个方向就坚定地走下去。既注重团队合作，又坚持自己的道路，可能是我这么多年来做工作的一点心得，这点我也经常与学生们分享。我的经历其实没有什么异于常人，就是这样按部就班一步步往下走的。

访：张老师，您现在培养了许多优秀的学生。想请问您在培养学生的过程中有什么经验吗？

张：导师们组建自己的队伍，既要思考自己的研究方向，也要摸索如何培养学生。我认为对学生的培养是门艺术，需要讲究方法。即所谓量体裁衣，因材施教。作为导师，首先不能认为学生是为老师干活，而应该是我和学生一起共同合作。我非常愿意给学生提供广阔的平台，充分发挥学生的主观能动性，伴随他、帮助他成长发展。我认为没有不好的学生，只有不好的老师。让学生主动，当好所谓的“忽悠”角色。让学生主动发现问题、解决问题，才能让学生变得更好。另一个层面，有道是教学相长，我能走到今天，也得益于团队中优秀的学生。比如说，咱们兰大本身的文化底蕴是非常深的，教学水平也非常扎实。我每年都会招到兰大的学生，从我这儿继续深造发展的兰大的学生中，优青已经有五六人了。

访：张老师，目前交叉学科成为一大热门，您本身也是交叉学科杰出代表，您对学生特别是有志于从事这方面研究的学生的学习科研有什么建议？

张：这是一个非常好的问题。以化学为例，下面有无机化学、有机化学、分析化学、高分子化学等许多方向。科学的进步有几个因素的影响，有科学思维的进步、理论支撑的进步、合成方法的进步、表征技术的进步，不一而足。

这些因素的界限也在一步步缩小。科学发展到今天，交叉已经是一个非常值得思考的重要问题。现如今想把一件事情做好，往往已经不能靠单打独斗了，需要多个部门的合作，例如企业和高校的合作。合作不是简简单单地各干各的最后来个大杂烩，而是打破地盘的界限，碰撞思维的火花，真正做到取长补短。这种文化的交叉是非常重要的。像我做的纳米材料，我做材料的过程，比较偏向物理化学，偏向机理过程。当然也有很多同仁在做纳米材料的其他性质研究，大家有不同的侧重。但是你要想把工作做好，必须要考虑交叉学科。跟别的领域的同事交流时，会发现自己的难点可能正是别人的长处，问题会得到非常好的解决，这是非常重要的。解决问题的快慢有时会决定科研的走势。目前的大学教育的思路也日益交叉化，越来越趋向于打破学科的界限，这其实是一个非常好的现象。现在我们常强调通识教育，以北大理学院为例，大家选课和听课可以任意选，可以根据兴趣选择。我觉得，从基础课程的学习，到将来的选题以及选题的解决思路上，全学科的知识密度是至关重要的。同学们应该注重培养自己这方面的能力，充分利用好大学这个优秀的平台，鼓励自己与不同知识背景的人去交流；同时也不能在交叉中迷失了自己，而是要找准自己的兴趣点，既要学得广，也要学得专。

访：现在相比过去，学习条件、学习环境有了大幅提升，但网络上有这样的声音，即：现在似乎鲜有学术大师的出现。您对这个问题有什么理解吗？

张：这样的大师越来越少，影响因素有很多。我的老师刘老师在今年北大毕业典礼上说了一段话，说希望我们的同学首先应该做一个思想者，然后应该做一个践行者，还要做一个担当者。现在对学习过程的培养模式还是唯丰收论，我想这是一个非常重要的因素，我们应该静下心来解决问题，而不是夸夸其谈，美则美矣，于事无补，这就偏离了“经世致用，学以致用”的初心。读书时只考虑完成作业，而没有考虑为什么要完成作业，应该怎么完成作业；到了研究阶段，则体现为唯文章论，能发文章万事大吉，发“高分”文章万事大吉。当然，这里晋升机制、评价机制也在影响着我们的选择。要想改变这样的局面，应该完成从教育体制到评价体制的改变，进而改变求学的文化氛围。我相信会越来越好。我们已经努力在做好的转变。从我个人而言，我在平常也是这样要求学生的，告诫他们不要只盯着什么影响因子，而是多思考本质的问题。如果真的能够回应业内关切，解决一些本质问题，我相信学界也会给予你一个公正的评价。

访： 张老师，作为校友，从您的角度看兰州大学这些年有什么发展变化吗？

张： 我觉得兰大这几年的变化是有了精气神，严校长去了兰大以后学校变得更有生气。以前兰大的学生到北大来面试，我们问最基础的问题他可能都不会回答，其实他不是不知道，只是被吓着了。我们不问他，他可能就一言不发，这其实不太好；而现在同学们的见识，精神面貌完全不一样，现在兰大的学生也变得越来越“不怯场”，也可以自如地与我们交流了。严校长来兰大工作时间并不算长，很多工作可能也只是刚刚开始，作为校友，我们特别期待在严校长的带领下兰大一步步走向更好的方向，期待着母校佳音频传。同时，我们这些兰大人也会一如既往地支持母校的工作！

访： 谢谢张老师百忙之中接受我们的采访，祝张老师工作顺利，生活愉快！

人物简介

张锦，中国科学院院士、北京石墨烯研究院副院长、北京大学化学与分子工程学院教授，国家杰出青年科学基金获得者，教育部“长江学者”特聘教授，中组部万人计划科技创新领军人才，英国皇家学会会士。兰州大学1992届放射化学专业学生，1998年获兰州大学化学系分析化学专业博士学位。

褚泰伟

醉卧沙场君莫笑，古来征战几人回

时　间：2017年7月26日
地　点：网络会议间
人　物：褚泰伟
访谈人：胡华帅
摄　像：胡华帅
文字整理：胡华帅

回首往昔

由于兰州大学地理位置的原因，受到外界影响非常小，只有读书、上课、体育活动等平静的生活，有种“两耳不闻窗外事，一心苦读圣贤书”的境界。兰州大学也是大师云集之地，为他们在艰苦环境中取得的成绩，我由衷地自豪。

——褚泰伟

今日之诚铸就光辉未来

访： 褚教授，您好！我们正在做一个工作，叫“萃英记忆工程”。请兰大的老先生、老校友讲述一下曾在兰大学习生活的经历，以及兰大给他们留下的记忆和感受。今天请您给我们留存一些您对兰大的回忆。因为我们的时间安排原因不能与您亲自面对面谈话，深表遗憾。但还是希望您能够为萃英记忆工程贡献出您的一份宝贵回忆。

褚：“萃英记忆工程”是一个非常值得做的事情。我自始至终都在为自己曾经属于兰州大学而骄傲，因为兰州大学有一种宝贵的财富，那就是兰大精神。最主要的是勤奋、求实、进取的精神，兰大老校友在国内外默默无闻、踏实肯干、锐意进取的作风，值得我们每一个兰大人传承、发扬光大。我接触的兰大老师也都是朴实无华、平易近人，在科研、教学中又是积极进取、非常严谨的。我和我的导师陶祖贻教授，关系非常融洽，亦师亦友。他的家就住在我们实验楼附近，不管是周末，还是晚上，我有问题就去家里找他，是常客，或者找到一篇很有意义的研究论文急于共享，或者是一个科研中的新想法需要讨论，经常交谈甚欢，收获很大。

访：您是北京大学化学与分子工程学院教授，博士生导师，是咱们兰州大学1990级放化专业的校友，而且您在学校这么多年的工作做得特别好，又进行过不少国家自然科学基金重大研究计划。我想请您谈一下，您毕业以后，对学校的怀念，以及这些年来在北京大学工作的一些体会。还有您平时带的在校生，这些年来从您手下走出去的学生有多少，您对他们前途的展望是什么？

褚：我自己虽然在科研中有一些进展，但是很不满意，自己离兰大校友尤其是杰出校友差距很大，怀念起母校，总觉得自己不够努力，为不能给母校增光而感到非常遗憾。这些年来，我共培养4人获得博士学位、12名硕士研究生毕业，另外指导博士后1名、本科毕业论文15名，毕业的学生已经在中科院高能物理所、中山大学中法核学院、中国工程物理研究院等相关单位成为重要骨干等。我对学生的前途展望或者人生选择的建议是，找到自己的工作兴趣，享受工作，努力工作；成功与失败并不重要，重要的是不要留下遗憾、不要浪费时间。

核以道和

访：北京大学核相关专业发展方向是哪方面？

褚：核燃料循环化学、环境放射化学、辐射化学、放射性药物化学、同位素分离与应用等应用基础研究。

访：我国高校核相关专业在学校乃至国家的发展地位是怎样的？

褚：北京大学放射化学专业创建于1955年5月，是应我国创立核工业、发展核武器、巩固GF的急需，由周恩来总理签署国务院令而设立的核科技高级人才培养基地。半个多世纪以来，北大放射化学-应用化学专业为我国GF事业和经济建设输送了近3 000名各类高级人才，同时也取得了丰硕的科研成果。

访：我国高校核相关专业的发展趋势是怎样的？请主要谈谈人才储备以及最近科研项目方面，例如人才储备方面新鲜血液的引进之类的。

褚：应化系现有在职工作人员15人，其中教授6人（其中中科院院士1人）、副教授5人、高级工程师3人、实验师1人。上述人员中有11人获博士学位，1人获硕士学位。此外，应化系还聘有荣誉教授1人、兼职教授4人、返聘教授4人。

访：那我国高校核相关专业和相关研究项目的偏重方向以及未来展望您能跟我们讲述一下吗？

褚：主要研究方向分别是：纳米化学与纳米生物学、核药物化学、辐射化学与材料、超分子化学与核燃料化学、新能源材料、环境放射化学、功能高分子材料。

访：我个人感觉核学就是一个以研究与应用为目的的专业，作为毕业生中的精英，您提供的信息将是未来学子的宝贵经验，再次感谢您的配合，谢谢您对兰大档案馆的支持。也希望您有时间回母校看看，看看新一代的血液传承的“兰大精神”！

丨人物简介丨

褚泰伟，核化学与放射化学会副秘书长、委员；同位素学会委员；分子影像学专业委员会委员；《同位素》杂志编委。1994年获兰州大学理学学士；1997年获兰州大学理学硕士；1997—1998年，中国辐射防护研究院工作；2001年获北京大学理学博士学位。研究方向：药物合成以及标记，用于心肌、肿瘤以及乏氧组织的显像；荧光、核素标记生物分子探针（多肽、蛋白、核酸等生物分子），用于实时、体内分子显像。

李玉红

不忘初心，砥砺前行 芬芳核学，桃李争妍

时　间：2015年3月19日
地　点：核学院办公室
人　物：李玉红
访谈人：王秋林
摄　像：杨振林
文字整理：杨　盼

涓涓流水，青春无悔

访：您好，李老师！请您先介绍一下自己。

李：您好，我叫李玉红，1990年考入兰州大学物理系，1994年本科毕业后继续在兰大物理系读研究生，1997年硕士毕业后留在兰大现物系工作。

1999年现物系合并到了物理学院，在此期间在职攻读博士学位，2006年，核学院从物理学院分出来，我又回到了核学院，一直在核学院工作至今，感觉我与“核”比较有缘分。我以前是凝聚态物理半导体材料方向的专业，到核学院后希望可以做一些与核有关的材料方面的工作。当时考虑到核能的发展很迅速，但是有关核能废弃物处置尤其是高放射性核废物处置方面的研究还很欠缺，我初步做了一些调研工作。

在国家留学基金的资助下，2008年10月到2009年9月我在美国洛斯阿拉莫斯国家实验室访问了一年，在此期间，我有幸接触到了在高放射性核废物固化领域做得最前沿的研究人员，跟着他们研究了一年，一年以后我就回校给学生上了一学期课。2010年的2月到2010年的9月，我又去了美国洛斯阿拉莫斯国家实验室，这次是作为客座研究员访问了半年。在此期间我也取得了一些比较好的成绩，研究成果后来以第一作者发表在PRL上。目前，我们课题组主要从事核材料以及放射性核废物固化处置方面的相关研究。

忆苦思甜，良师益友

李： 从美国回来以后（2010年）我就开始购买设备，组建自己的实验室。因为我以前是从物理院毕业的，所以在核学院就没有什么基础。目前，我们团队在这个方向从事研究的教师就我一个人，不过我还培养了一个博士生，她目前在美国洛斯阿拉莫斯国家实验室联合培养，已经确定留校，明年就可以回国，博士答辩完就留下来了。

访： 留下来跟你一起做这方面的研究？

李： 跟我一起做。

访： 那您的其他学生呢？

李： 另外还有一个博士生，目前在美国西北太平洋国家实验室联合培养。

访： 您把学生都送到国外去？

李： 我想把学生送到在该领域做得最好最前沿的地方去。目前在国外的这两个博士生，一个从事理论方面的工作，一个从事实验方面的工作，我想她们将来回来以后把我们的实验室壮大一点。近5年，在这个领域我主持了4项国家自然科学基金。其中2项已经结题了，目前在研2项，还有一些小的项目，进展良好。目前，我们实验室还有研究生，包括5名博士生，6名硕士生，这是在读的，已经毕业了一名博士生，4名硕士生。我希望把我的实验室再壮大一些，不管是从实验设备上还是从人员上，我们都非常缺，基本上就我一个人撑着。在未来的3到5年，我希望再增加3到5个人。目前我的研究生已经分成两个方向在做，有几个在做理论方面的，另外的在做实验方面的。觉得光做实验的话水平提高不上去，有些实验结果不能很好地解释，所以现在我们也开始做理论计算，结合理论方面的知识来做研究，也取得了一些成果。现在实验和理论分为两组人在做，只不过都是研究生，团队不稳定。

访：研究生在做？

李：嗯，对，都是研究生，现在特别希望有教师留下来。

访：你的实验室也在这儿吗？

李：嗯，就是对门。

访：哦，对门那个就是实验室，学生有没有？

李：对，有。

访：学生也有，待会儿可不可以跟学生一起交流？

李：嗯，可以。

勤勤恳恳，核以道和

访：请谈谈你们做的科学研究。

李：我们做的研究主要是有关于高放射性核废物固化处置以及核材料方面的工作。目前我们国家正在大力发展核电事业，但是研究重点主要都集中在前端环节，就是燃料的开发、核电建设等方面，对于它的后端环节，譬如核废料的处置这个环节重视程度还比较欠缺。

访：核废料处置？那么有什么解决方法呢？

李：是的，尤其是高放核废物处置这一部分。我们主要是研究陶瓷固化，就是把放射性核素固化到陶瓷基质材料中，然后进行深地质掩埋。

访：什么是陶瓷固化？

李：就是把放射性核素固定在陶瓷材料中，让它不会泄露出来。

访：还有其他的处置方法吗？

李：目前比较成熟的技术是玻璃固化，但玻璃固化有一些缺点。关于高放射性核废物处置方面的研究，国外的一些实验室，如美国的橡树岭国家实验室、洛斯阿拉莫斯国家实验室、太平洋西北国家实验室等都在陶瓷固化领域展开了研究，我们在这方面起步比较晚，但是希望将来能够把这项技术发展起来吧，能更好地服务于核能的发展。

访：高放核废料陶瓷固化？

李：嗯，对。

访：那这会对环境会有影响吗。

李：陶瓷固化是根据类质同相的原理把放射性核素固定在陶瓷材料的晶格位置，不会泄露到生态环境中的，况且有地下处置库的重重屏障，长期安全有效，不会危害到环境。

访：这是一项比较尖端的研究？

李：是材料学与核技术的交叉科学研究。

访：您对学院的建设发展有什么意见？

李：我们学院最大的不足是大型设备，我们做粒子辐照实验一般都要去近物所，近物所做实验有个问题，就是束流的时间没法掌握。假如说我是2013年申请的束流，本来应该是2014年能申请下来的，但整个2014年都没有申请下来，一直到前两天，我们才把实验做完，我们做的话就是一天24小时运转，就做七八十个小时，一次就做一堆样品。另外就是测试设备方面，有些就是我们需要一些专门的测试设备，不太好找，我们学校也没有，有的话就会好一点。

访：这些设备是不是价格很高？

李：也不全是，就是目前我们自己没有那个实力，因为我实验室现在所有设备都是我用国家自然科学基金买的，也没有额外的资金。

访：院里也没有吗？

李：嗯，希望学院能够组织大家申请一些比较大的项目，这样对研究生培养以及其他方面会更好一点。

访：好的，谢谢李老师！

| 人物简介 |

李玉红，女，教授，博士生导师。目前主要从事高放射性核废物陶瓷固化、材料辐照效应，计算核材料等方面的研究。1994年毕业于兰州大学物理系，获理学学士学位；1997年毕业于兰州大学物理系，获理学硕士学位；2005年毕业于兰州大学物理科学与技术学院，获理学博士学位。2007年1月—2008年12月中国科学院近代物理研究博士后；2008年10月—2009年9月美国洛斯阿拉莫斯国家实验室访问学者；2010年2月—2010年9月美国洛斯阿拉莫斯国家实验室客座研究员。1997年在兰州大学现代物理系参加工作，2008年5月—2013年4月任兰州大学核科学与技术学院副教授，硕士生导师，博士生导师，2013年5月至今任兰州大学核科学与技术学院教授，博士生导师。

主持4项国家自然科学基金项目，在PRL等刊物上发表SCI论文30多篇，指导博士生6名，硕士生12名。《核科学与技术》编委、《物理通报》编委、《应用光学》编委、全国高等学校光学理事会第一届理事、中国机电产品国际招标评标专家、*Journal of Alloys and Compounds*、*Journal of Nuclear Materials*等期刊审稿人。2014年获兰州大学隆基教学骨干奖，2013年获兰州大学“巾帼标兵”称号，2011年获甘肃省高等学校青年教师成才奖，2005年获兰州大学2005年度教学成果一等奖，2004年获兰州大学第三届教学新秀奖二等奖。

王祥科

从兰大出发，从学生到老师

时　间：2017年8月3日
地　点：华北电力大学
人　物：王祥科
访谈人：谢秉正　胡华帅
　　　　徐　寅
摄　像：红　叶
文字整理：谢秉正　胡华帅

访：王教授你好，我们是兰州大学档案馆发起的“萃英记忆工程”的华北地区负责人，我们想问您一些关于曾经及现在还有未来这些时间段的事情。请您大致讲述一下您在兰州大学学习时的经历。

王：我是1991年进入现代物理系放射化学专业，1995年本科毕业，当年就推免研究生，2000年博士毕业，我们兰大是在盘旋路，那时候还没有现在的榆中校区。在兰大9年的求学经历让我对兰大有了非常美好深刻的印象，以至于我现在每年也要回母校拜访几次。

访：华北电力这边核专业发展方向有几个？

王：我们现在主要是核学院，主要是核工程、辐射防护计，与核相关的，还有放化。

访：那我们学校隶属部门及性质，发展等级是怎么样的？

王：我们学校原来是直属于电力局，后来归到教育部，是211高校，我校ESI排名也前进了17名。

访：我国高校核专业发展趋势是什么样的，就是我们这边人才储备情况有什么变化？

王：核专业来说的话，这几年核专业发展较快，有供不应求的趋势。

胡：我们这边研究合作伙伴有多少？

王：九院啊，高能所啊，原子能院啊，这些有的基本是以我们为主的。主要是和研究所企业配合。

访：咱们学校历史底蕴是怎么样的？

王：我们学校59周年了，马上60周年庆了，学校是从北京建校又转到保定又回到北京。

访：那我们这边研究成果是什么样的？

王：我们这边有不少先进前沿的。

访：我们院这边文娱活动有怎么样的？

王：目前情况下，不允许院里单独组织大型文娱活动，平时有体育活动，都是师生自愿，没有学院强迫之类的。

访：我们学校这边研究生博士生待遇是怎么样的？

王：是这样的，博士生这边学校发3 600，我的研究生每月分45 900，这是额外发的，是我的学生分，不搞平均主义，我大概有20+个学生，研究生大概有1 200的学校分配。

访：我们学校学生就业率和留校率有多少？

王：目前留任率是0，但出去仍然是供不应求。

访：那您觉得我们学校这边核专业毕业的学生发展前景怎么样？

王：到现在还是供不应求。

访：听说您独自把环境科学与工程学院经营起来，请您谈下您现在的工作情况，以及对自己工作的评价。

王：我2014年调到华北电力大学，因为我本身是做环境放射化学的，在北京新成立了环境工程系，一年后变成学院，总体来说学校这边对我们是比较支持的。我们是做科研的，一定要做到全世界领先，所以我们有很多的热点论文，这样的话我们在国内外的影响是比较好的。

访：请问您这里走出了多少学生呢？

王：到目前为止，在科学院从我这里毕业了16个博士，只毕业了一个硕士。在科学院我们都是硕博连读的，当时因为一个指标的问题，有一个学生只完成硕士学业，到北京来之后，因为只有两年，所以还没有从我这里毕业学生。

王：您培养了许多优秀的人才，可谓是桃李满天下，请问下您对自己学生的要求和期望。

王：我经常对我的学生讲，我的要求是很高、很严的。所以每个学生毕业后出路也是很好的。我经常对他们说，不要以仅仅能从学校毕业的要求来要求自己，而要以一个真正的科研工作者的要求来要求自己。当时只有11个博士毕业的时候，我们有4个人拿到了中科院的院长特别奖，中科院每年30 000毕业生只有20个人能拿到这个奖，而所有的人都拿到了院长优秀奖，这是非常非常不容易的。2017年前的毕业生只有一个因在国外而未能得到国家科研资金，这都是他们科研能力的体现。这与我以前对他们严格的要求是分不开的。

访：您对学校有什么美好的祝福吗？

王：尽管地处西北可能对兰大的发展有些影响，但在西部有这样一个学风优良的学校很不容易，很多人对我校的毕业生是十分钦佩的。我很希望我们大学未来的发展可以越来越美好，我也相信我校有一大批勤奋刻苦能干的教职工，继续传承发扬我校勤奋踏实的优良校风。同时我也希望我校可以发展得稍稍快一些，希望我们兰大在教育部和甘肃省的支持下越来越好。

访：十分感谢您百忙中接受采访，希望您有时间常回母校看看。

2017年8月3日兰州大学采访人员与王祥科合照

| 人物简介 |

王祥科，男，博士，中科院百人计划“引进海外杰出人才”，国家杰出青年基金获得者，“安徽省青年科技创新奖”杰出奖。

1991.09—1995.06 兰州大学现代物理系放射化学专业学士；1995.09—2000.06 兰州大学化学化工学院化学专业博士；2000.09—2001.12 法国南特 SUBATECH 国家实验室博士后研究；2001.12—2003.09 德国卡尔斯鲁国家研究中心洪堡研究员；2003.10 至今中科院等离子体物理所研究员，博士生导师，中科院百人计划。

王祥科研究员一直从事放射化学研究，主持了中科院百人计划专项项目、多项国家自然科学基金等科研项目；参与了国家973项目等，深入研究了放射性核素在环境中的化学行为，放射性核素与环境介质的相互作用。

张丰收

做学生的指路人

时　间：2017年8月22日
地　点：兰州大学盘旋路校区
人　物：张丰收
访谈人：黄　波
摄　像：黄　波
文字整理：黄　波　胡华帅

访：您能给我们讲述一下您在兰州上学时的记忆吗？

张：兰州我很熟啊，因为我1986年就到了兰州，我先在中科院近代物理研究所获得了硕士学位。然后1989年到1996年在兰大现代物理系（现为核科学与技术学院）拿了博士学位。最后又在近物所工作8年后去到了北京师范大学任教。现在，在兰大、近物所经常都有报告或访问工作，学校的研究生院到现物系和物理系，他们的上上下下我都很熟悉。

访：您在北师大这边工作好些年头了，工作成就也甚是突出，手下也是培养了众多优秀人才，那您能简单介绍一下您的工作和您对孩子们的培养吗？

张：我研究的工作就是围绕核科学与技术的几个二级学科。主要第一个就是核科学的问题，主要是做核反应，特别是新的核素的合成，反应动力学或设备性能的研究。这方面我们还是在国际上有影响力的一支团队。然后我们基于核物理核科学与技术的知识做核科学在材料和生物方面的应用。说得更基本就是离子束、中子束与物质的相互作用，它的一些物理机理方面的研究。这方面我们还做相关的一些比如说材料的损伤机理，离子辐照以后里面的缺陷是什么，它的材料力学性能、热学性能、电性改变。在生物上面的研究，我们做一些新的品种的培育，有些辐照完以后它的DNA双键断裂，它在修复过程中会出现些错误，那么我们就能培育出新的物种，这个是、方向是我们组马老师在做。第二方面我们对学生的要求，有4点明确要求。今年一个大四刚毕业的杨婉莎跟我做研究生，前几年在兰大的核科学与技术学院招了很多研究生。现在毕业两名学生，到了中山大学中法核工程咨询处工作，他们都做得很好。他们都是基于核物理的前沿科技，在做超重核，在做一些离子碰撞机理的研究。因为核科学与技术是一个综合的交叉学科，许多基本的物理问题里面都会涉及核科学与技术，就像是理论物理也会用到原子核方面的理论，有些原子分子的问题也会涉及原子核方面的理论，核物理的技术和理论在这些领域的研究都会用到。它是一个交叉特征特别明显的一个学科，当然在环境保护还有跟生物类的材料、固体物理也都有着密切的关系。我在培养学生的时候，很尊重学生自己的意愿，看他自己对哪一方面感兴趣，因为学生有兴趣，他才能做得好。另外因为每个学生的基础不一样，目的是让每个学生都有收获，这才是最重要的。因为北师大学生也是全国来源不一，我今年还招了一些北师大物理系今年毕业的本科生，来北师大的学生里还有一些是四川大学的学生，这些学生的科学素养都是特别好的，但学生背景不一样，有些是来自特别小的学校，他们在知识体系的完备和基础知识的掌握上还是较为欠缺的。当然，我就感觉通过我的培养，还是希望他将5年博士念完，这也算是对他有个交代吧。我的培养方式首先是学会并通过老师给他布置的方向，就是通过调研，要他知道他自己要去做什么，然后老师给他指导，他就知道这个领域的前沿问题在哪儿，有什么问题没解决，国际又有多少同行，他们都是谁，他们在哪一个实验室、哪个研究所做这个工作，了解这些之后叫他们参加会议，看看那个单位的网页，就知道这个国家有多少人在做这个问题，还有什么问题没解决。这些都是大概半年或者一学期的时间培养他们掌握的基本技能，然后还有他们自己的基础课程的学习。最后呢他自己开题，开题过程中可能有一些困难的问题，需要公式推导，当然也可能需要一些基本的计算，因为现在特别是做理论有关的东西，做实验也是，需要一个模拟计算，做一次模拟计算可以省很多钱。当然，在做模拟理论计算时理论物理里边也有很多问题是解析做不了的，只有通过一些数据的计算才能达到这个结果。学生通过自己学一些基础物理知识和核物理的问题计算方法，这样的话他就能感到自己得到了进步。学生学习期间国内的会议基本都会参加，同时也有可能推荐他们去参加国际会议，也可能会有一些短期的在国外待几个月，我们通过5年或更长的培养，学生基本可以进入国际上的这个领域，因为他已经知道别人在做这个东西了，他自己需要创新并且必须做一个新的东西出来，然后要被国际上所接受。就光今年一年就毕业了20多个博士，学生们很快找到工作，有的是在高校做研究，还有的去了研究所或者也有的继续选择了出国深造。他们会顺利拿到各种基金去支持他们的科学研究，有了这个几十万科研经费的支持，他就是小科学家了，他自己在科研上想干什么就都可以了，接着也就会评上职称呀什么的。另外，我们还要求学生自己有判断，就是独立工作能力，独立调研，提出解决问题的方法，把结果整理好，要使得国际同行接受并且能发表于期刊杂志上。北师大的博士要求是十分严格的，他的博士论文必须送到教育网上由专家匿名评价，三名老师里有两名老师给不合格就得要重写或修改，更有甚者或要重修一年。

访：看您对孩子们培养的认真程度真是辛苦您了，那您对兰大的小学弟小学妹有什么话想说吗？

张：兰州大学是中国西部最好的大学，有很好的基础，应该树立远大的理想，通过大学打好扎实的基础。有机会得到更多的学习机会，比如读硕士、读博士，出国深造。国际竞争力这么强，希望兰大学子能为国家发展，中华民族伟大复兴做出更大贡献。

访：再次感谢您的配合，谢谢您对兰大档案馆的支持。

| 人物简介 |

张丰收，1966年6月生于陕西，北京师范大学低能核物理研究所教授，博士生导师。1986年6月在西北大学物理系获学士学位，1989年6月在中国科学院近代物理研究所获硕士学位，1996年12月于兰州大学现代物理系获博士学位。1989年7月—2004年7月在中国科学院近代物理研究所工作任实习研究员、助理研究员、副研究员、研究员，博士生导师。

现任北京师范大学核科学与技术学院院长，北京辐射中心主任，国家自然科学基金（NSFC）杰出青年基金项目主持人，“中国科学院百人计划”学者，北京师范大学特聘教授（“京师”学者）。

郭治军

立足实际，坚持特色

时　间：2015年3月13日
地　点：核学院办公室
人　物：郭治军
访谈人：王秋林

访：郭老师，您好！我们正在做“萃英记忆工程”。今天请您谈一谈自己在兰大的经历。

郭：谢谢王老师！我是兰州大学1992级放射化学专业的学生，1996年本科毕业后在兰大放射化学专业继续读硕士研究生，1999年研究生毕业留校工作，一直在兰州大学放射化学专业从事教学与科研工作。放射化学专业曾经被并入化学院，同时，核物理专业也被并入物理学院。后来，学校根据新时期的国家需求，于2006年成立了核科学与技术学院。我印象比较深刻的是在21世纪的最初几年，放射化学专业不仅教学科研的仪器设备跟不上时代发展步伐，而且师资也非常短缺，当时核物理的情况也并不比放射化学好多少。因此，学院的成立与发展其实也是我校核学科的重建与发展。经过10多年的发展，兰大核学科的面貌已经焕然一新，无论本科专业的数量、年招生人数，还是师资力量、教学科研条件，都得到快速发展。

王：兰州大学的放射化学现在主要开展哪些方面的研究？

郭：放射化学其实是重要的学科，它与核物理、核技术一起构成了核科学与技术的基础，而核科学与技术已经广泛应用于人类生产、生活的方方面面。兰州大学的放射化学学科目前主要开展核能放射化学、环境放射化学、放射分析化学等方向的研究。

王：能不能谈一谈兰州大学放射化学学科的发展前景？

郭：我国整个核科学技术领域、整个核行业正处于快速发展时期。在这个大背景下，包括放射化学在内的所有核专业都迎来了新的发展机遇，前景一片光明。兰州大学的放射化学学科将面向国家需求开展教学与科研工作，必将在新时代为我国经济社会发展做出更大贡献。一方面我们将继续为我国核事业培养和输送放射化学专门人才。另一方面，我们将紧紧围绕国家重大需求，立足于兰大放化的科研积累与学科发展现状，融入学科发展主流，突出兰大放化特色。

| 人物简介 |

郭治军，博士，教授，博导，放射化学与核环境研究所常务副所长，核化学系主任，长期从事放射化学方面的教学与科研工作。1996年7月毕业于兰州大学现代物理系放射化学本科专业，1999年7月硕士研究生毕业后留校任教，2003年12月获兰州大学理学博士学位，曾在法国国家科研中心SUBATECH实验室做博士后研究，2006年6月晋升为副教授，2011年6月晋升为教授。

丁有钱

我的兰大印象

扎根西部，开启学术之旅

访：丁老师，您好！我们是兰州大学档案馆的，我们正在开展一项叫作“萃英记忆工程”的工作，请我们的老先生、老校友，还有老朋友们回忆一下在兰大学习生活的经历，包括给他们留下印象的人或者事情。在兰大学习了4年，出去以后感觉兰大的培养教育对后来的工作学习有什么样的影响，请您简单聊一下。

丁：好，那我简单说一下。我是1996年来兰大上的本科，然后2000年毕业。

访：是化学吗？

丁：嗯，学的就是放射化学。当时王祥科是我们班主任，吴王锁老师是系里的主管，就主要负责我们的论文、工作、试验等这些方面。当时觉得兰大也是我比较向往的学校吧！因为是在东北上学，然后考到兰州来觉得还是不错的。从学习、学风等各个方面给我都留下了深刻的印象。老师方面呢，我觉得这几位老师做得都挺好，是我学习的榜样。当时是因为核学院还没有成立，是在化学学院，核专业里老的老师，马上要退休了，这些老师的名字都已经记不清楚了。陶祖贻老师主要负责我们的学位论文，但是具体指导都是吴王锁，吴老师给我们留下了非常深刻的印象。

核院毕业生在工作岗位上踏实肯干

丁：整体来说，兰州大学是一个学风比较好的地方，是非常适合出人才的一个地方。到了工作岗位以后，从社会比较来说，我认为在涉核领域，兰州大学培养出来的学生是非常优秀和值得一提的，在原子能院，包括在核工业各个岗位上都发挥着比较重要的作用。从我们实验角度分析，现在也比较喜欢招聘兰大的学生。从这个方面来说，早从八几年开始，我们每年从兰大都招聘包括放化和核物理的学生，去了以后，给人的印象就是比较踏实、能干。反映出咱们学校这个学风和教育的宗旨。现在在科研的岗位上，多数的关键岗位上都有咱们兰大的一些学生的身影，都发挥着重要的作用。

访：我听说您好像是最年轻的研究员。

丁：是这样的，我原来工作了以后呢，因为从事着放射化学的分析工作，这个岗位一个是比较重要，另外一个就是相对来说面比较专。那么，刚从学校出去，受到了学校的教育的熏陶，做事比较老实，也比较上进，比较早地提了这个室主任。当时在院里边是最年轻的研究室主任。

核院毕业生综合能力强

丁：研究员我也是一步一步走过来的。相对来说在那些人里边是提得比较早的。去年也获得了院里边的“学术技术带头人”。在院里边目前有11位，我也算是比较年轻的。所以，从我了解的情况来看，在核的关键岗位上，咱们兰大的这些学生出去以后还是起着比较重要的作用的。目前从大学里招聘的这些学生同一届来比的话，我们还是倾向于从兰大招生，第一是他们的基本知识比较扎实，包括你这个放化基本知识和相关的知识都是比较扎实的。第二是动手能力比较强，让做什么就做什么，做每一个实验都是比较到位。第三是思路还比较开阔，比较聪明。相关的业务知识也知道，一教就会。所以，从整体上来说咱们核学院培养出来的学生，水平还是比较高的。另外，从咱们这个外边学会的角度出发，咱们核学院在国内的影响力还是比较强的。尤其是吴老师在全国各个地方也不停地在讲学，扩大了咱们学院的影响。在咱们核化学与放射化学学会，张生栋是理事长，我是副秘书长，吴王锁老师在里面是副主任委员，也是副理事长，所以对学院的建设，学科的发展起了非常重要的作用。从这些年发展来说能够坚持下来，从原来两弹一星时期到了后来咱们这个核工业低谷时期到现在这个新的形势，咱们兰大一直坚持进行着核物理和放射化学这两个专业的学科教育，在全国来说是比较少的。因此，在各个历史时期，咱们放化和核物理的人都起了比较重要的作用。因此，这样继承下来，在咱们整个学会、学科，还有国内的影响力都比较强。

访：对对对，今年是咱们核科学技术建设发展、人才培养60周年，咱们学院也准备搞一个纪念活动。您对咱们核学院的建设发展有一个什么寄语、嘱咐语或者是相关这些方面。

丁：一个希望咱们学院要发挥咱们地域的优势，办出有特色的专业，有特色的学院。第二个就是希望咱们学院越办越好，在吴院长的带领下能够走出一片新的天地。

访：好好，对咱们学弟学妹们您有什么话给祝福一下或者是提个希望。

丁：嗯，希望他们能够茁壮成长，成为国家的栋梁。

访：好，谢谢，我们今天就谈到这里。

| 人物简介 |

丁有钱，男，2000年毕业于兰州大学放射化学专业，现为中国原子能科学研究院放化所副所长、研究员，兼任中国核学会核化学与放射化学分会秘书长，入选环保部国家环境保护专业青年拔尖人才，曾获多项国防、军队及中核集团奖励。

张鸿飞

敏于求知，砥砺前行

时　间：2015年3月13日
地　点：核学院工作室
人　物：张鸿飞
访谈人：王秋林
摄　像：梁振林

从艰苦的开始到一辈子的坚持

访：张老师，您好。学校档案馆从2012年3月份开始，推进了一项工作叫“萃英记忆工程”，就是请校友、老先生回忆自己所经历、了解的兰大，这些将作为历史资料在档案馆里永久保存，成为后人了解、研究兰大的资料。

今天请您给我们做个回忆。

张：好的。对自己而言，现在的主要任务就是做好自己的教学工作和科学研究工作。

访：您现在有几个学生？

张：现在有7个学生，3个博士，4个硕士。其实我一来学院就开始带学生了，尽管那时候还不是正式的副教授，我那时候带的学生现在也有在别的单位已经评上副教授的。因为当时学院刚成立，研究生导师比较少，一共才六七个，从2006年到现在，不到10年的时间，研究生导师有40多位了。我觉得在陈熙萌院长的带领下，学院的发展既快又稳!

访：确实发展得快啊。

张：对，我觉得如果一直这么发展下去，过几年或许5到10年的时间，兰大核学院还是可以做出一些像我们以前辉煌时期的工作。我办公室的这位李老师呢，是我在近物所的导师，从2001年读研到现在15年了，对我而言能一直跟导师合作，一直得到导师的指导，我真的觉得非常好。

访：张老师，对于这么多年的坚持，您有什么感触呢?

张：我是从上学到工作一直在这里，所以还是有一些感触。其实我经历了现物系的低谷，之前我们没有出现过这样一个状态，2006年组建核科学与技术学院其实是一个相当困难的局面，老师很少，上课的老师根本不够。

访：当时低谷的时候具体状况是什么样的?

2009年参加兰州大学百年校庆

张：低谷的时候……我2006年来学院，当时做原子核理论研究的就我一个人，现在我们有五六个人，包括你们刚才采访的龙文辉老师。他是2010年12月份来的，稍微晚了几年。他从国外做博士后回来，发展得非常好，而且他带来一个他在北大的师弟。后来又陆续引进了几位老师，原子核理论组现在大概有五六个人，这样我们才能把一些基本的教学任务完成，不然四大力学这种基本理论课，根本无法完成正常的教学任务。所以和低谷时期相比，已经发展了10年的核学院整体挺好的，也正在不断地发展中。虽然跟有的学校相比，还是有差距，但我觉得也不能太着急，最核心的思想就是得务实一些。我们学院目前也有一些好的规划，像我们现在的院长吴王锁，他从读大学研究生到工作，30多年了，一直在兰州大学。

张：而且就最近这几年，我感觉吴老师很有激情，学院的发展势头很好，院长主要是完成学校安排的任务，统筹管理学院的发展。我们作为学院的老师，最核心的还是踏踏实实地把自己的教学、科研做好，我想这是对我们学院、学校最大的关心和支持，这是我一直以来秉承的思想。

做好做强核学院

访：那您对于学院的建设和发展有什么建议或者意见？

张：这方面对我来讲的话可能比较难一些。说实话，院里的领导班子都非常积极，他们都整天在琢磨如何更好地建设和发展学院。当然我们也会根据自己的想法提一些建议，比如怎么去发展我们的特色，目前国内外活跃在中子领域的人非常少，而我们有中子方面的优势，且基础非常好，所以肯定要优先发展，但是这时学院就存在一个资源配置的问题，学院现在有3个研究所，3个研究所里面可能不是很平衡，这是其一。

访：还需要一个过程来不断发展。

张：对，姚老师下面有几个人，但是都比较年轻，都是我这种方式毕业工作的，主要还是老师太少。至于放化专业，他们稍微好一点，所有放化方面的老师，是一个整体。然后剩下的百分之六七十的老师都是原子核研究所，这样一来3个研究所就不是很平衡。所以我们就想能不能合理配置一下资源，实实在在把我们的优势发挥出来。其二可能也是院长们比较头疼的问题，就是关于科研上的合作问题。因为我们在2006年才成立这个学院，大家来了之后首先就得搞教学和科研，可是大家的专业方向都不一样，比如我还是做我上研究生时做的方向，直接再往前延伸，而且大家基本都是这样做的。这样一个状态，大家的力气有时候就可能使不到一起去，那么就会存在一个整合的问题。学院里大家的关系都很融洽，但是在做事情上协作可能说起来容易，做起来就比较困难，因为牵扯到把你的领域向旁边去靠，甚至换一个研究方向，这个可能也是学院目前面临的一个重要问题。就我个人体会，其实兰州大学的核学院还是有传统的，现在国内的核学院非常多，但是像我们这样有80多个人的大团体就很少，尽管我们的人员配置也不太平衡，但是实际上我们还是比较全面的。比如从核电子学、核物理实验方法到核物理再到核理论，然后到胡碧涛老师做的激光核物理，研究方向还是挺全面的。不像有些国内刚成立的核学院都是为了赶政策，但其实还是比较空，主要是看好核物理专业的就业形势好。

右四为张鸿飞老师

访：好就业。

张：对，所以他们也开这个专业，其实他们老师都比较少，说实话，没有一个像我们这么一大批人的团体。

访：这么大一个团队也挺好的。那就谢谢您了。

| 人物简介 |

张鸿飞，男，1978年出生，博士，兰州大学教授，博士生导师，副院长。2001年毕业于兰州大学现代物理系原子核物理及核技术专业，获学士学位。同年考入中科院近代物理研究所硕博连读研究生，专业为粒子物理与原子核物理，2006年获博士学位。2017年12月起担任核科学与技术学院副院长，主要负责本科生教学工作。从事超重核性质、衰变和合成机制以及核天体物理的理论研究工作，主持国家自然科学基金面上项目3项，参与国家自然科学基金面上项目1项，参与中科院知识创新工程项目1项。共发表学术文章120余篇，引用近1 500次。2009年获甘肃省第十六届高等学校青年教师成才奖，2015年获兰州大学隆基教学新秀奖，2016年入选甘肃省飞天学者。

丁宝卫

栉风沐雨核学路，砥砺前行守初心

时　间：2015年3月13日
地　点：核学院二分部工作室
人　物：丁宝卫
访谈人：王秋林
摄　像：梁振林
文字整理：惠新飞

访：丁老师，您好。兰州大学档案馆正在开展“萃英记忆工程”工作，主要就是请我们的老先生，还有老校友、老朋友给我们讲述一些兰大的历史，他们所经历的一些工作。我们通过这种人物采访、录音录像的形式，把老校友们对兰大的回忆留下来，把老校友们的形象留下来，为后来者了解、认识兰大留存一些资料。同时恰逢核学院也要开展核学发展60周年活动，就核事业的发展，请您谈谈对核学院未来建设发展方面的建议。

丁：好的，感谢您在百忙之中专程来。

再回首，忆往昔峥嵘岁月

访：先请丁老师您介绍一下自己。

丁：好的，我于2001年在兰州大学硕士研究生毕业，毕业以后就留在学校的物理科学与技术学院工作了。之后在2003—2006年期间，又在兰大读了博士。从2001年至今，我也是亲身经历了核学院的发展，当初是几个学院联合在一起办学，当时的物理科学技术学院不只包括了物理系、现代物理系、材料系，还包括土木工程学院的力学专业。后来，由于学科发展，我们在2006年和放射化学组合成立了核学院。在当初，硕士研究生毕业留校任职相对容易，

而在现如今，我们也不断在引进高水平的博士人才，核学院的发展前景也是值得期待的。

殷殷希冀　孜孜以求　核学发展前景可期

访：您对核学院的发展有何看法呢？

丁：从全球来看，核专业的发展一定会越来越好。对于本科生来说，核专业应该是就业前景很好的专业。其他有些理科专业，如果不继续读研深造，很难有好的工作，所以我们核专业还是很有优势的。而且，近些年来，国家调整能源结构，像核电方面，国家不断加大建设力度，投入非常之大，可能到2020年，核电将占比整个能源结构的百分之四，目前为止也就在百分之二多一点，就核电装机容量来说，跟日本差不多，但是就能源占比来说就比较少了，法国的核能占比大约在百分之七八十，俄罗斯和美国也有占百分之二十左右。相比之下，我们才占比百分之二多一点，要在2020年之前要达到百分之四，相当于快翻一番，所以在未来，发展前景还是非常好的，就业形势也不错。因为就业形势较好，所以一些学校也相继成立核学院，或者开设了核专业。有些学校以前有，但后来取消了，现在也想恢复重建核专业。而我们兰大核学院，可能是为数不多的一直延续下来的，从来没有间断本科生教育的一个学院，有传承、有底蕴，这是我们的优势。另外我们还有我们的特色，例如放射化学，这是一个特色专业，还有核技术、辐射防护等，这些都是我们的特色专业。兰州大学在国内也是非常好的一个高校，所以对核学院将来的发展我们是非常有信心的，在本科生教育上，我们也非常有信心。

访：您对本科生教育充满信心啊。

丁：是的，本科生可以说是人才培养金字塔的底层了，这也是非常重要的一层，有了这一层，才能向上层建筑去攀登。我们学校致力于建设发展国际一流的研究型大学，而建立研究型大学，对研究生的科研能力的培养至关重要，

要知道研究生是我们科研行业的一个主力军，研究生的科研能力上去了，才能带动这个行业的发展。但相比本科生，我们对研究生的教育相对微弱一点，而对研究生教育的建设首先是对实验室的建设，硬件要跟上来。其次，我们不仅要坚持走出去，还要引进来。现如今，走出国门的青年教师越来越多，但是我们也要积极引进国外高水平的人才或团队，这样也有益于加快提升我们的科研水平。像原先的千人计划项目，要积极落实，把人才给引进来。

访：的确应该如此。除此之外您还有什么想说的呢？

丁：另外，就我个人来说，我不仅是个研究工作者，也是一名教师，我觉得不论是本科生还是研究生，我有责任要给他们把课讲好。在科研方面，尤其是基础研究，要搞好基础研究工作。一个国家整体的科研水平不单单看的是高精尖技术，还要看你的基础研究。我作为一名基础研究工作者，目标就是和我们的团队一起，做好科研工作。学校给我们提供了一个很好的科研平台，创造了良好的学术氛围，我们有责任、有义务做好自己的本职工作。我们既有辉煌的历史，也有一些优秀的传统，要好好地传承下去并发扬光大，不能让它在我们这一代人手中中断。

条件有限　斗志不减　奋发前行勇攀高峰

访：上次过来注意到一楼有个实验室，感觉地方很狭小。

丁：一楼那个实验室是激光实验室，对实验条件要求很高，必须要干净整洁。过道非常窄，并且设置了几道隔离门，目的就是为了保持洁净。如果要进入其中工作，还得做好防护，要换上工作服，换上鞋子，戴上头套，尽可能减小对实验室的污染。

访：原来是这样，这个实验室好像也出过一区文章。

丁：是的，他们实验室出了几篇一区文章的。

访：这里的空间感觉不是很大。

丁：是的，我们实验室的地方的确不是很大。原来的那个房间，是一个机房，在我1998年来的时候，那里就是一个机房。后来，应该是2006年以后吧，对实验室做了改造，把那个机房利用了，机房跟串到加速器实验室有一部分打通了，做了一个延伸，又建立了激光实验室。

访：好的，非常感谢您。

| 人物简介 |

丁宝卫，男，1975年生于山东新泰市，汉族。中共党员，教授，博士生导师。1994年—1998年山东师范大学物理系本科，1998年—2001年兰州大学现代物理系硕士，2003年—2006年兰州大学核科学与技术学院博士。2001年至今，兰州大学核科学与技术学院教师，先后任助教、讲师、副教授、教授。2009年—2010年美国堪萨斯州立大学JRM实验室访问学者。主要从事离子-原子碰撞、激光与物质相互作用等实验物理研究，主持和参与省部级和国家级课题多项，发表论文20余篇。曾主讲大学物理、数学物理方法、离子束分析、辐射防护等课程，2007年获兰州大学首届隆基教学新秀奖。

张红强

不忘初心，以“核”作业

时　间：2015年3月16日
地　点：兰州大学二分部
人　物：张红强
访谈人：王秋林
摄　像：红　叶

访： 张老师您好，兰州大学档案馆正在开展“萃英记忆工程”工作，目的是请各位老师对自己以及所研究领域做一个介绍。此外，借今年核学院成立60周年的纪念活动之机，请您对核学院的建设发展提一些意见及建议，以及您对核学院的未来有何期盼。首先，请您做一下自我介绍。

由青年及壮年，唯不忘初心

张： 1998年，我本科就读于兰州大学现代物理系原子核物理专业。2002年毕业后，继续在本院硕博连读，硕士阶段师从刘兆远老师与陈熙萌老师，博士阶段转从陈熙萌老师学习。2006年完成在兰大的博士工作之后，去斯德哥尔摩大学做了3个月的访问学者，期满之后，继续在斯德哥尔摩大学攻读物理学博士学位。4年之后，在斯德哥尔摩大学完成学业，继续在那担任了半年的项目助理。2011年3月作为副教授被兰州大学引进，3年之后被评为青年教授。我目前的研究领域是我在国外读博期间工作的拓展和延续。

实际上，在2002年硕博连读时期，我从事的工作就与高电荷态离子束与表面以及固体相互作用有关。兰州大学与近代物理研究所是国内最早开展此方面工作的，而我们是最早的一批从事此方面工作的研究生。

2002年高电荷态离子方面出现一个新的分支，也就是离子束物理中的高电荷态离子与绝缘微孔膜的相互作用。主要的方向叫作导向效应，这个分支就是我在瑞典读博士时所研究的领域。这个分支是德国的N.Stolterfoht首先发现的，在纳米微孔的倾斜角度大于几何张角时，离子束竟然仍可以穿透过去。实际上兰大早期的物理系就有很成熟的技术在几百几十微米厚的绝缘体膜上做一些几百纳米直径的微孔了。我在读研期间比较喜欢去隔壁物理系的宿舍串门，偶然间发现他们有人在做这些东西。然后我请物理院的研究生帮我做了一些带纳米微孔的绝缘体膜，带给陈熙萌老师看了一下。陈老师当时对这个也很感兴趣，就组建了团队来研究这个分支，也成为这个领域比较重要的一支力量。我们学院是世界首家也是唯一一家使用负离子来进行这种研究的，这也成了我们院的一个特色。

2008年张红强在瑞典

基础科研，应用为先

访：您所做工作有什么意义？

张：这方面的研究意义主要在应用方面。就其物理过程而言，目前研究的已经比较清楚了，虽然有一些涉及薄膜材料的过程还不能严格界定。但是这方面的研究已经可以应用到离子束的偏转与聚焦上了。目前偏转与聚焦离子束的手段主要是电磁场或晶体的沟道效应。沟道效应就是能量很高的离子束打在完美的晶体上，使离子束发生偏转。我们这个研究领域与沟道效应类似，但是我们使用的是低能区的高电荷态离子。这是一种不使用电和磁的前所未有的技术手段。导向效应被发现以后，立即引起了这个领域所有人的关注。在5年前，这个方向是离子束领域的最大热点，世界各大实验室尤其是德国、日本、瑞典、法国、美国这些拥有加速器和离子源的大型核物理实验室都开展了这方面的工作。将高电荷态离子束聚焦到低于几百纳米尺寸的尺度，是非常困难的。而这种新的技术手段使研究者们看到了通过廉价、可控的绝缘微孔膜来替代昂贵、难控的硕大电磁设备的可能性。

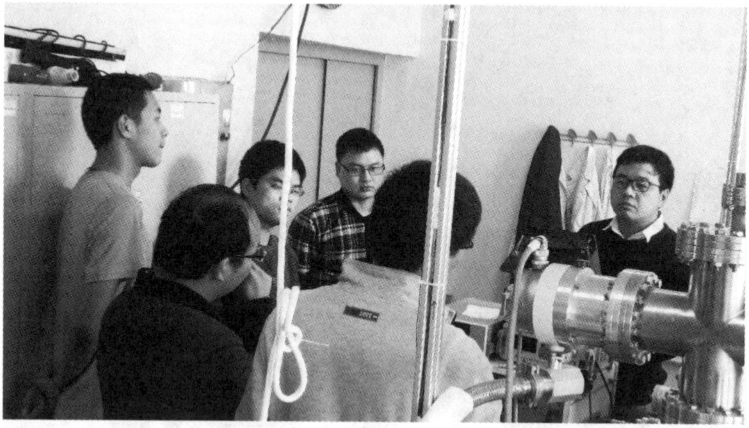

张红强在实验室为学生讲解

我的工作就包含在上述的工作之中，学院引进我也是继续从事这方面的工作。我发现的一个新的动力学的现象，就是微孔内如何产生以及产生何种电场才能使离子沿着微孔传导出来。关于这种现象的动力学过程，我们发表了这个领域比较重要的文章。此后有关于这个领域的工作都要引用我在博士期间做的这篇文章，目前的引用次数在70次左右。学院引进我有这方面的因素，而且我的工作在学院现有平台上也可以继续展开。因为我是咱们兰大核学院培养出来的，又在继续从事这个领域，我也想回咱们兰大来。我想让国际上在谈到这个领域的时候，就会想到咱们兰大，想到咱们核学院，让咱们学院在国际上有这么一个立足点。而且从现在来看，我们也已经做到了，得到了国际范围内的认可。

我的导师是瑞典皇家科学院院士，曾担任诺贝尔物理学奖评审委员，对物理学做出了很多贡献。在他退休时，将我们在瑞典做实验使用的设备捐赠给了咱们兰大。在我去过的许多实验室中，这批设备仍然处于很先进的水平。基于这批设备我们想继续在这个领域探索更多目前存在的还不清楚的问题以及完善目前的离子聚焦手段。就像2012年我在非常权威的物理类期刊《美国物理评论》上发表的一篇文章，这篇文章讲述的就是我发现的物理图像，非常直观的一种现象。离子束通过矩形或菱形的微孔会相应的呈现菱形或矩形的图像，这是一种非常具有对称美的现象。这种现象表明了绝缘微孔不仅可以偏转聚焦，还可以使离子束呈现各种不同的形状。目前的离子束物理主要集中在表面辐照、离子碰撞以及材料改进和材料分析上面，用我发现的这种现象作为模板可以直接做这些工作。因此这个现象在离子束物理领域受到了世界范围的重视。也因此我在2013年在第28届国际光子电子原子碰撞国际会议（ICPEAC）上被邀请做大会进展报告。这个会议是世界纯粹理论物理研究会下原子分子物理分会的一个历史悠久的较大型会议，也是离子束碰撞领域参会人数最多的会议。对于我本人来说这也是一种莫大的荣耀。这个报告也让更多的人了解了我们这个发现，也使更多的人进入了这个研究领域。关注的人越多，做的人越多，就说明这种现象的应用意义越大，这就是所谓的热点。当然热点也有它的优缺点，优点就是热点针对的是应用非常广的领域。当然在基础科研方面很多冷门往往能带来非常不易的发现，但是从应用角度来看，热点往往是比较重要的。只有做的人多了，这个领域才会有活力，整体的科研水平才能向前发展。

目前我的实验室建设是以具体化成熟化的科研为目标的，主要就是如何将这些现象向着应用方面转化。发现与应用之间的距离还是非常远的，发现一个现象需要很多努力也需要运气。具体到应用方面的工作量与难度并不亚于之前的发现。

张红强团队与其导师及同事

我们实验室的另一个工作就是进行一些理论方面的工作。一些重要的离子或电子的物理现象被发现后，其中的物理机制并不是很清楚，这就需要继续进行理论方面的工作。比如说在物理学内部广泛讨论的光子极化现象并没有大家一致承认的理论解释。比如德国人的工作，法国人会质疑，美国人的工作我们会质疑。总会有一些现象的解释会让人感觉不是很可靠，然后就需要我们重新验证发现这个过程。就基础科研来说，如果一种研究的重复代价很大或者不可重复时，这项研究就没有太大意义。可靠性在基础科研之中是非常重要的，基础科研的物理现象必须是可以不断重复的，这样才可以应用到现实中。我们所做的工作就是这类工作，当然在大的物理意义方面不是很大，但是在应用方面具有比较大的意义。

同时代向前，共同进步

访：可以说您的工作处于国际先进水平吗？

张：可以说，我们虽没有引领这个领域发展，但是我们与其他国外机构是同时代往前，推动着这个领域共同进步的。这个领域最重要的工作发表了4篇文章，我的工作占其中两篇。我过去的工作对这个领域是比较重要的，我也希望能够在将来继续推动这个领域的发展。目前来说，我是这个领域最年轻的研究者，其余的研究者已经有4位退休了，包括日本理化所的Yamazaki、德国柏林材料研究所的所长N.stolterfoht、我在瑞典的导师、美国密西根大学的一个教授。目前在职的3位更年轻些的研究者也已经50岁左右了。核物理这个领域的一个非常重要的特征就是有核物理设施的、有离子原子加速器的单位和实验室，所处国家的经济水平、工业水平，都是比较高的。只有经济水平和工业水平比较高的国家才能够建立起来这种大型的核物理设施。

紧抓核院传统，以“核”作业

访：您对核学院的建设有什么建议或意见吗？

张：我们是一个以“核”开头的学院，核科学与技术学院，我们也应该是总体来说要紧扣“核”来作业。“核”是我们学院60年的传统，是我们学院赖以生存的基础。我们学院因“核”字在国内甚至在国外都占有一席之地。目前来说有完整的核物理实验设施的地方并不多。虽然国内很多学校都在建设核相关行业，但在涉及核的专业教育完备性方面，我们的本科生教育在国内处于最顶尖的行列。就像欧美国家的一些院校并不是特别出名，但是他培养出来的学生是受到业内广泛承认的。我们兰大核学院也是这种，我们培养的学生不比任何学校的差。尤其是在原子核物理与粒子物理领域，单纯聪明是不管用的。这个领域需要经过长期的培训，才可以将聪明才智应用到真正的点上。比如我的一个做粒子物理的同学，在博士毕业后，还需要培养大概5年的时间，才能独立开展工作。成长为一个独立的研究者需要10年左右的时间，在这10年当中需要不停地艰苦训练，这对其他专业来说是不可想象的。

| 人物简介 |

张红强，男，1980年7月24日出生，汉族，2002年本科毕业于兰州大学原现代物理系原子核物理及技术专业，2010年取得斯德哥尔摩大学物理学博士学位，目前是兰州大学核科学与技术学院教授、哈尔滨工程大学兼职教授。从事离子束物理的研究，主要研究结果发表在*Physical Review Letters*及*Physical Review A*等杂志上，目前发表文章50篇左右，其中单篇最高引用超过100次。目前主持国家自然科学基金联合重点项目，正在承担哈尔滨工业大学“十二五”国家重大科技基础设施建设项目空间环境地面模拟装置高能重离子/质子加速器以及低能加速器装置的所有物理终端的设计工作以及束流检测和激发物检测子系统的建设工作。已完成国家自然基金面上和青年项目两项，完成了例如中国工程物理研究院电子工程研究所加速器技术项目等横向项目多项。研究结果多次被邀请在相关专业国际会议口头报告。担任过美国国家自然科学基金通讯评审人以及*Nucl. Instr. and Meth. B*，原子核物理评论等杂志的通讯评审人。有一个自主搭建的用于离子束、电子束与微结构相互作用的实验室，负责兰州大学核学院2.5MeV质子加速器实验平台的运行和维护。目前正在开展带电粒子束与微结构相互作用，重离子碰撞谱学与QED效应，离子束检测和辐照效应研究。讲授的课程有离子束分析和C语言。

邵剑雄

科研就是“打仗”

时　间：2015年3月9日
地　点：核学院二分部工作室
人　物：邵剑雄
访谈人：王秋林
摄　像：梁振林
文字整理：朱朝阳

访：邵老师，您好！今天我作为萃英记忆研究员来采访您，希望您能回忆一下学校生活，谈一谈现在的工作，为我们“萃英记忆工程”增添光辉一笔。

邵：很荣幸，王老师。

访：您是什么时候到这里的呢？

邵：我是2002年到这儿读的硕士。我本科读的是国际贸易专业，然后我考了兰州大学的研究生，对此我非常感谢刘正民老师和陈熙萌老师。因为面试完后，他们都很愿意招录我，我当时觉得我不是一个特别优秀的学生，并且那个时候研究生录取得比较少，都是要挑一挑的。那时候我想我并不一定会被录取，所以我到今天都一直发自内心地感谢这两位老师对我的培养，让我能够继续研究生学习。因为我不是学核物理类专业的，所以很多课程需要补，所以我也很努力。后来在博士阶段，在陈老师和刘兆远老师的指导下，我进行了一个实验，与实验相对应的，中能区的部分在理论解释上比较困难，还没有现存的理论，对此我花了两年的时间建立了一个理论，在这个过程中因为没有头绪做不出来也几近崩溃。最后我对自己说，我应该再冷静地想一想。那天晚上我非常放松地躺在床上，就准备再思考思考，因为已经都博三了，所以做不出来就非常有压力，我就很平静地思考，那些图像在脑子里好像它画给我看一般，我顿时茅塞顿开，按照思索出的思路做了两个月就做成功了。后来做了一系列应该说是还是有一定贡献的工作。后来陈老师就说让我留下来，当时有个小插曲，我有两个同学，去北京的一个很好的公司“同方威视”去面试，他们俩也想让我去，我说我没有这个想法。我什么准备也没做，简历也没有带，就去随便地聊一聊，结果他们非要录用我，这个事情被陈老师知道后就赶紧和我商讨留校的事。其实我心里根本没想要到别的地方去，因为现在跟刚入校时的那种冲动不一样，有时候不是单单为了理性。后来我就留在了兰大，这些年也做出了一些突出的科研成果。现在我们团队所面临的也是国内外科研单位普遍面临的问题就是经费，做实验研究工作，经费的投入非常大。作为这个团队的领导核心，不仅要有做科研的专业能力，而且还要有能力谋求科研投入所需的经费。目前我们团队的发展规划一定要两到三条腿来前进，既要有一批有真功夫的、实力比较好的学生，做深入的基础科研，扎实稳重地做出较为不错的科研成果，在这个领域内做出具有建设意义的理论成果。另一方面，我觉得我们团队还得跟国家大的科学工程挂钩，跻身到科学工程队伍里面去，因为国家自然科学基金，一般层面上申请到的经费对于一个科研团队来说，仅仅能够维持发展。但是要慢慢地融入科学工程队伍中去，和它一起成长，资金就显得比较重要了，并且你能够认识不同层次上为我们国家在做这些事情的人，从而你可以去进行深入了解并认识到不能仅仅做一个专一的科研，还要涉及更广一点的领域。这些年陈老师带领我们做了一些航天探月方面的工作，为国家的航天事业做出了一些实实在在的贡献。嫦娥三号和嫦娥五号落月时的一些关键部件的仿真，以及落月最后着陆时的仿真，就是我们的工作，我们很荣幸能够做这件事情。刚开始的时候，科大、高能所、北大，还有我们兰大，都有意向申请这个任务，而最后只有我们团队能够满足他们要求，那时候我们真的很费心力，刚开始划拨给我们的资金不多，但是陈老师认为，这是一个机会，这是一个好事情，我们就不管资金的多少，我们就应该认真做。现在慢慢地，软件方面的一些工作也会一直和我们合作，硬件方面也开始要跟我们接洽，也要开始合作。第三条腿就是我自己的兴趣风格。我喜欢那种不着边际的、不走寻常路的想法，甚至别人觉得我很傻，或者我很愚蠢的那种具有原创性的想法。现在我们团队的资金比较充裕，所以我想投入一部分资金及精力，让学生们去尝试一些特别具有原创性的想法，甚至于在观念上不被主流观念所接纳的事情。我想去试一试。如果那个事情上能看到一点希望，我想这个和普通的科研还是有不一样的结果的。所以现在就是，立足于已有的基础科研，继续申请国家自然科学基金，继续在这个领域内取得实际性的进展，加之与航天上，包括与核动力院等单位的合作，要慢慢做得更加深入，用我们这种真诚的做法，做扎实。另外就是发自我内心的想法，要去做一些特别有趣的事。我们也有一些学生在做，也能看到一点效果，虽然现在可能还不成熟，但是我已经感觉到有点眉目，所以目前的科研工作就这三块。我就是一直怀着一颗对这些事情特别感兴趣的心来进行的，所以这么多年来，我从那个专业转过来后一直坚持着，中间也有气馁的时候，读博士的时候也有后悔的时候，因为那时候没有文章嘛，到博三都没有文章，别人都发了好多文章，你应该理解这是人之常情，我也后悔过。但是后来我想想也没什么，既然选了这条路就要好好走，到今天还算是对得住自己的这个辛苦。而且我觉得我的导师比较信任学生，他跟我说的一句话就是：你怎么干都行，有什么事我给你兜着，你去做就行。我觉得这很好，让我觉得至少我不会害怕什么，很愿意敞开心怀跟他一起合作，我觉得很知足。如果我以后能在我想的那些奇特的想法上面能见到一些新的结果的话，我觉得真的会更好一些。

访：您对这个原创性的想法怎么看的？

邵：缺这方面的东西。你看咱们中国有人这几年在*Science*、*Nature*上发的文章也多了，但是那里面真正原创的还很少，几乎都是用大科学平台，基于大科学平台做的一些事情，都是在follow国外的idea。很难有那种完全是你的原创的东西。我们尝试的话失败了也没什么，也会积累宝贵的经验。

访：您这个意识好啊！

邵：反正我现在就在这么做。

访：您秉承的理念好像很有特色。

邵：因为我骨子里是喜欢这种新的东西。我觉得科研是啥？就是打仗。出奇制胜！

邵：我也想过是按以前那样发展还是像现在这样发展，我后来选择后者，因为我觉得就算那样发展，做一个东西做十几年，你可能成为这个领域的专家。但是，有时候人也应该坚守自身的内心，做自己想做的事。

访：您是把这种发展方式作为一个小测试吗？

邵：对，不管成败与否。我刚开始到这儿，包括到现在，直到以后，都秉承两个字：兴趣。我要觉得我所做的事情是有意思的。我要求我的学生也一样，一定要把这篇文章做得有你独特之处。我们现在可能不能做到有多么重要的贡献，可能就是在这个领域小的一点点，但是就这小的一点点，你也都得让别人评论起来觉得很有价值和意义，我有时候可能就觉得很像皮影艺术的这种风格，把每一个东西都做成精品。我觉得基础科研一定要深入，要做新的idea，然后同时你必须要紧紧围绕国家的发展，对重大的科学工程也要有贡献。

访：核学院现在建设发展了60年，您对核学院的建设和发展有什么建议呢？

邵：我来核学院到现在已经12年，但也并不是太久。对于核学院不像待了几十年的人那样了解。因为有时候你只有待了几十年才能感觉到一种味道，才会有深入的体会。目前我觉得核学院还是挺好的，我不会去要求学院专门拨钱购进一些大设备，因为科研有时候大设备能做，小设备也可以完成，只要我们自己努力上进就能做好。我觉得核学院的发展太不容易，最重要的是环境。国家对清华、北大等学校的支持比对我们的支持大很多，一个反应堆退役项目可以有上亿资金的投入，而我们的资金投入就相形见绌。从这个事情我思索，如果核学院要往更高层次的高度发展，我们学校的领导应该多为我们核学院在国家重大科学工程领域宣传和推荐，促进核学院的转变和发展。我觉得学校领导不仅要把眼光放在学校的治理上，更要着眼于学校未来的发展道路上。学院的发展必须要有资金的投入，必须要有科研项目的支撑，而我们兰大，核学院缺少的就是科研资金的投入和科研项目的支撑。

访：以前有一种说法是兰大吃进去的是草，挤出来的是奶。

邵：这很贴切，而且现在还是这样的。

访：如果兰大要有像北大那样的投入，会是怎样的结果？

邵：我觉得比起北大，我们兰大也没有落后，能力也不差。因为我觉得要想拥有更好的发展前景，就必须要向国家的大科学工程靠拢。如果仅仅立足于国家自然科学基金，这对于学校的发展是远远不够的。

访：您刚才讲的那个挺好，就是怎样才能做一些原创性的东西。您把您自己这种经历、想法和其他感兴趣的老师讨论讨论，从学院的角度上能不能倡导我们其他的老师也进行这方面的工作？

邵：我还没有这样想过，但我会打前锋，我取得了很好的效果后，那么会真诚地邀请大家来和我一起做，这样一定会有更好的结果。我就来当那个第一个吃螃蟹的人。

访：好的，谢谢您。

| 人物简介 |

邵剑雄，男，安徽芜湖人，1979年4月出生于吉林省白城市，籍贯为河北省任丘市，现为兰州大学核科学与技术学院教授，兰州大学萃英教授、博士生导师。带领团队与国家核及航天行业重要研究院所广泛合作，深度融入国家战略，长期致力于核能核技术研究。针对航天器长寿期能源供给、地外星体着陆，以及反应堆核动力核探测等领域重大工程技术难题，开展航天器地外星体着陆核射线测高技术、新型高效静态核电源及发电技术、反应堆堆芯探测技术、反应堆中子光子成像技术等方面的研究。承担了核动力预研专项课题、国家探月工程项目子课题、ZB预研共用技术项目、国家自然科学基金联合重点项目、航天五院CAST基金重点项目、核动力创新中心项目、国家自然科学基金面上（青年）项目，以及企事业单位横向研究课题等科研项目。在自然指数（Nature Index）收录期刊上发表研究论文十余篇，获专利十余项。与航天五院合作，提出嫦娥探测器月面软着陆中利用伽马射线在低高度处精确测高的系统性工程技术方法，并在嫦娥三号、四号、五号任务中连续应用，为嫦娥三号、四号及五号任务成功做出突出贡献。受到国家探月中心、航天五院等单位的一致认可和高度评价，核心成果获教育部科技进步二等奖。所研制的先进空间同位素电源样机系统核心指标达到国际先进、国内领先水平。所研制的反应堆堆芯探测系统已多次应用，突破了欧美国家技术和产品限制。

龙文辉

岁月如歌，初心不改

时　间：2015年3月13日
地　点：核学院工作室
人　物：龙文辉
访谈人：王秋林
摄　像：梁振林

访：龙老师，您好。学校档案馆从2012年3月份开始，推进了一项工作叫“萃英记忆工程”，我们想请您先介绍一下自己，再介绍一下您现在从事的工作及您现在的团队建设情况，还有就是对核学院的现状有什么建设性的意见，以及对她未来发展的展望。给你们和学院也是留一些记忆。

缘起核物理

龙：在1955年全国筹建核专业的时候，北大和兰大是当时首次的两个学校，而我本科、硕士、博士都在北大那个点上学习的，工作到了兰大这个点，所以说这个渊源还是比较深的。

访：对，这情况我们大致上还知道一点。

龙：一开始的时候，我们对核专业的了解非常少，我记得我1996年上大学的时候，第一志愿填的就是北大的原子核物理，当时还挺高兴的，因为被第一志愿录取了。但是到了学校后发现，整个我们技术物理系是一个比较凄惨的状况，当时我们班上37个人里就一个女生，而且当时第一志愿只有两个人，除了我还有一个湖北的，其他的都是调剂过来的，所以说核物理这个专业当时是处于比较低谷的时期。然后从师资力量的配备情况来看，除了一些老先生、老教师还留在那里之外，年轻人非常非常少，当时就明显地能感觉出来，核物理这个专业不管是老师还是学生，断代都非常明显。而且当时我们到学校以后有很多人想改行，我们核专业方向的37个人，最后只留下了六七个，大部分人都改行去了一些IT之类的热门行业。我就继续留在了核物理专业攻读博士学位。当时我的导师也是北大读的博士，后来出国待了有七八年之后，就回国把我们这一块基本上给支撑起来了。在我读研究生的时候，基本上就是伴随着我们原子核理论这一专业一起成长起来的，所以就能真实地感觉到核专业在慢慢复苏，慢慢往上走。到2002年的时候，我申请了法国巴黎南大学原子核物理所的联合培养博士，2004年的时候正好赶上外交部的一个资助学者出国访问的计划，当时参加这个计划的也有我们现在的院长吴王锁，当时我们在一栋楼里，所以从那个时候我们就认识了，同时也对我们兰大的核专业有了一些更深的了解，吴院长当时也跟我提过一句话，问我博士毕业之后有没有兴趣到兰州大学来工作。之后我在巴黎南大学博士毕业，拿了巴黎南大学的学位，回国后在北大延期半年拿到了北大的学位。

祖国才能给的归属感

龙：北大毕业之后我在国外做了几期访问学者，目的就是多增加一点个人的科研经验，同时也开拓一下自己的眼界。在这期间就想起了国外认识的吴院长，当时核学院已经成立，他是院里的学术委员会主任和副院长，由于他跟我提到过兰大任职的事情，而且我个人觉得能到兰大任职也是一个非常好的选择，所以我就和吴院长联系了一下，没想到吴老师这边也很快就回复了，说我可以通过“萃英人才建设计划”到这里任职，由于当时我已经申请好了美国德州农机科莫斯分校物理系的博士后，所以来兰大报到之后就去了美国做博后，直到2010年8月底回国之后就一直待到现在，就在这间办公室。

访：此时此地，就在这。

| 人物简介 |

龙文辉，2000年北京大学技术物理系毕业，并分别于2005年和2006年取得巴黎南大学和北京大学博士学位；2006年1月至2007年6月，被聘为日本会津大学客座研究员；2007年7月至2008年12月，以洪堡学者的身份在德国慕尼黑技术大学从事研究工作；2009年1月至2009年7月间先后访问日本理化学研究所和东北大学；2009年9月至2010年8月，为美国Texas A&M University Commerce博士后。2009年

12月至今，被聘为兰州大学核科学与技术学院教授。其合作撰写的奇特原子核综述论文2007年获评“中国百篇最具影响优秀国际学术论文”，并入选ISI网站“Highly Cited Papers”；2010年入选教育部新世纪优秀人才支持计划，2013年获教育部自然科学奖一等奖（3/9）。在*Physics Letters B*、*Physical Review C*等国内外期刊上发表学术论文39篇，累计被引用929次，他引432次，其中单篇最高他引158次，第一作者单篇最高他引90次。

杨晓菲

从量变到质变

时　间：2020年7月22日
地　点：北京大学
人　物：杨晓菲
访谈人：胡志杰

访：杨老师，您好。感谢您百忙之中抽出时间接受我们的采访。学院目前正在征集优秀校友的兰大记忆故事。想问问您关于兰州大学有什么特别的回忆吗？

杨：时间过得也快，一下子都10年了。很多细节都比较模糊，说说大概情况。我们班是核物理基地班的第一年，当时有70多个人。本科一年级的时候还在物理学院。第二年就和化学院的放射化学专业合并成立了现在的核科学与技术学院。

回忆比较多的还是在榆中的3年。虽然地处比较偏僻，但正是因为这样，记忆中还留有一些比较有特色的地方，例如萃英山、小市场，等等。毕业后第一次回榆中是2017年12月。那时候刚回国，受胡碧涛老师和刘作业老师的邀请去榆中在天山堂给本科生做了一次报告。时间太紧，也没有太多时间去重温之前生活过3年的地方。还好刘作业老师开车带着在校园里转了一圈。校区变化还是很大的，特别是南区，以前都是空旷的荒草地。前段时间在本科班级群里了解到学校后市场要拆了，还是勾起了不少的回忆。那个市场以及东侧门出去的那条街，算是那时候的我们在周边常去聚餐逛街的地方。所以，印象还是很深刻的，几种常吃的美食现在还能想起来。

访：杨老师，您的学术成就非常高。您能跟我们分享一下您的科研经历吗？

杨：没你说得那么厉害，算是刚刚起步吧。研究生期间的确有不少印象深刻的经历。虽说有好有坏，但都是科研上的必经之路。我的博士科研工作是北大和日本理化学研究所联合培养的。那几年，我和OROCHI合作组成员，经过不少挫折、失败、不眠之夜，最终建成了独特的用于弹核破碎（PF）型放射性束装置的激光核谱设备，并完成了首次物理实验。在不断的摸索和失败中，也积累了不少宝贵的经验，也为后来各种实验技术的改进提供了新思路。我们在实验中遇到了不少困难，通宵熬夜是家常便饭。第一次排好的实验因为地震取消了。第一次实验正好安排在我们的春节。大家准备了大半年，可就在实验束流来之前的几个小时，实验设备出现问题。虽然实验组全体人员全力抢修，找到了问题，但要修理好也需要几个月时间，不得不终止实验。现在还能想起来凌晨两三点实验取消后，一个人回家时挫败的心情。一年后又重做了一次在线实验。在准备实验的过程中，我们需要重复大量的调试和准备工作以确保在线实验的顺利。一个激光器调试可能就得好几天，但是设备调通后的那种喜悦（嗨）也是难以忘怀的。

可能正是有这些经验，和在设备研制调试中的锻炼，博士毕业之后，比利时鲁汶大学的合作导师给了我博士后的录取函（虽然那时候我打头的文章还没发表出来）。博士后期间，我主要是在欧洲核子中心的ISOLDE激光核谱实验终端上工作。欧洲核子中心在线同位素分离装置（ISOLDE）是国际上最早利用激光谱来研究核结构性质的研究机构之一。我们也是在不断改进后的新装置上实现了不稳定核素高精度的激光谱测量，在丰中子双幻核镍-78（78Ni）附近原子核新奇结构的物理研究取得了重要成果。

访：杨老师，您如何看待国内外核技术发展的情况呢？

杨：回国后，经常和资深的前辈们请教和探讨，也了解到我们国内核相关的科研其实比欧美等起步晚了几十年。前辈们实现了我国核物理研究从无到有不断开拓的过程。而我们的任务则是在他们的积累基础上，不断向着前沿的方向稳步发展。近年来，国内的科研氛围越来越好，在核物理的一些方向上，如原子核质量测量、某些不稳定核反应奇特结构测量等，可以比肩国际，甚至超越国际水平，这是非常喜人的。与此同时，拥有核物理人才培养的高校也在增加，培养的学生质量也越来越好。相信以后会有更多的学生了解并投身到核物理基础研究、核技术发展等的科学事业中。国家、高校、科研机构在各个方面给予我们大力的支持，所以只要认真做事，会得到更多的机会。

访：杨老师，您对本科生、研究生有什么建议吗？

杨：知识积累是非常重要的，本科学习重要的是要打好基础。有些东西，也许是最基础的一些知识点，随着经验的积累，再去回顾都会有新的认识。我现在讲授的“核物理与粒子物理导论”课程，在每一年讲授的过程中，其实都是重新学习的过程，每次也都能获得更多的见解。在讲课过程中，我们也会将前沿研究与课程基本内容相结合，与同学们分享。这也算是一种乐趣，同时持续的学习也在不断启发我的思维。

本科的时候我参与过一些本科科研，让我从本科的学习模式慢慢转向科研状态。我自身体会本科阶段如果能够体会到阅读文献的重要就是最大的收获。当然，有机会还可以走进科研团队，了解日常科研的工作状态。本科自由的时间可以参加一些社团，拓展一下自己。在本科阶段要多尝试摸索，找到自己的兴趣点，勇于试错。

对研究生的培养，首先是希望学生在掌握基本知识的同时，要尽快了解专业方向的前沿。针对自己的方向，起步阶段有时可能需要多次重复或许已经是很成熟的实验。这其实是熟悉整个实验流程，各种实验仪器方法的机会。可能在某一个点就能摸索出创新点。熟能生巧，这个成语还是很有道理的，当然对于我们也可以改为“熟能生新”，创新往往来自深入实践中偶然的灵感和发现。这或许也可以称为“量变到质变”的一个过程。科学研究中，很多时候都很难在短期内就见成果、成效，但结果会伴随着你的经验积累出现的。有时候积累可能需要一个很长的过程，有的人能坚持下来，当然就会越做越进入状态。潜心做事，吃苦耐劳才会有所收获。切忌急功近利，很多东西自然而然就发生了。

访：谢谢杨老师百忙之中抽出时间接受我们的采访。祝杨老师工作顺利，生活愉快！

人物简介

杨晓菲，北京大学物理学院研究员、北京大学博雅青年学者、博士生导师。2009年获得兰州大学原子核物理专业学士学位，2014年获得北京大学博士学位。研究生期间（2011—2014年）在日本理化学研究所联合培养。2014—2017年，在比利时鲁汶大学和欧洲核子中心从事博士后研究。2017年底杨晓菲入职北京大学实验核物理团队。杨晓菲多年来聚焦精密激光核谱技术的发展并用以研究不稳定原子核基本性质和奇特结构，取得一系列有重要影响的研究成果。多次在国际大型学术会议做大会特邀报告或担任IAC成员，如曾在三年一次的国际核物理大会（INPC）上做大会特邀报告。2019年杨晓菲获国际纯粹与应用物理联合会（IUPAP）核物理领域“青年科学家奖”。目前主持国家重点研发课题、基金重点项目等，并承担实验室平台建设任务。

祁晓红

学科建设——稳扎稳打是关键

时　间：2020年11月3日
地　点：兰州大学后勤保障部党委书记办公室
人　物：祁晓红
访谈人：伏思霖
摄　像：朱昌祖

访：祁书记您好！能否给我们谈一谈您在核学院工作的心得体会？

祁：好的，我是在2011年到核学院工作的，此前十年我在研究生院负责学位与学科建设的工作。能到核学院工作我感到十分高兴，也十分荣幸，因为之前负责学科建设工作时我便对核学这一学科颇感兴趣，对这一学科充满了希冀与期望，并对国家关于核学科的战略布局有了一定的了解。很感谢核学这个学科给我提供了一个舞台，在书记这个角色中能让我将有关学科建设的工作经历转化为一种对于学院的贡献。另外，在摸索做好书记的这几年中，在开展好党务工作和推动业务工作方面也收获了一些心得。所以来到核学院以后也确确实实从学科建设角度出发，以学科建设为龙头。核学院班子的理念是高度一致的，我真实地感受到了我们这个班子和每一位老师都对于核学这一学科怀有深厚的情感和崇高的愿望，大家希望这个学科能够突破原有的一些限制。比如说我们在人的方面，是存在长期的亏欠的，大家都希望能找到一种突破。我到了核学院以后主要从以下几个方面开展了相应的工作，一个是拓宽学科平台，整合资源重组学科建设的架构。学院当时共有3个研究所，我们基于核学这个学科的5个分支，将学院改组分为了5个研究所，分别对应这5个分支，这样才能真正把我们核学这个学科的构架建立起来。原来是核物和放化，核物是从物理院分出来的，放化是从化学院分出来的，但这两个学科给人以单打独斗的感觉，没能真正在核学这个一级学科下融合起来。第二个是挖掘学科潜力，激发科研积极性，为此我们在学院内部建立了基本的奖励制度。对研究所进行重组后，对学科团队的建设等方面给予持续的关注。在工作的过程中，我发现核学院团队的凝聚力非常强，我们这个学科的特点就是非常团结，这令我非常欣慰，不用费太大力气，就能取得一个良好效果，这是非常棒的。第三个方面是开拓学科渠道，架构校外与核相关的支撑，搭建一些平台。为了取得一些有利于学科发展的一些信息支撑，我和班子成员经常往返兰州和北京，同时我们也积极争取地方对于我们这一学科的支持，我们与近物所建立了一个长期合作联络的基础，双方的书记均有参与，书记参与主要就是督促我们两家单位能够把合作长久地持续下去，老师们和研究员们通常会忙于学术研究，有时可能不太关注这种合作，而书记就需要在这种时刻站出来，推动双方的深度合作。还有与五〇四、四〇四等企业加强实践基地方面的合作。这些合作为后来建设的国家核产业研究院打下了一定的基础。另一个是当时我在核学院任职期间，考虑到核医学可能会是未来学科发展中异军突起的一个分支，所以我当时在班子支持下联系了尹永智老师，让他制订核医学的建设计划。我们就该新型学科如何建设以及学科队伍的体系进行了详细的讨论。当时包括核医学的基本构架都有了相关的规划，希望能就核医学开展工作，做出兰大核学院的特色。不过有些可惜，因为我工作调动的原因，这个计划就没有接着执行下去，但是终归是打下了一个不错的基础。所以就学科建设而言，虽然不能说取得了特别显著的成绩，但确实还是打下了比较深厚基础，至少从理念上、从构架上、从人员的科研的积极性上等各个方面都有所渗透。这也算是我在核学院工作4年的最大的收获吧。其实我经常给身边的人说我在核学院工作的四年是我最愉快的四年。我在行政机关工作了几十年，负责过科研、学位、学科建设等工作，但平心而论，在机关的管理工作和学院的管理工作所获得的成就感是有所不同的。尽管自己长期在机关部门的管理工作也取得了不错的成绩，但会感觉好像自己未能完全和自己的工作事业完整地融为一体，可能没有那么强烈的成就感，而恰恰是在核学院工作的这4年，让我真正感觉到我的工作经历经验，和我所学所积累的知识方法，真正和我们的学科建设融为一体，和核学这个班子融为一体，和核学院的教职工团队融为一体，所以真正感觉到了成就感。这个成就感不是来自于他人的赞扬，说我们的工作取得了怎样的成绩，而是自我内心的满足。因为在这个团队里工作，我能感受到自己学有所得并学有所用，把知识真正地转换为学院建设的一部分，真正把一些东西恰如其分地运用于我们的日常工作中，所以呢我觉得这是我最大的一个体验。

祁晓红（右二）在京参加学院主持的国家重大科研项目启动会

访：正如书记您所说，您在核学院工作的这几年也是学院学科建设突飞猛进的一个时期，那么我想问问您，在核学院工作的这4年时光中，有哪些让您印象深刻的事和印象深刻的人呢？

祁：从总体上来说，咱们班子的团结、凝聚力强是毋庸置疑的。当时我们班子在学校的年度考核中获得了优秀，这是非常不容易的，我们让大家看到了核学院这个班子的团结进取。与此同时，我们将学科建设推到一个新的高度，也获得了学校的认可与肯定，这是我们核学院全体教职工齐心协力所取得的成就。另一个令我印象深刻且颇有感触的就是核学院的独特的、好的风气，核学院特别尊重老先生，而老先生呢也在不遗余力地为学院贡献自己的力量。最突出的呢就是朱介鼎老师。朱老师年龄很大了，我在核学院时朱老师都已经快80了，我刚到核学院不久，朱老师便来找我，与我交流核学院的发展，当然作为老师他更关注学院的教学。我也很欣慰，因为我没有教学相关的工作经验，不是很在行，所以格外希望能从经验丰富的老师那里学习有关教学方面的经验，听取他们对教学中现存的问题的建议，所以他也经常来我办公室与我交流。在进一步的交流中，我感到我们的老先生有一种情怀。他的情怀就是为我们的学科建设，为我们核学的发展，包括为我们核学院学生要做一些事。举个例子，以前每年新生入学后、毕业生离校前，我们都会邀请老先生们来给学生们座谈，老先生们都是不辞辛苦，认真准备，非常投入地来做这件事，将老一辈核学人的优秀品质扎扎实实地展现在学生面前。

祁晓红在核学院的工作照片

访：祁书记您能谈谈在核学院的工作经历对您现在的工作有什么影响吗？

祁：我在核学院和后勤保障部负责的都是党务工作，二者的不同之处在于面对的对象不同。在核学院工作时，面对的主要是学生以及老师，而在后勤保障部则主要面对外聘员工。在核学院的党务工作经历对我而言是宝贵的工作经验，虽有不同但也有能借鉴的地方。尤其是在核学院的工作经历让我清楚、透彻地了解了老师和学生们的需求。后勤保障部主要工作就是服务老师和学生，服务工作的好坏与否的评价标准不在于我们付出了多少努力，花费了多少时间与金钱，而是在于的的确确满足了师生们的需求。只有老师和学生发自内心地夸奖我们的工作开展得好，那才是真好。我们的工作就是要清楚地把握老师们和同学们需要的是什么，而在核学院的工作经历恰好让我对此有了深刻的认识。

访：您是在2015年调离核学院的，您能不能结合这之后5年的工作经历，特别是在学校的这样一个更大的平台上的工作经历，谈谈对于核学院未来的期待。

祁：核学院现在发展得挺好，我们拿到核科学与技术的一级学科博士点，也引进了一些优秀的人才，并且在建设对外交流平台上也取得了一些显著成绩。这是我看到的，也是令我欣慰的。同时，我也希望我们核学这个学科能够在已有的佳绩之上再创辉煌。再创辉煌必然要付出更大的努力，当然学科建设不是一天两天的工作，它需要有一批致力于学科建设的管理工作者。教师和学生各司其职，学生的任务是学习，教师的任务是教学和科研，他们在学科建设上的贡献是一份份具体的工作，一篇篇优秀论文，是独立的个体，但恰恰学科建设需要组织、需要培育，需要我们管理工作者在资源的整合上发挥作用。如果没有一个充分把握学科建设规律的管理队伍，那么学科建设工作的开展就容易陷入困难。管理队伍你不要小看它，它是学校三支队伍的之一，而且我个人认为从学科建设的角度来说，必须要有强大优质管理队伍的辅助。这是我前一阵儿在学校的第十次党代会也说到的问题。我说，我们很欣慰地看到学校把学科建设作为龙头，但是我们学校需要一支真正能够把学科建设任务承担起来的队伍，要有学科建设的理念，要能够把握学科建设的规律，真正地服务于学科建设，我们才有希望做好学科建设工作。这个干部队伍的建设十分重要，如若没有这样的一支队伍，那么对学科建设的讨论就是空的。所以我想学院同样也有类似的问题，咱们的管理队伍要学会把握这一规律，要服务于整个学科建设。当然，也需要一批我们学科异军突起的专家和教授。现在的年轻教师也不少，我们要为科研人员营造一个宽松的良好的环境，让他们能在这样一个良好的科研环境里面进行科学研究。其实咱们的平台已经搭建得挺好了，对内对外、对上对下的平台都非常好。我们应该如何在学院的环境中调动专家学者的积极性，激发他们的科研潜力上下功夫，这是一个非常重要的，也是需要我们领导者关注的问题。最后一个问题是我们从整体上、从建设的角度来说，平台已经搭建好了，且发展速度也很快。但是，稳扎稳打是关键，学科建设来不得半点的虚假，任何的虚假，最后给学科造成的都是重大的失误，所以我的寄语就是稳扎稳打。我对咱们核学院抱有非常大的期望，衷心祝福我们核学院的发展能更上一层楼，也希望核学科能在学校的一流学科建设中占据一席之地，为兰州大学的双一流建设增添力量。

访：好的，非常感谢祁书记能在百忙之中抽出时间接受我们的采访！

人物简介：

祁晓红，1964年5月生，中国共产党党员，副研究员，1986年7月参加工作，先后在兰州大学高教研究所、科研处、研究生院、核科学与技术学院、工会以及后勤保障部工作，现任兰州大学后勤保障部党委书记。

李兴业

打造高平台，支撑再发展

时　间：2020年11月25日
地　点：兰州大学学科建设与发展规划处处长办公室
人　物：李兴业
访谈人：伏思霖　刘雪婷
文字整理：刘雪婷　伏思霖

访：李老师，您好！请您先介绍一下自己。

李：我上学、工作、生活一直都在咱们兰州大学，从1983年进大学到现在已经三十七八年了，没离开过，一直在学校多个单位从事有关的行政管理、思政工作，先后干过系学生秘书、教学秘书、办公室副主任兼教学秘书、办公室主任兼研究生秘书，后任研究生处学位办公室主任、学科建设科科长、研究生院学位与学科建设处副处长，发展规划办公室副主任兼“211工程”办公室副主任，研究生院副院长，核科学与技术学院党委书记，2018年任学科建设与发展规划处处长。多年来还进行高教管理方面的研究工作，获得过2项甘肃省优秀教学成果一等奖，目前专业技术职务是研究员。简单说，大学毕业后一直在兰州大学工作、学习、生活，除在国务院学位委员会办公室借调一年多外，没离开过学校。

访：您是在2015年来到核科学与技术学院工作的，您能给我们简单介绍一下您当时的主要工作吗？

李：在来核学院之前虽然接触过一些党务工作，但我主要还是在行政部门工作的时间长一些，在党务工作上投入的时间精力比较少。2015年3月，我在研究生院副院长岗位任职超过8年，按照学校干部管理规定，需要进行工作轮岗，所以有幸调入核科学与技术学院任党委书记。对于党务工作呢，说实话我还是不够熟悉，第一次担任这么重要的岗位，主要在讲政治、讲团结这方面做的工作多一些，另外就是讲策略、讲方法这方面做了一些工作，还有就是像讲党性啊、讲奉献啊，这方面做的思想工作更多一些。让我印象深刻的是在核学院工作两年多的时间里，2015年开始进行的那个党委书记年终述职报告，每年有一半中层党委书记需要现场述职，我碰巧进行了两次现场述职，压力山大。好在我一直践行并坚持的观点是，党建工作一定要和学校、学院的中心业务工作结合，不然抓党建就没有抓手，抓不出成效。

访：在核学院工作的近3年时间里，有什么让您特别难忘的事或者特别难忘的人吗？

李：有两件事我的印象还是特别深刻的。一个事儿可能是与我的工作背景有关，我在学校里做学科建设管理工作时间比较长，应该说从1996年到研究生处做学位办公室主任开始，就几乎没离开过这块工作。所以到学院以后，吴院长说我对学科建设这块工作比较熟悉，算是这方面的专家，所以希望我能在这方面抓一抓，这让我印象特别深。正好国家要在2017年启动博士点申报工作，所以我到学院工作后，就一直给咱们学院老师讲，从培养博士研究生角度来说，我们学院的粒子物理与原子核物理属于物理学下的二级学科；放射化学属于化学下的自设二级学科，真正属于咱们的学科叫核科学与技术，我们只有硕士点，还没有博士点，这多少有点受制于人的感觉，我们一定要想办法把这个点拿下来。所以当时我们及早针对这个博士点的申报条件与具体要求，考虑我们目前缺啥，短板在哪里，缺什么我们就发动大家补什么。之后我们就分工针对着这个干，通过大家齐心协力的努力，我们2017年就把这个点拿下来了，当时全校一共拿下了两个博士点，其中一个就是咱们核科学与技术。我们经常讲，老师是以学科安身立命的，学院或者学校是一个方面，但主要还是靠学科的发展，学科发展好了我们大家都好。这件事儿印象比较深。还有一个印象比较深的事儿是，记得我刚刚到学院的时候，咱们全院的教职工一共只有70多人，不到80人吧，教师好像只有59人，这个体量是有点太小了。当时我的感觉就是，学校大的人才政策是比较好的，高水平人才引进没有障碍，就看我们自己的作为了。当时咱们这59位教师中，教授12人，副教授23人，讲师24人，结构不够合理，但12个教授中有6位是70后甚至有个别属于80后，教授年龄结构跟其他学院比情况还挺好的，但我们要把事业干大做强，就必须加大高水平人才的培养和引进力度。经过努力，在我离开学院的时候，学院的教授已经达到20人，现在好像已经超过30人了。确实我们这方面做得很好，发展得特别快，最主要是我们的事业有了较大发展，在这点上我的印象也特别深，我觉得没有人，你啥事儿都干不成，有人呢，就可以干好许多事儿。

访： 您离开核学院后，负责了学校学科建设与发展规划处和“双一流”建设办公室的工作，您能从您的立场出发，来谈谈核学院在学校“双一流”建设中的作用吗？

李： 大家都在提“双一流”，“双一流”建设实际上有两层意思：一个是世界一流大学建设，另外一个是世界一流学科建设。咱们都知道我校是一流大学建设高校（A类），首批入选一流学科建设的有4个学科，分别是化学、大气科学、生态学和草学。这个听起来与咱们核学院没啥关系，但作为兰州大学的一个人才培养有优良传统、科学研究有明显特色的学院，从建设世界一流大学来讲，我们核学院肯定有义不容辞的责任。另外呢，学校在2017年做兰州大学一流大学建设方案的时候，规划设计了建设7个学科群，其中数理科学学科群，支撑的学科里边包括了数学、物理学、力学、信息科学、核学，从学科群建设这个角度来讲，我们核学院也是支撑的重要力量之一。除了国家层面的“双一流”建设外，我院的核科学与技术也被列入甘肃省的一流学科建设名单，应该说我们核科学与技术的特色十分明显。当然我们的粒子物理与原子核物理，作为一个国家重点学科，在人才培养、科学研究等方面优势也是很突出的。如果我们把学科特色做得更“特”、优势做得更“强”，这对自己的发展，对学校的发展都会做出更大贡献。

访： 9月13号，学校刚刚召开了“双一流”建设周期总结专家评议会。面对未来新的机遇挑战，您认为核学院应该怎样更好地结合国家战略，为下一轮学校的“双一流”建设添砖加瓦？

李：“双一流”建设以来，特别是近3年来，学校凝练提出了“兴文、厚理、拓工、精农、强医”这一学科发展思路。我们核学院的学科涉及理学、工学两大门类，有做理学的一部分老师，但更多的老师应该要做工学，好的理学基础为我们高起点建设工学提供了很好的条件，完全符合学校在“厚理”的基础上“拓工”的建设思路，这个也完全符合国家战略、地方经济社会发展需求。国家把核科学与技术相关的产业、学科、研究单位布局在甘肃，包括中核集团的一些重要企业、中科院的研究所，也包括我们兰州大学的核学科，应该说我们有得天独厚的一些优势。做好核科学与技术学科的发展，应该说不论是国家国防科工局，还是国家教育部，都在全力支持，我们学校也是国防科工局和教育部共建单位之一，我们有人才培养这方面的优良传统，我们的校友在领域内表现也都特别优秀，所以我觉得还是要抓住机遇，加快发展。特别是我们有了核科学与技术这个博士点以后，要尽快建立博士后科研流动站、建立相关的专业博士点。从发展的角度来讲机会很多，但是得一步一步地走，学校近几年成立的一些交叉学科方面的研究机构，包括以我们为主要依托单位、依托学科的国家核产业研究院、稀有同位素前沿科学中心，等等，希望能打造一些比较高的平台，支撑下一步的快速发展。

访：您对核学院未来的发展有什么期待呢？

李：我想说的是，核科学与技术这个学科相对来说数量比较少，学科排名我们一直在全国前十名，最好的时候排在第八名。前一阵软科发布的“2020软科中国最好学科排名”，我校核科学与技术位列第5名，大家深受鼓舞。目前正在开展第五轮学科评估，我希望我们核科学与技术在学科评估中也要往前走，以评促建，在未来的评估中能够进入第一方阵。当然，我们核学院还要继续为学校基础研究（物理学、化学等）进入世界前列做出我们应有的贡献。

最后还想说，我校在核产业相关的创新研究领域具有深厚的研究基础，与相关涉核单位开展了大量合作研究，取得了一批重要成果。目前通过整合优势资源、发挥地缘优势建立的国家核产业研究院、稀有同位素前沿科学中心是一个很好的抓手，有利于进一步凝聚力量、提高核专业人才培养质量，有利于在我校建设中国特色、国际领先的核科学与技术学科，我们一定要抓住机遇建设好、发展好，支撑学校“双一流”建设，服务地方经济社会发展，服务国家战略。

| 个人简介 |

李兴业，男，汉族，1965年10月生，甘肃靖远人，中共党员，研究员。1987年兰州大学数学系毕业。现任兰州大学学科建设与发展规划处处长、“双一流”建设办公室主任。长期从事高等教育管理及研究工作，曾获中国学位与研究生教育学会评估委员会突出贡献奖，获全国研究生招生优秀论文三等奖1项、甘肃省高等学校教学成果省级一等奖2项。

杨　毅

紧贴国家目标，服务地方经济

时　间：2020年11月26日
地　点：兰州大学二分部现物楼201办公室
人　物：杨　毅
访谈人：伏思霖
摄　像：朱昌祖
文字整理：朱昌祖　伏思霖

访：杨书记您好！请您先简单介绍一下自己。

杨：好的，其实我从1983年就进入咱们学校的物理系学习，毕业后就留在了学校机关工作，到现在已经工作了33年了。2006年时，从学校办公室回到物理学院，担任党委书记，在物理学院当了7年书记后先后调任到图书馆、纪委，最后在2018年来到咱们核学院当书记。所以从我的学习工作的经历来看，物理和核物理并未完全脱离。在我上学时，物理专业和核物理专业的同学有两年半的时间是一起上课的，我和咱们院的胡碧涛教授以及近物所（中国科学院近代物理研究所）的夏佳文院士当时都在一起上课。

访：书记您是2018年来我们核学院工作的，您能谈谈最近这3年学院在您的领导下的一些变化吗？

杨：也不能说是在我的领导下吧，我是在2018年1月9日到咱们学院来，到现在快3年时间了。这近3年的时间里，在大家的共同努力下，学院还是取得了一些不错的成绩。特别是在2018年，咱们的人才队伍建设的成效非常大，不仅从国外引进一批人才，同时自己学院的人才也有所成长。所以在2018年的时候，咱们学院的人才队伍建设从全校来看，都是取得非常显著的成效，学校也对此给予了肯定和奖励。咱们学院之前教师队伍有60余人，现在已有90余人，增加了近一半数量。

从学科发展的角度来说，我们学院在2018年拿到了核科学与技术的一级学科的博士点，当然这不是我的功劳，我还没到核学院时，学院已经报上去了。但这对学院而言，是站在一个发展的、新的起点上。之前大家都说兰大的核物理不错，非常好，但是核物理是物理学下的二级学科，放射化学也类似，都是理科。核科学与技术的一级学科博士点是咱们核学专业的一级学科点，对学院未来的发展至关重要。在人才培养方面，学院也是在不断地改革一些有关教育教学方面的措施。通过两年的努力，去年拿到了国家的一个和省上的两个的“双万专业”。在平台建设方面，基于核学学科理工结合、军民融合的特点，学院在这两年中，在学校的大力支持下，在2019年获批成立了核环境安全教育部工程研究中心。学校也成立了国家核产业研究院，目前正在以核学学科为主，筹建稀有同位素前沿科学中心。所以总的来说，在学校的大力支持下，学院整体状态非常好，也取得了不错的成绩。

访：刚刚您提到了您在物理学院4年的求学经历和7年的工作经历，核学院和物理学院都是以理工科为主的学院，你能否比较一下二者的异同。

杨：从学科渊源上来看，物理学科的发展在最初的建设阶段，是由徐躬耦先生带领组织建设的，同时现代物理系也是由徐躬耦先生亲手创建的，所以这两个学科可以算作同源。在现物系建立后，南开大学的力量的加入，加强了核物理和放射化学专业。

正如我刚刚所讲，我在物理系求学时，和核物理专业的学生是同学，四年中有两年半是一同上课的，三年级下学期才按专业分到各个方向去。在学习的过程中，我们实际上都是经历了相同的老师，如量子力学是钱伯初先生、热力学统计是汪志诚先生、热学是高崇伊先生、理论物理是江先国先生等讲授，四大力学、数理方法等均是一同学习，但当时对现物系的了解却还是有限的。

从工作方面来看，我于2006年5月到物理学院工作前，2006年2月核学院已经成立。物理学院是比较传统、正规的理工科学院，教学科研的管理上都比较规范。从学校层面来看，化学系、物理系、现代物理系都是在全国比较知名的。结合2018年我来到核学院以后的工作，我认为整体上同大于异，二者均是二十世纪五六十年代同时建立的，20世纪90年代核物理回到了物理学院，之后2006年又从物理学院分出。二者都很好地保持了一些良好的传统，无论是教学、科研还是管理。从师生的精神面貌、精神状态以及思维方式等都能感到学院优良传统的延续。

不同点主要在于学科的背景，物理学是偏理的，核学偏工。咱们学院的师生在工科思维上更发散。无论是放化还是核物，老师们的科研项目都是紧贴国家战略，紧贴服务地方经济发展的，而且咱们在军民融合上做得很好，是面向国家战略，面向经济社会发展的应用学科。

访：书记您在核学院工作的3年中，有什么特别难忘的经历或者人吗？

杨：第一个是咱们院老师们的敬业精神。以我办公室附近的老师为例，如龙文辉教授、李培荣教授和于福升教授等，基本上每天晚上9点前办公室灯都还是亮的，从白天到晚上一刻不放松地抓紧工作，所以他们取得的成绩也是有目共睹的。

第二个是学院的发展，成立了国家核产业研究院的平台和目前正在筹建的前沿科学中心。在学校的大力支持下，在学院吴王锁院长以及各个研究所的所长和老师们的努力下，尽管时间紧、任务重，我们依旧非常出色地完成了国家核产业研究院和前沿科学中心的筹建工作。

第三个就是在我来核学工作的3年中做了两次手术，在这个过程中，学院

的老师和同学给予了我非常大的帮助。住院期间咱们学院的老师和同学给予我的关注、关照对我的恢复非常重要，我也非常感谢。

访：书记您能结合在核学院近3年的工作经历，简单评价一下核学院吗？

杨：核学院整体上是有特色，也是非常有名气的。咱们从20世纪80年代开始开展中子方面的科研工作一直坚持到现在，所以在全国范围内我们在中子方面的技术可以说是处于领先地位的。尽管从体量上来看我们学院的师生人数都不算多，但是十分具有特色。我们也在工作中发扬了学科的特色，从20世纪50年代起就紧贴国家的发展的需要和国防建设的需求。同时我们地处的甘肃省是国家的核产业和核工业布局的大省，这对我们学院的建设和学科的发展也是优势，我们在工作中要充分地运用这一优势。

关于对学院的师生，我认为咱们的同学也是积极向上、追求进步的。同学们有着“理工男”的踏实和努力，学院实验室和自习室的“亮灯率”都不算低。化学学院能取得如此多的成就的秘诀之一就是“亮灯率”全校最高，无论哪一天晚上实验室都是灯火通明，周末也是人来人往。我在物理学院工作时就强调过要提高“亮灯率”。来到核学院以后，我发现我们的“亮灯率”也很高，这说明了我们院的学风是比较好的，老师们以身作则带动同学们一同学习、共同进步。学院的整体氛围很好，是一个非常团结、和谐、上进的集体。

访：书记，您对学院未来的发展有什么期待呢？

杨：对未来发展的期待当然是非常高。国家的综合实力日益提高，国家对核工业的发展也十分重视。借用吴院长的四句话：“过去成就辉煌，曾经骄傲迷茫，现在蒸蒸日上，未来前途无量。”这是对核工业发展过程的描述，也是对咱们学院和核学学科发展的一个评价。咱们核学科是随着“两弹一星”的需要而发展起来的，但中间因切尔诺贝利核电站事故，全世界的核学科都受到了影响，但我们学院一直坚持没有放弃。如今随着国家的重视，核科学现在的发展不断地蒸蒸日上，对咱们学院来说也是如此。我们要抓住这个大好时机，结合学校对我们的定位，特色发展优势学科，真正成为未来发展的重要方向。加强学科建设，争取拿下核科学与技术的专业学位博士点。只有拿下专业学位的博士点，我们才能更好地培养应用型、专业技术型的人才。在平台建设方面，建设好前沿科学中心，适应甘肃核产业的发展，贴近国家需要。要加大人才队伍的建设，增加数量，提高质量，以便于满足发展的需求。在科学装置设施方面，通过学

校的努力和国家的支持，能在我们学院建设一些重大的科学实验装置，这样能给学科发展提供一个好的基础。按照学院初步的十四五规划，我们确定了“158”的工作目标，具体就是建成1个科学平台也就是前沿科学中心，发展好5个学科方向，建设好8个团队。紧贴国家目标，服务地方经济发展，充分发挥我们学科的特色和优势，在国家的发展和地方经济的发展中发挥自己的作用，正如20世纪50年代“两弹一星”的先辈们一样。

访：好的！谢谢您杨书记！

| 人物简介 |

杨毅，男，1966年6月出生，甘肃宁县人，中共党员，1987年毕业于兰州大学，获理学和法学学士学位，副研究员。长期从事高等教育管理工作，从事高等教育管理、思想政治教育研究，发表学术论文10余篇，获甘肃省委宣传部思政理论研讨会一等奖，获甘肃省讲师团“先进个人”称号。

后 记

“天下事莫不成于才。”人才是大学的立命之本，汇聚人才，培育英才。兰州大学核科学与技术学院建院六十五年来，数百贤人雅士潜心治学，立德树人，坚守不辍；数千青年才俊囊萤映雪，羽翼渐丰，奔向远方。在这里，我们同呼吸、共命运，一起挥洒汗雨，一起欢乐忧伤，一起成才成长；在这里，我们有了一张共同的名片——“兰大核学人”。

为了心中那段无法忘却的美好时光，为了呵护我们共同的精神家园，更是为了凝聚校友，传承弘扬“铸剑强国，核以道和”的兰大核学精神，在兰州大学核科学与技术学院六十五年院庆之际，我们将部分曾经或仍在学院工作、学习的老师、同学的采访谈话或自述汇集成册，编辑出版，这里记录着我们共同的足迹，共同的回忆，共同的心愿。

需要特别指出的是，这本访谈录文稿绝大部分是在2015年兰州大学档案馆“萃英记忆工程”采集的音视频和照片基础上整理而成，部分校友访谈已在学校“萃英记忆”栏目或兰州大学新闻网中正式刊登（来源已在文中注明）。在此，衷心感谢兰州大学档案馆王秋林等老师以及参与文稿整理的我院研究生，没有他们的辛勤和付出，这本访谈录也就成了无源之水、无本之木。

在此，向一代代可敬、可亲、可爱的“兰大核学人”表示崇高的敬意和诚挚的问候。站在两个百年奋斗目标的历史交汇期，祝愿我们的兰州大学、我们的核学院卓绝图强，峥嵘辉煌！

兰州大学核科学与技术学院

2020年12月